本书受四川师范大学学术著作出版基金资助

Unity in the Dao

宋徽宗《老子》注与道家哲学

周努鲁 著

Emperor Huizong's Commentary
on *Laozi*
and His Daoist Philosophy

道通为一

社会科学文献出版社
SOCIAL SCIENCES ACADEMIC PRESS (CHINA)

｜目　录｜

绪 论

一 研究问题的提出

自韩非撰《喻老》《解老》篇，汉代诸位学者著《老子》相关"经传""经说"以及诸注以来，[①] 历代释《老》、注《老》著作不绝。各类注本既呈现了不同诠解者对《老子》文本的多元化理解，又使得不同时代之观念与《老子》原始文本所蕴含之思想相结合，共同形成文化史和学术史意义上的"老学"。

在所有注解中，御注是相对特殊的一类注解，[②] 因为其作者乃一时之帝王。中国古代至少有九位帝王曾注解过《老子》，留存至今的尚有唐玄宗李隆基、宋徽宗赵佶、明太祖朱元璋和清世祖福临之作。[③] 众所周知，《老子》并非

---

① 汉时诸家《老子》经传、经说指《汉书·艺文志》所载《老子邻氏经传》、《老子傅氏经说》、《老子徐氏经说》、刘向《说老子》等著，诸注主要指严遵、河上公等人之注。

② 在本书中，"御注"仅指《老子》御注。

③ 江淑君：《宋代老子学诠解的义理向度》，学生书局，2010，第194页。

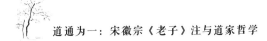

仅仅论述以道为核心范畴的宇宙论思想或形上学之体系，更是在此基础上言明以人为中心的修身、治世之原则与理想实践方式。正如徐复观先生所说："老学的动机与目的，并不在于宇宙论的建立，而依然是由人生的要求，逐步向上面推求，推求到作为宇宙根源的处所，以作为人生安顿之地。"① 同时，徐先生也指出在人生论的基础上，《老子》进而将其延展为政治论。② 换言之，"老学"的动机、目的乃在于修身、治世思想的表达。正因为如此，《老子》一书中有许多篇章都集中于讨论圣人如何遵循道之根本原则来展开修身、治天下之实践。所以，通过对诸御注之研究，我们能得以窥见那些具有特殊身份的诠释者是如何理解并阐释《老子》文本中关于修身与治世之思想的。

部分学者已经指出了研究御注的重要性。例如，柳存仁先生曾针对唐玄宗、宋徽宗、明太祖之《老子》注言："三圣注实亦各有其特点与值得注意之处，读书与治思想史者不宜以其为帝王所制而轻加忽略。"③ 余英时先生认为："三帝《老子》注中可资讨论发挥之处尚多。"④ 江淑君先生则指出："若能进一步探索君王老学思想中的政治思维及其治国、理国之道，当有助于老学诠释史中御注《老子》

---

① 徐复观：《中国人性论史·先秦篇》，九州出版社，2022，第294页。
② 徐复观：《中国人性论史·先秦篇》，第297页。
③ 柳存仁：《和风堂文集》，上海古籍出版社，1991，第472页。
④ 余英时：《中国思想传统及其现代变迁》，广西师范大学出版社，2014，第332页。

义理向度的具体观察。"① 由此可见部分前贤对御注研究之意义的肯定。

在以上三本御注中，唐玄宗之御注被学界关注相对略多，而宋徽宗之御注则鲜被人探讨。宋徽宗之御注为学界所忽略的原因或与其失败者的身份有关。作为历史上著名的亡国君主之一，他被认为具有"怠弃国政，日行无稽"②的荒唐形象，尤其在政和七年（1117）以后，徽宗大兴所谓"神霄之教"，宣称自己是"太霄帝君"③，并兴立"道官""道学"等制度。这一系列行为在后世看来显得荒诞不经，加之徽宗"北狩"的悲惨结局，使得他的御注甚少被关注。然而，单就文本本身内容而言，宋徽宗之《老子》注并非低劣之著，而多有可采之处。例如，《续修四库全书提要》的撰者曾评论宋徽宗御注《老子》云："以由解道，以得解德，唯阿同声，善恶一性，皆依古谊，不事附会。较之明皇《御注》，有过之而无不及。"④ 柳存仁先生也指出在"三圣注"中，"宋徽宗之见解，仍出唐玄、明祖二人之上，而能抉道家之窍"⑤。他甚至认为唐宋以来诸注中，宋徽宗与王雱之《老子》注乃是最能得道家真义之作，其具体评价为："窃尝以为诸注中宋徽宗与王元泽（雱）独

---

① 江淑君：《宋代老子学诠解的义理向度》，第 194 页。
② （元）脱脱等撰《宋史》卷二二，中华书局，1977，第 418 页。
③ 见（清）黄以周等辑注《续资治通鉴长编拾补》卷三六，顾吉辰点校，中华书局，2004，第 1142 页。
④ 王云五编《续修四库全书提要》，台北商务印书馆，1972，第 2102 页。
⑤ 柳存仁：《和风堂文集》，第 494 页。

能知道家义，字里行间，不无为之游扬之处。然所谓精粗优劣高下，亦皆在其深根约纪之文义中求之，非出阿好，亦不愿厚诬昔贤也。"① 由此，我们颇有必要暂时抛下史家对宋徽宗的历史评价之影响，而将宋徽宗《老子》注置于"老学"研究、宋代思想研究以及宋代政治文化史研究的视野下，探索其意义与价值。

刘固盛先生曾指出宋元老学乃老子哲学思想解释的第三次突破，其主要特点在于呈现出以心性理论解老，以及儒释道思想在"老学"中互为融摄与统一的解释方式。② 宋徽宗之注继承了王安石学派注《老》之基本理路，也颇为重视以性命学说释《老》，并依靠《庄子》对道、德、性等范畴的定义和相关思想，对《老子》思想与"道德性命"之学的结合予以深入而独到的阐述。同时，宋徽宗之注也常以多种方式调和儒、道学说所存在的一些观念矛盾之处，并提出"先王之道若循环""圣人之言相为终始""天下庶乎无二道"等观点。对于御注中的一些字词和文句的诠解，柳存仁先生则认为宋徽宗乃"颇能作深沉之思，且分析名相，亦与近世逻辑之理念相近"③，以至不少释句颇具精义。所以，对宋徽宗注的探讨不仅能够揭示其个人对《老子》的解读方式和诠释思想，而且对理解北宋"老学"之发展以及北宋晚期之思想研究皆有价值。

---

① 柳存仁：《和风堂文集》，第 223-224 页。
② 刘固盛：《宋元老学研究》，巴蜀书社，2001，第 10 页。
③ 柳存仁：《和风堂文集》，第 489 页。

　　对宋徽宗御注的探讨亦有政治文化史研究的意义。自崇宁初政以来，宋徽宗继其父、兄之志，承熙丰改革之余事，先后制定了盐政、学校、医学、礼仪等多领域的改革措施。他的这一系列政治实践及其所表露的政治理念与北宋中期以来"追述三代"的政治文化有所关联。与此同时，宋徽宗在崇宁以来，特尊王安石及其荆公新学，所作御注多承继王安石父子的诠释进路。蒙文通先生即曾指出宋徽宗御注与王安石学派思想不无关系。① 所以，对于宋徽宗御注的深入探讨，不仅能理解北宋中后期的政治文化对宋徽宗思想的影响，也可从"老学"层面一探王安石学派思想在徽宗时期的发展与传承。从某种程度来说，宋徽宗也算是王安石学派思想在北宋末期的重要发挥者之一。

　　在政和七年（1117）以后，宋徽宗与林灵素及部分朝臣一起大兴"神霄之教"。政和八年（1118）八月十二日，宋徽宗下御笔手诏，表明已完成《道德经》之注，令刻石于神霄玉清万寿宫。其后，宋徽宗要求天下学校之学子从"大经《黄帝内经》《道德经》"，"小经《庄子》《列子》"中各选一经分治，② 御注自然成为天下学子理解这些道家经典的重要参考。同时，宋徽宗也同意了"乞令学者治御注《道德经》，间于其中出论题"③ 的奏请。这实际上使得徽

---

① 蒙文通：《古学甄微》，巴蜀书社，1987，第328页。
② 《宋大诏令集》卷二二四，中华书局，1962，第864页。
③ （宋）杨仲良撰《皇宋通鉴长编纪事本末》卷一二七，李之亮校点，黑龙江人民出版社，2006，第2133页。

宗御注对宣和年间之文教、文化思想影响很大。彼时，北宋末年的登仕郎章安①、太学生江澂②纷纷撰写《老子》御注之解义、疏义，尚书左丞范致虚③、太学生江遹④撰宋徽宗《列子》御注之疏解。这些情况皆可表明徽宗御注在北宋末期的影响。在这样的背景下，徽宗御注遂成为理解这一时期的文化史、思想史之重要参考。另外，宋徽宗御注道家经典的行为亦可被视作"神霄运动"⑤的崇道实践之一，对此的研究也有一定政治史、道教史研究意义。

以此，本书拟结合北宋中后期以来的思想史和政治文化史，以及徽宗一朝的部分政治实践，尝试对宋徽宗之《老子》御注展开综合性的研究，主要涉及论述宋徽宗诠解《老子》的方式，他对《老子》核心范畴和文本内涵的具体理解，以及修身或治世思想的表达，并关注其诠释动机、诠释行为与部分政治实践的关联。

---

① 章安撰有《道德真经解义》十卷，现存正统《道藏》本。
② 江澂撰有《道德真经疏义》十四卷，现存正统《道藏》本。
③ 其文被收于（元）高守元编《冲虚至德真经四解》中，现存正统《道藏》本。
④ 江遹撰有《冲虚至德真经解》二十卷，现存正统《道藏》本。
⑤ "神霄运动"指宋徽宗兴起"神霄之教"后的一系列崇道措施，这一术语目前为学术界所常用。汉学家司马虚（Michel Strickmann）曾使用这一术语，学者李丽凉也曾采用，刘屹在翻译司马虚的《最长的道经》时亦使用这一术语。参见 Michel Strickmann、安倍道子訳「宋代の雷儀：神霄運動と道家南宗についての略説」『東方宗教』46（1975）、頁15-28；〔美〕司马虚《最长的道经》，刘屹译，载《法国汉学》第7辑，中华书局，2002，第188-211页；李丽凉《北宋神霄道士林灵素与神霄运动》，博士学位论文，香港中文大学文化及宗教研究系，2006，第2页。

二　既往研究成果

宋徽宗《老子》注的相关研究大略有三类，包括诸类"老学"史论著所涉及徽宗《老子》注的研究，各类御注的综合比较研究以及专论宋徽宗《老子》注的研究。本部分将对这三类的主要成果予以综述。另外，由于宋徽宗一朝的政治文化构成理解御注之基础背景，宋徽宗一朝的政治实践以及政宣以后的部分崇道实践与御注亦有一定关联，所以本部分也将简要提及一些涉及宋徽宗一朝的政治文化研究以及崇道实践研究成果。

蒙文通先生很早即已指出宋徽宗《御解道德真经》与王安石学派有所关联。① 黄钊主编之《道家思想史纲》是较早系统关注老学史的学术著作，其中曾论及宋徽宗所撰《御解道德真经》，他指出该书有以下特色：以儒解道，使儒道合一；鼓吹相对主义，宣扬矛盾调和论；首次提出"无为而适"之概念；提倡"以神道设教"。② 该书之观点实际上是较早将宋徽宗御注文本与宋徽宗政治实践结合而论的研究。当然，其论说之部分观点尚值得商榷。熊铁基先生主编之《中国老学史》曾设专章探讨过宋元老学，但其研究未专门涉及宋徽宗御注。刘固盛先生是较早以专著形式专门探讨宋元老学的学者。他在《宋元老学研究》一

① 蒙文通：《古学甄微》，第 328 页。
② 黄钊主编《道家思想史纲》，湖南师范大学出版社，1991，第 512-518 页。

书中曾简要述及宋徽宗御注。他认为宋徽宗君臣之《老子》注疏曾受王安石学派影响，而其著之要在于折衷孔、老，统一儒、道，其缺点则在于将老子之"无为"诠释为消极地顺应自然，不立一物，不废一物，完全放弃了有为。① 尹志华先生所著《北宋〈老子〉注研究》则将关注之视野缩小为北宋老学，他在"有无论""性命论"等章论及宋徽宗御注。他认为宋徽宗君臣之《老子》注是从有、无同出于道来论述有、无的一致性。另外，他也认为宋徽宗将"无为"诠释为消极之意，以至其对治理天下表现出畏难情绪。② 江淑君先生之《宋代老子学诠解的义理向度》主要针对宋代老子学的义理解读向度而作出考察与思考，他以专章的形式论及宋徽宗诠解《老子》的义理向度。他认为，宋徽宗大量援引《老子》《庄子》，以道家之言还之道家，凸显出趋近《老子》原意的用心，属于客观诠解的定向。另一方面，他也认为宋徽宗强调"因其固然，付之自尔"的为政之道，以君德"无为"作为治国方针，虽重视儒家仁义之教，但也呈现出充满黄老治术的个人诠解色彩。③ 另外，刘佩德之博士学位论文《列子学研究》力图建立从《列子》文本木身至后世诸家《列子》注本的系统文本研

---

① 刘固盛：《宋元老学研究》，第 69-76 页。
② 尹志华：《北宋〈老子〉注研究》，巴蜀书社，2004，第 88-89、159-161 页。
③ 江淑君：《宋代老子学诠解的义理向度》，第 251-290 页。

究。其中，他曾专门论及宋徽宗的《列子》注。[1] 他认为宋徽宗所注《列子》体现了道为根本的老学思想和"无为而治"的内圣外王思想。

部分学者从综合比较诸位皇帝御注的研究面向论述了宋徽宗《老子》注。柳存仁先生曾撰《道藏本三圣注道德经之得失》比较唐玄宗、宋徽宗、明太祖御注的各自得失。他认为宋徽宗《老子》注颇能作深沉之思，且分析名相，亦与近世的逻辑理念相近。同时，他指出宋徽宗御注有若干处流露其莅临天下为不得已者，但又以为"无为"非"弃人绝物而契然自立于无事之地也"，并非通常所理解之消极。[2] 其后，柳存仁又写就《道藏本三圣注道德经会笺》，在其中他详尽地比较并评析三本御注中每一句之注释。[3] 余英时先生曾撰《唐、宋、明三帝老子注中治术发微》一文，他试图通过唐玄宗、宋徽宗以及明太祖所注解之部分《老子》文本，论述其中所蕴含的"反智"思想。在文中，他引宋徽宗对"不尚贤""民可使由之，不可使知之"等文之注解以简要论说宋徽宗的"反智"观点。[4] 刘韶军先生曾通过专著《唐玄宗、宋徽宗、明太祖、清世宗〈老子〉御批点评》将四部御注的文本按句对比，分别

---

[1] 刘佩德：《列子学研究》，博士学位论文，华东师范大学中国古代文学系，2013，第83-90页。

[2] 柳存仁：《道藏本三圣注道德经之得失》，《和风堂文集》，第472-494页。

[3] 柳存仁：《道藏本三圣注道德经会笺》，《和风堂文集》，第223-471页。

[4] 余英时：《中国思想传统及其现代变迁》，第323-334页。

解释句义。① 高专诚之《御注老子》也并列四家御注之文，并逐章对相关思想有概要之评论。② 韩秀利的博士学位论文《御注〈老子〉之诠释与比较》尝试比较明太祖与唐玄宗、宋徽宗的《老子》注的不同诠释风格、诠释体系以及思想意蕴。其中，他简要论述了宋徽宗注《老》的政治意图，徽宗御注中的"道""德""无为""圣人"等范畴，以及徽宗所主张的"致道尽性"之修身论与"因其固然，付之自尔"的治国论。③ 王韵柔的硕士学位论文《唐玄宗、宋徽宗〈老子〉思想比较之研究》以"自然观"为核心线索，对比了唐玄宗与宋徽宗在本体存有义、政治治理义和修养境界义三个面向的注《老》思想。④

　　少数学者曾以专文或专著形式对宋徽宗《老子》注所涉及的兼通儒道、治身之法、治国之术等问题予以专论。黄昱章的硕士学位论文《宋徽宗〈御解道德真经〉之研究》是较早专门系统关注宋徽宗御注《道德经》的研究。该论文分别探讨了宋徽宗注《老》的动机与诠释方式，宋徽宗对道、德之概念的理解，以及所论"圣人形象""治身论""治国论"等主题，尝试在此基础上勾勒出《道德

---

① 刘韶军：《唐玄宗、宋徽宗、明太祖、清世宗〈老子〉御批点评》，湖南人民出版社，1997。

② 高专诚：《御注老子》，山西古籍出版社，2003。

③ 韩秀利：《御注〈老子〉之诠释与比较》，博士学位论文，台湾淡江大学中国文学系，2011。

④ 王韵柔：《唐玄宗、宋徽宗〈老子〉思想比较之研究》，硕士学位论文，台湾高雄师范大学经学研究所，2014。

经》徽宗注的思想框架。① 卢璐之《〈宋徽宗御解道德真经〉之研究》也是专以《御解道德真经》为研究对象的硕士学位论文，其分析的内容包括宋徽宗注《老》之方式与动机，围绕"道之意""道之体""道之用"等面向探讨宋徽宗的道论思想，探讨以德为中心的人性论和以圣人为指向的修养功夫论以及徽宗以道家无为自然为主、以儒家仁义礼智为辅的基本治国原则。② 袁翊轩之《以静则圣，以动则王：宋徽宗〈御解道德真经〉中的政治思想》主要论述徽宗《老子》注的相关政治思想。他认为徽宗之注描绘出尽性复命而体道的圣人形象，而其实践逻辑在于因性而修身、治国、平天下。③ 万曼璐的《"大智并观"——宋徽宗〈老子〉注反映的儒道融合思想》重点探讨了徽宗《老子》注所论述的儒、道融合思想与"为出于无为"的观念，④ 她认为宋徽宗对"经世""有为"的认识是理智的，其"无为"思想绝非指消极无为。在单篇论文《论宋代以〈易〉解〈老〉的诠释向度——以〈宋徽宗御解道德真经〉为例》中，卢璐按援《易》阐道之义、援《易》论道之体、援《易》说道之用三个面向，详细分析了宋徽宗如何借助

---

① 黄昱章：《宋徽宗〈御解道德真经〉之研究》，硕士学位论文，台湾"中央"大学中国文学研究所，2008。
② 卢璐：《〈宋徽宗御解道德真经〉之研究》，硕士学位论文，山东大学哲学与社会发展学院，2015。
③ 袁翊轩：《以静则圣，以动则王：宋徽宗〈御解道德真经〉中的政治思想》，《政治科学论坛》2012年总第53期，第93-120页。
④ 万曼璐：《"大智并观"——宋徽宗〈老子〉注反映的儒道融合思想》，《南京师范大学文学院学报》2016年第1期，第80-85页。

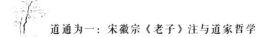
《周易》来构建其《老子》注中的道论体系。她曾阐释并梳理徽宗引用《周易》的一些具体内容，并揭示宋徽宗注重道、性合一的性命哲理。① 王耀辉在专文《宋徽宗对〈老子〉治国思想的阐发与践行》中以宋徽宗对《老子》治道的阐发与践行为中心，探讨道治在宋徽宗政治实践中所遭遇的困境。②

关于宋徽宗一朝的政治史或政治文化研究以及崇道实践研究的成果较多，以下仅举部分与本书研究内容有所关联的成果。在最近十几年，海外宋史学界对徽宗朝的政治史、文化史等领域有较多反思。华盛顿大学历史系的伊沛霞教授（Patricia Buckley Ebrey）与布朗大学的毕嘉珍教授（Maggie Bickford）曾主编《徽宗与北宋晚期的中国：文化的政治与政治的文化》一书，该书收录了 13 篇海外学者的论文，这些论文主要对徽宗时期的"朝政与政治""皇帝的意识形态""皇帝之影响"等三个主题进行了讨论。③ 较有启发性的研究如哈佛大学包弼德教授（Peter K. Bol）曾比较神宗、哲宗、徽宗三朝的科举试题，以探讨这三位皇帝的政治意识形态。他认为，虽然徽宗父子皆是以上古之治为政治理想，但徽宗更偏向于礼制层面的改革，以力求

---

① 卢璐：《论宋代以〈易〉解〈老〉的诠释向度——以〈宋徽宗御解道德真经〉为例》，《周易研究》2017 年第 2 期，第 52-58 页。

② 王耀辉：《宋徽宗对〈老子〉治国思想的阐发与践行》，《原道》2021 年第 2 期，第 205-215 页。

③ Patricia Buckley Ebrey and Maggie Bickford eds., *Emperor Huizong and Late Northern Song China：The Politics of Culture and the Culture of Politics*, Boston：Harvard University Asia Center, 2006.

达到"上古圣王"的目标。① 伊沛霞则讨论了徽宗将他所颁布的御笔诏书在全国勒石刻碑的政治行为。她认为宋徽宗依此既建立了一个政令上下通达的通道，也扩大了皇权在基层社会的影响，这表明了他具有一定的政治野心和政治天赋。② 2015 年，伊沛霞出版了《宋徽宗》（*Emperor Huizong*）一书，该书在 2018 年被翻译为中文。③ 她在前言中指出，她希望纠正过去史学界对徽宗的一种刻板偏见。此书表面上为徽宗之传记，实则为研究徽宗统治时期政治生活、信仰生活和思想世界的一部综合史。在内容上，它主要描述了徽宗即位前的生活环境，徽宗即位到决定绍述之历程，徽宗早期的个人信仰及其主要兴趣，徽宗追求"自我作古"的历程，徽宗的宫廷生活和"神霄运动"等课题。这一研究为我们全面理解宋徽宗的思想与政治实践意义提供了重要参考。近年，清华大学的方诚峰教授亦对这一系列问题有所反思，他曾对比徽宗与真宗朝之祥瑞问题，认为徽宗试图构造"常在"的祥瑞以追求自我作古。④ 在《北宋晚期的

---

① Peter K. Bol, "Emperors Can Claim Antiquity Too: Emperorship and Autocracy Under the New Policies," in Patricia Buckley Ebrey and Maggie Bickford, eds. , *Emperor Huizong and Late Northern Song China: The Politics of Culture and the Culture of Politics*, pp. 173-206.

② Patricia Buckley Ebrey, "Huizong's Stone Inscriptions, " in Patricia Buckley Ebrey and Maggie Bickford, eds. , *Emperor Huizong and Late Northern Song China: The Politics of Culture and the Culture of Politics*, pp. 229-274.

③ 〔美〕伊沛霞：《宋徽宗》，韩华译，广西师范大学出版社，2018。

④ 方诚峰：《祥瑞与北宋徽宗朝的政治文化》，《中华文史论丛》2011 年第 4 期，第 215-253 页。

政治体制与政治文化》一书中，方诚峰先生认为宋徽宗通过种种礼制或宗教的形象工程，不断将自身神秘化、神圣化，而力图塑造神性君主的形象。① 关于宋徽宗与道教的关系，金中枢先生在《论北宋末年之崇尚道教》一文中曾整理和分析了大量记载徽宗崇道事实的材料。他认为徽宗的"崇道"行为与党争或宫廷内的政治斗争有关。② 著名汉学家司马虚曾分析过现今被置于《道藏》之首的六十一卷本《度人经》的成书过程。他认为徽宗在经典中被塑造成了"救世主"的形象，而徽宗本人可能正是这一形象的策划者。③ 香港中文大学博士李丽凉撰写了专门讨论林灵素与"神霄运动"的博士学位论文，该论文对徽宗朝"神霄运动"的基本轮廓有比较清晰的描述。其中，对神霄宫的建制、神霄派的经典与仪式、神霄派与其前后道教史之关系也都有综合性的讨论。④ 这一研究有助于我们理解宋徽宗的一些崇道实践在道教史视野下的意义。美国罗切斯特大学的赵昕毅教授（Shin-yi Chao）也曾对徽宗时期神霄宫的分布网络及其建制有过关注，她认为徽宗建立神霄宫体系的目的在于控制地方的宗教。她在结论中指出，徽宗所构建

① 方诚峰：《北宋晚期的政治体制与政治文化》，北京大学出版社，2023，第 356 页。
② 金中枢：《论北宋末年之崇尚道教》，《新亚新报》1966 年第 7 期，第 323-414 页，1967 年第 8 期，第 187-257 页。
③ 〔美〕司马虚：《最长的道经》，刘屹译，载《法国汉学》第 7 辑，第 188-211 页。
④ 李丽凉：《北宋神霄道士林灵素与神霄运动》，博士学位论文，香港中文大学文化及宗教研究系，2006。

的神霄宫的网络实际上扩大了皇权。① 总休而言，学者们至少普遍都承认宋徽宗的崇道实践带有一定的政治意图，而并非完全出于虔诚的道教信仰。

三　研究进路与文本概述

（一）基本研究进路

今存徽宗道家御注包括《宋徽宗御解道德真经》、《冲虚至德真经义解》以及《西升经》注。就这三注所指向的经典而论，《老子》明显与《列子》《西升经》不同，其义理之体系性颇为完善，也是最具影响力的道家经典。本书关注的主体内容即是宋徽宗之《老子》注。当然，理解宋徽宗对《列子》和《西升经》的某些释义，亦能有助于我们更好地理解他的《老子》注之文本与思想内涵。因此，在本书中，除了重点探讨他对《老子》的注解，还将涉及其《列子》和《西升经》注解的一些内容。

刘笑敢先生曾谈及现代人诠释古代经典会面临两种定向（orientation）问题，他指出："一方面是立足于历史与文本的解读，力求贴近文本的历史与时代，探求词语和语法所提供的可靠的基本意含（meaning），尽可能避免曲解

---

① Shin-yi Chao, "Huizong and the Divine Empyrean Palace Temple Network," in Patricia Buckley Ebrey and Maggie Bickford eds., *Emperor Huizong and Late Northern Song China: The Politics of Culture and the Culture of Politics*, pp. 324-360.

古典；另一方面则是自觉或不自觉地立足于现代社会需要的解读，这样，诠释活动及其结果就必然渗透着诠释者对人类社会现状和对未来的观察和思考。"① 就宋徽宗御注的研究而言，上述两种定向的问题可以为我们提供研究视野的启发。一方面，我们需要将宋徽宗《老子》注视为独立且完整的文本，专注于分析其内在基本观念与思想表达；另一方面，我们也需要考虑这个文本是如何受到宋徽宗所处时代文化之影响的，以及作为具有皇帝身份的诠释者在注解这一文本时的动机、目的。

研究视野则决定研究内容，本书主要关注两个面向的内容。

在第一个层面上，我们主要关注道家哲学视野下的宋徽宗《老子》注，即对这一文本予以详细的哲学解读。对于该文本研究而言，笔者拟从"点""线""面"之分析角度予以探讨。"点"是文本的核心范畴，是文本中最为根本与基础的关键概念，比如《老子》哲学中的道与德。徐复观先生将《老子》哲学分为"宇宙论"、"人生论"和"政治论"，并认为："贯通于这三部分之间的，亦即是贯通他的全书的，乃是他所说的道、德两个基本概念。"② 埋解文本的核心范畴，是理解文本思想的基础。本书在"点"的关注上主要探讨道、德、性、圣人等范畴，将前三者分为

① 刘笑敢：《诠释与定向——中国哲学研究方法之探究》，商务印书馆，2009，第 283 页。
② 徐复观：《中国人性论史·先秦篇》，第 297 页。

三章论述，而将对圣人范畴的论述置于"修身论"部分的篇章中。这些基本范畴是理解宋徽宗解读《老子》文义以及表达自我见解的概念基础。"线"是关注范畴与范畴的关系，即两者之间的逻辑联系和意义关联。对这些关系的探讨，有助于我们理解范畴所具有的体系意义，以及这些范畴所共同构建的文本内部的基本思想关系。这一分析不仅有助于我们把握文本的核心主题，还能深化我们对文本结构和作者之诠释意图的理解。本书将在不同章节探讨道、物之关系，道、德之关系，德与人之关系，以及人与物之关系等面向，这些内容乃构成理解宋徽宗《老子》注思想的基本"线索"。"面"则是文本的主要思想表达，在本书中，即是宋徽宗《老子》注所论的修身思想与治世思想。

在第二个层面上，我们要将徽宗《老子》注视为特定诠释者所作之诠释文本，这就涉及两种需要关注的内容，其一是诠释者本人所处时代文化对他的影响，其二是诠释者的诠释动机和试图通过诠释活动所申明的主张。所以，在研究宋徽宗的《老子》注时，我们不能仅仅关注文本内容所表达的思想或观念，而必须将其置于当时的政治文化和思想文化背景中进行考量，探讨彼时之政治文化、思想文化对文本诠释者的影响。这些内容构成我们合理理解徽宗《老子》注的时代背景。同时，宋徽宗注《老》之行为也关涉于他在政宣时期的一些政治实践，为了更好地理解宋徽宗的诠释动机，我们也需要将这些政治实践纳入考量。另外，通过分析《老子》注解的部分文本内容，我们实际

上也能更准确地把握徽宗的政治理念。

这两个层面的内容共同组成本书所关注的主题。以下，则具体概括各章所涉及的内容和基本研究主题。

本书第一章为"宋徽宗《老子》注的政治文化与思想文化背景"，主要探讨的内容有二。其一，宋徽宗自崇宁初政以来的政治实践、政治理念以及政治理想，通过对此主题的探讨可以窥知徽宗所受北宋中后期以来政治文化的影响。这些内容是此前徽宗《老子》注研究较少关注的议题，但它们对于全面且客观地理解宋徽宗的政治理念与《老子》注思想具有重要意义，有助于更准确地把握宋徽宗在《老子》注中所申明的观念主张。其二，王安石父子之《老子》注对宋徽宗的影响，这种影响体现于宋徽宗《老子》注的多个层面，从文句的句读、诠解的结构，到思想观念的表达，乃至具体文词字意的解读等。分析这些内容，可以揭示宋徽宗《老子》注所关涉的思想源流以及徽宗本人的思想脉络。

本书第二章为"宋徽宗《老子》注的诠解方式与向度"，对此问题的探讨，有助于理解徽宗《老子》注文本的层次结构，揭示文本中部分观念与思想的来源、出处，展现宋徽宗诠解经典的部分创见，解读其诠释动机等。本章将从"文本内部的自解：以《老》解《老》"、"道家经典的互通：以《庄》《列》通《老》"、"形上之学的取摄：引《易》诠《老》"以及"儒道观念的融释：引《孔》《孟》等儒家经典释《老》"等四个面向探讨此内容。

本书第三章为"人之所共由：宋徽宗《老子》注对道之阐释"。本章探讨宋徽宗《老子》注的一个关键范畴——道。道在《老子》哲学中具有宇宙论和本体论的意义，也关乎人的行为实践原则和最高价值。所以，探讨宋徽宗所理解和诠释的道是必须首先考虑的议题。本章拟从宋徽宗所论道之体、道之用和道物关系三个层面理解和探讨宋徽宗对道之范畴的解读和诠释。

本书第四章为"心之所自得：宋徽宗《老子》注对德之阐释"。德是道在人间的落实，是人复归于宇宙之根源的唯一途径，也是《老子》思想体系中贯穿形上世界与形下世界的中介性范畴，具有重要的意义。本章拟从两个面向理解德在徽宗注释文本中的含义：其一，探讨德与道的关系；其二，探讨德之于人的关系。通过这两种关系的探讨，以理解德在宋徽宗《老子》注中的具体内涵。

本书第五章为"性与生俱：宋徽宗《老子》注对性之阐释"。宋学的基本特征之一乃重视心性思想，而这一学术倾向亦影响到北宋《老子》注的诠释。可以说，自王安石以来的注《老》者，已将性视为解释《老子》思想的关键范畴。对此，宋徽宗亦不例外。本章拟关注宋徽宗《老子》注对性这一范畴的解释，分别探讨徽宗所论性的本质，世人"失性于俗"的处境，人性的应然状态，以及尽性与复性之实践理想等四个主题。这些内容实际呈现的是宋徽宗所理解的人之性的本然、实然与应然问题。对此之探讨，将成为理解宋徽宗修身论与治世论的概念基础。

本书第六章为"闻道以复性：宋徽宗《老子》注所见圣人修身论"。对于《老子》的哲学动机而言，宇宙论和本体论的建立并不是其最终指向，而是关乎人的实践问题，即修身实践与治世实践。另外，圣人往往是《老子》哲学中表达修身论与治世论主张的角色主体。以此，本章主要关注宋徽宗所论圣人的修身观念。本章探讨的内容包括宋徽宗所诠释的圣人范畴，圣人闻知"道"的方式，圣人修身的原则及具体方式。

本书第七章为"在宥天下：宋徽宗《老子》注所见圣人之治世论"。本章关注宋徽宗《老子》注中所论圣人治世的主题，拟从三个面向予以探讨：其一，探讨徽宗《老子》注指向的治世基本理念，即徽宗所阐释的《老子》治世思想的核心主张；其二，关注徽宗《老子》注所论说的治世根本原则，这一原则体现的是圣人治世实践之内在要求；其三，考察徽宗《老子》注论及的具体治世之术，以及他在相关释义中对这些治术的解释。

本书第八章题为"宋徽宗《老子》注对儒、道观念之调适与'道通为一'的政治理念"。本章主要关注宋徽宗如何在观念和政治实践层面调适儒、道关系，以及他为何要对这一关系进行调适，即探讨其具体注《老》动机和所关涉之政治理念。

（二）研究文本概述

本书以宋徽宗《老子》注为基本研究文献。宋徽宗在政和八年（1118）至宣和年间（1119—1125），曾先后撰有《御解道德真经》、《冲虚至德真经》注、《〈南华真经·逍遥游〉真义指归》和《西升经》注。① 政和八年八月十二日，宋徽宗所下之御笔手诏表明彼时他已完成《老子》注。他要求仿照唐制，命大臣分章句书写，并刻石于在京神霄玉清万寿宫。九月，宋徽宗御注《道德经》正式刻石于京城的神霄玉清万寿宫。② 宣和五年（1123）十一月，宋徽宗诏国子监刊印御注之《冲虚至德真经》《南华真经》，并颁于学校。这说明宋徽宗此时已注有《冲虚至德真经》《南华真经》。需要注意的是，诸正史未言明宋徽宗所注《南华真经》是全本之注还是仅注《南华真经·逍遥游》一篇。一部名为《高上神霄宗师受经式》的道经则记载宋徽宗所注之作名为《〈南华真经·逍遥游〉真义指归》。③ 另外，在撰《老子》注后，宋徽宗也注过《西升经》，但撰写的具体年代不详。

　　南宋晁公武所著《郡斋读书志》道家类著录有宋徽宗《御注老子》二卷，但该书未提到徽宗其他著作的情况。④ 陈振孙《直斋书录解题》道家类记载了宋徽宗《御注老

---

① 关于宋徽宗所撰之著作，可参考唐代剑《宋代道教管理制度研究》，线装书局，2003，第45-49页。

② （宋）杨仲良撰《皇宋通鉴长编纪事本末》卷一二七，第2140页。

③ （宋）佚名撰《高上神霄宗师受经式》，《道藏》第32册，文物出版社、上海书店出版社、天津古籍出版社，1988，第638页。

④ （宋）晁公武撰，孙猛校证《郡斋读书志校证》，上海古籍出版社，1990，第469页。

子》二卷，也未提到其他御注。① 这说明宋徽宗《御注老子》最早似乎为二卷本。南宋高似孙《子略》记载有《列子》之"政和御注"八卷。② 宋徽宗所注《南华真经》则已佚。

现存宋徽宗御注包括《宋徽宗御解道德真经》、《冲虚至德真经义解》和《西升经》注。本书主要关注《御解道德真经》的内容，但也会涉及后两个文本。《宋徽宗御解道德真经》的现存版本可以分为三类。第一类是"御解本"，即正统《道藏》所收四卷本《宋徽宗御解道德真经》，这一版本分为"道经上"（1—20章）、"道经下"（21—37章）、"德经上"（38—58章）和"德经下"（59—81章）。这一版本应当是在前述两卷本基础上的重新分卷。③ 该版本共八十一章，每一章以该章之卷首数字为章名。第二类是解义、疏义本，即正统《道藏》所收章安所撰十卷本《宋徽宗道德真经解义》④、江澂所撰十四卷本《道德真经疏义》。章安与江澂乃逐句对宋徽宗之注予以解义和疏义。这两个文本都先列出宋徽宗之注，然后在注下以"臣义曰"

---

① （宋）陈振孙撰《直斋书录解题》，徐小蛮、顾美华点校，上海古籍出版社，2015，第285页。

② （宋）高似孙撰《子略》，张艳云、杨朝霞点校，辽宁教育出版社，1998，第21页。

③ 黄昱章在其硕士学位论文中曾详细论述过宋徽宗御注的卷数和具体分卷情况，可参见黄昱章《宋徽宗〈御解道德真经〉之研究》，第27-48页。

④ 《宛委别藏》亦收十卷本章安撰《宋徽宗道德真经解义》，此版本乃是传抄正统《道藏》本。

"疏义曰"提起下文，再附他们的解义和疏义之文。第三类是集注类文献，主要有正统《道藏》所收彭耜纂集十八卷本《道德经集注》、李霖编撰十二卷本《道德真经取善集》、董思靖集解四卷本《道德经集解》以及刘惟永编集十七卷本《道德真经集义》等。宋徽宗的《老子》注解被零散地集录在这些文本中。另外，华东师范大学出版社现已出版万曼璐点校之《宋徽宗道德真经解义》，此书的作者是章安，但实际上包含了宋徽宗《老子》注的基本文本。该书以正统《道藏》为底本，并参校它本。① 黄昱章之硕士学位论文《宋徽宗〈御解道德真经〉之研究》也附录了他所整理、点校的《御解道德真经》。② 该论文主要使用正统《道藏》所收四卷本《宋徽宗御解道德真经》为底本，并参校章安本、江澂本，以及彭耜《道德经集注》中的"政和御注"内容。需要说明的是，章安之解义、江澂之注疏内容是本书重要的参考文献。他们对于宋徽宗文句的解读将有助于我们更准确地理解宋徽宗所释之义。

除了《宋徽宗御解道德真经》，正统《道藏》亦收有题为宋徽宗撰之六卷本《冲虚至德真经义解》。《宋史》著录该书为八卷，现仅存六卷，包括《天瑞》《黄帝上》《黄帝下》《周穆王》《仲尼上》《仲尼下》诸篇。所以，实际佚失《杨朱》和《说符》两篇。不过，正统《道藏》同样

---

① 具体校注版本参见该书的"校注说明"，（宋）章安解义《宋徽宗道德真经解义》，万曼璐点校，华东师范大学出版社，2017，第1-3页。
② 参见黄昱章《宋徽宗〈御解道德真经〉之研究》，第213-289页。

收录了金人高守元纂集之《冲虚至德真经四解》，该著收晋人张湛、唐人卢重玄、宋徽宗以及范致虚之解。该书所录宋徽宗御解可以补六卷本《冲虚至德真经义解》中《仲尼下》篇后佚文。另外，范致虚与太学生江通所撰二十卷本《冲虚至德真经解》也是理解宋徽宗《老子》注的参考文献之一。正统《道藏》亦收有宋徽宗所注《西升经》，该经分上、中、下三卷，同样是探讨宋徽宗《老子》注的参考资料。

以上这些文献是本书探讨所使用的基础文献，本书亦将参考部分正史、政书文献，笔记、文集及部分碑刻文献等史料。这些文献在不同面向记载了一些有关《老子》注或反映宋徽宗政治思想、政治实践的历史材料，它们的内容不仅可以作为基本资料帮助我们更好地理解有关徽宗《老子》注的历史，还能指引我们深入探讨御注背后所关联的政治文化和政治实践背景。通过这些文献，我们能够获得更全面的视角，以更深刻地把握宋徽宗《老子》注的思想实质和历史关联。

第一章　宋徽宗《老子》注的政治文化与思想文化背景

　　钱穆先生曾言："考论一书之著作年代，方法不外两途：一曰求其书之时代背景，一曰论其书之思想线索。"① 理解一著作的内容，亦需考虑其时代背景与作者或作者群的思想线索。本书考察的主体内容是宋徽宗之《老子》注。不同于一般的《老子》注家，徽宗具有皇帝之特殊身份，我们无法仅将对御注的探讨局限于诠释者个体思想或观念的表达，而应兼顾部分政治文化或宋徽宗的政治理念、政治实践。这也是御注研究不同于一般注解的特殊之处。

　　在政宣时期，宋徽宗、林灵素及部分朝臣兴起"神霄大教"，宋徽宗也自称为"太霄帝君"，其后，宋徽宗发起了一系列崇尚道教的政治实践。宋徽宗注《老子》完成于

---

　　① 钱穆：《庄老通辨》，长江文艺出版社，2020，第 6 页。

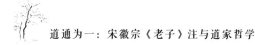

政和八年（1118）八月以前，①注《列子》与《西升经》约略完成于宣和年间。与此同时，宋徽宗又设立道学，并改革文教相关制度，以使天下学子兼习儒、道之学。从某种意义而言，徽宗御注应被视为这一系列政治实践中的重要一环。当然，我们不应只关注政宣时期，御注所表达的徽宗思想或观念与北宋中后期政治文化实际上颇有关联，也与宋徽宗即位以来的政治理念密不可分。以此，在对《老子》注的文本予以专门探讨以前，我们需要首先讨论与之相关的政治文化或思想文化背景。

宋徽宗《老子》注的相关背景值得关注者有三。其一为徽宗个人受影响之政治文化，这一内容主要体现在徽宗所主张的政治理念或主导的政治实践。就目前的研究而言，学界认为宋徽宗在崇观年间更重视承继熙丰改革事宜，尤其是儒家礼制建设，而至政宣以后，宋徽宗明显转向崇道实践，以至大兴"神霄之教"。本章主要探讨崇观年间宋徽宗所主张的政治理念或主导的部分政治实践。其二为影响《老子》注的时代思想或个人思想。以文化思想而言，宋徽宗因崇尚熙宁之故，颇崇王安石父子之学，乃复"荆公新学"为官学，故《老子》御注的内容深受王安石及其后学等人的《老子》注影响。本章主要关注王安石父子的《老

---

① 具体完成日期不详，万曼璐曾根据章安在《宋徽宗道德真经解义》中自称"登仕郎"之名，认为该书成书于政和六年之前。如是，宋徽宗之作的完成日期则更应提前。见（宋）章安解义《宋徽宗道德真经解义》，万曼璐点校，第 2 页。

子》注对徽宗御注之影响。其三为宋徽宗在政宣时期的崇
道实践及其相关政治背景，本书将在第八章再单独探讨这
一内容。

第一节　回向三代：崇观年间的 政治实践与文化

宋徽宗登基以前，简王赵似在其母亲钦成皇后朱氏和
权臣章惇的支持下曾试图夺取帝位。不过，由于向太后[①]坚
定地选择与支持时为端王的赵佶，最终赵佶得以即天子位。
宋徽宗登基之初，曾请向太后"权同处分国事"[②]，此二人
皆试图调和此前的党争现象。[③] 为了表示"无偏无党"之
理想，[④] 宋徽宗次年改国号为"建中靖国"。但在向太后还
政后，宋徽宗似乎对"折中调和"的国是感到动摇。仅及

---

① 宋神宗赵顼之皇后。宋哲宗即位以后，向皇后被尊为皇太后。

② （宋）李埴撰，燕永成校正《皇宋十朝纲要校正》卷一四，中华书局，
2013，第378页。

③ 相关细节研究参见林珊《从"建中初政"到"崇宁绍述"：徽宗朝初
期朝政研究（1100-1102）》，硕士学位论文，北京大学历史系，2010，
第11-47页。

④ 元符三年十月，宋徽宗下诏表达自己将采取不偏不倚的政治态度，以
调和党争。这一诏令提到："无偏无党，正直是与，体常用中，祗率大
体，以与天下休息，以成朕继志述事之美，不亦韪欤？若夫曲学偏见，
妄意改作，妨功扰政，以害吾国是者，非惟朕所不与，乃公议之所不
容，亦与众弃之而已。"［（清）黄以周等辑注《续资治通鉴长编拾补》
卷一六，中华书局，2004，第615-616页］蔡絛在《铁围山丛谈》中
指出，宋徽宗改元"建中靖国"之目的即在于遏制党争。［（宋）蔡絛
撰《铁围山丛谈》卷一，冯惠民、沈锡麟点校，中华书局，1983，第
12页］

次年，宋徽宗决定来年改元为"崇宁"，以取崇尚"熙宁（变法）"之意。

在元符三年（1100）十月，徽宗曾下诏令表达将确立"折中调和"之国是。当时，他已直接提到他的政治目标在于"继志述事"①。由于彼时国是之限，宋徽宗并未在政治实践领域全面展开绍述。改元"崇宁"以后，徽宗明显试图变更国是，尝试全面绍述其父、兄之政事。

崇宁元年（1102）七月，宋徽宗下诏仿照神宗熙宁二年（1069）置条例司的体制于都省置讲议司，并任命蔡京提举讲议司。② 这一机构的设立意味着宋徽宗在政治领域全面追复父志的开始。在宣布置讲议司的诏令中，宋徽宗明确表达了他的政治意图："朕闻治天下者以立政训迪为先，笃孝思者以继志述事为急。"③ 随后，在宋徽宗与蔡京的主导下，讲议司先后制定了盐政、学校、宗室、医学、礼仪等多个领域的改革措施。④ 这些改革所涉及的面向大多与宋神宗当年所进行的改革事宜直接相关。换言之，宋徽宗在执政初期所进行的政治实践多是在"追述先王"这一政治

---

① （清）黄以周等辑注《续资治通鉴长编拾补》卷一六，第 615 页。
② （清）黄以周等辑注《续资治通鉴长编拾补》卷二〇，第 700-701 页。关于崇宁年间设立"讲议司"的相关研究见林天蔚《蔡京与讲议司》，载《宋史研究集》第十辑，台湾编译馆，1978，第 429-445 页；杨小敏《政事与人事：略论蔡京与讲议司》，《西北民族大学学报（哲学社会科学版）》2008 年第 5 期，第 46-52 页。
③ （清）黄以周等辑注《续资治通鉴长编拾补》卷二〇，第 700 页。
④ 这次改革的详细内容参见林天蔚《蔡京与讲议司》，《宋史研究集》第十辑，第 429-445 页。

理念的基本框架下进行的。在这一时期，无论政事诏令抑或官员之进言大多会提到所行改革实践的缘由或目的乃在于继承"先王之志"。

那么，宋徽宗所述"先王之志"具体的指向是什么呢？从实践层面而言，宋徽宗所进行的改革事宜大多是延续或进一步发挥熙丰年间之政事。而从观念层面而言，"先王之志"除了字面上表示神宗皇帝的志向，实际上这一理念的核心指向是"回向三代"的政治文化。

余英时先生在《朱熹的历史世界》中指出，自宋仁宗中期以来，士大夫之间就持续地开始讨论"回向三代"的问题，并逐渐形成"回向三代"的政治思潮。① 在这一思潮的影响下，不少士大夫提出了对文化、政治和社会进行大规模改革的要求。宋神宗时期的"熙宁变法"也正是以"回向三代"的政治文化为背景而展开。"熙宁变法"的核心人物王安石在《上仁宗皇帝言事书》中即明确指出，改革应当法"二帝三王"之意。② 在崇宁以后，宋徽宗同样对此精神有所继承。并且，他逐渐将"回向三代"的理念与"承继父志"的意图相结合。

宋徽宗的这一政治理念在崇观年间的多项政治实践中皆有体现。崇宁四年（1105）七月，蔡京向宋徽宗推荐库

---

① 余英时：《朱熹的历史世界：宋代士大夫政治文化的研究》，三联书店，2013，第184~197页。
② 参见余英时《朱熹的历史世界：宋代士大夫政治文化的研究》，第195页。"二帝三王"乃指唐尧、虞舜（二帝）、夏禹、商汤、周文王或周武王（三王）。

部员外郎姚舜仁的明堂之议。宋徽宗当即表示："先帝常欲为之有图，见在禁中。"① 八月，李诚、姚舜仁向宋徽宗献明堂图。姚舜仁随后进言云：

> 伏闻神宗皇帝尝诏侍臣欲考古三雍之制，开明堂辟雍，以发政施仁。其初志盖将以追配黄帝三代之治。②

姚舜仁首先将明堂的修建与神宗皇帝相联系。他指出宋神宗就已有建设明堂的政治意愿。然后，姚舜仁认为神宗修明堂的目的乃是"追配黄帝三代之治"。这一话语实际上与这一时期徽宗所主张的政治理念完全相符。姚舜仁进图以后，宋徽宗下诏陈述了自己的观点：

> 朕若稽先王飨帝之义，严父之礼，布政之居，夏有世室，商有重屋，周有明堂，对越在天，以孝以享。……比诏有司，审加论定，具图来上，于礼有稽。追三代之坠典，黜诸儒之异说，作而成之。③

宋徽宗期望建成的明堂具有三大功能，分别为：飨帝、严父和布政。在中国历史上，只有理想中的西周明堂制度才

---

① （清）黄以周等辑注《续资治通鉴长编拾补》卷二五，第847页。
② （清）黄以周等辑注《续资治通鉴长编拾补》卷二五，第848页。
③ （清）黄以周等辑注《续资治通鉴长编拾补》卷二五，第850页。

完全具有此功能。[①] 所谓严父，实际上是指在明堂中将皇帝的父亲配享于天。此可体现宋徽宗之孝道。[②] 在这一诏令中，宋徽宗明确提及他希望明堂制度应效法"三代"，即所谓"追三代之坠典，黜诸儒之异说"。

又如，崇宁五年（1106），宋徽宗在一则重改学校诸种制度仍依熙宁旧法的诏令中，作出如下解释：

> 朕恭览熙宁诏书，以俟兴建学校，然后讲求三代所以教育选举之法，施于天下，则庶几可复古矣。复乡举里选，布之天下，以追三代之隆，神考之志也。[③]

宋徽宗指出，他所建立的学校相关政策是参考熙宁诏书后做出的。他进行这一改革之目的乃"讲求三代所以教育选举之法"，以追求复三代之古。随后，徽宗明确将追"三代之隆"与追"神考之志"相等同。大观元年（1107），宋徽宗在一则调整议礼局行政编制的诏书中也曾明确提到："追法先王而承先志。"[④] 所以，由以上数例皆可看出宋徽宗已将追述"神考之志"等同于延续其父追求"三代之隆"的

---

① 关于明堂制度，可参见杨高凡《宋代明堂礼制研究》，博士学位论文，河南大学历史系，2011，第 51 页。

② 《孝经·圣治》有云："人之行莫大于孝，孝莫大于严父，严父莫大于配天。"见（唐）李隆基注，（宋）邢昺疏《孝经注疏》，北京大学出版社，1999，第 28 页。

③ （清）黄以周等辑注《续资治通鉴长编拾补》卷二六，第 889 页。

④ （清）徐松辑，刘琳、刁忠民、舒大刚等点校《宋会要辑稿·职官五》，上海古籍出版社，2014，第 3131 页。

政治理想。

在崇观年间，绝大多数的政治改革在意识形态上几乎都是指向"三代"和"先帝之志"的。大观元年，太庙斋郎方轸在弹劾蔡京的奏章中有云："京凡妄作，必持说劫持上下曰：'此先帝之法也'，'此三代之法也'，或曰'熙、丰遗意，未及施行'。"① 方轸对蔡京的这一批评可能略有夸大之嫌，② 但是这一表达方式足以说明宋徽宗在这一时期对"先帝之法""三代之法"的重视程度。由此可见，"回向三代"显然已构成徽宗崇观年间的主流政治文化，也成为徽宗此一时期的核心政治主张。

第二节　"一代之制"与宋徽宗的
圣王理想

在如何具体完成"回向三代"之目标上，宋徽宗与其父、兄的理解和现实实践则存在一定差异。哈佛大学历史系包弼德教授曾详细比较神宗、哲宗、徽宗三朝殿试制策内容所体现的君主意识形态，认为宋神宗、宋哲宗关心政治、经济领域的改革，宋徽宗却明显更关心礼乐文化的改革。③

---

① （清）黄以周等辑注《续资治通鉴长编拾补》卷二七，第 921 页。
② 宋徽宗后来下诏将方轸削籍流放岭外。见（清）黄以周等辑注《续资治通鉴长编拾补》卷二七，第 923 页。
③ Peter K. Bol，"Emperors Can Claim Antiquity Too：Emperorship and Autocracy Under the New Policies，" in Patricia Buckley Ebrey and Maggie Bickford，eds.，*Emperor Huizong and Late Northern Song China：The Politics of Culture and the Culture of Politics*，pp. 173-206.

所以，从崇宁至大观年间，宋徽宗兴起了包括立九鼎，建明堂，兴大晟乐等一系列礼乐制度建设。① 那么，为何宋徽宗要重点选择在礼乐层面来追述"三代"呢？这一问题可以在崇观年间的政治话语体系中得到解答。

学术界曾注意到"丰亨豫大"这一词语被频繁用于崇观时期的政治话语中。该词为诸多记载北宋一朝的史料所载，这些史料大多言及蔡京颇以"丰亨豫大"之语惑主。② 关于"丰亨豫大"之意，方诚峰先生曾专门撰文指出该词乃是形容"富足""德大""民悦"的极盛之时。这一词语主要强调圣君之德。③ 蔡京同朝官员孙觌在弹劾蔡京时则将"丰亨豫大"与"穷奢极侈"之义相等同。④ 当然，无论何种意思，这一词语都被用以夸赞徽宗之治乃为盛世。在崇观年间，实际上还有另一政治用语也表达此意。

崇宁四年（1105）八月，宋徽宗率众臣于崇政殿听新

---

① 相关过程可参见方诚峰：《北宋晚期的政治体制与政治文化》，第337-350页；〔美〕伊沛霞：《宋徽宗》，韩华译，第138-159页。

② 比较典型的说法见《皇朝编年纲目备要》："京（蔡京）乃自尚书左丞超拜右相，制下，中外大骇。赐京坐延和殿，上命之曰：'昔神宗创法立制，中道未究，先帝继之，而两遭帘帷变更，国是未定。朕欲上述父兄之志，历观在廷，无与为治者。今朕相卿，其将何以教之？'京顿首谢，愿尽死云。时，四方承平，帑庾盈溢。京倡为'丰亨豫大'之说，视官爵财物如粪土，累朝所储，大抵扫地矣。"〔（宋）陈均撰《皇朝编年纲目备要》卷二六，许沛藻、金圆、顾吉辰、孙菊园点校，中华书局，2007，第663页〕《东都事略》亦载此说，见（宋）王称撰《东都事略》卷一〇一，齐鲁书社，2000，第866-867页。

③ 方诚峰：《北宋晚期的政治体制与政治文化》，第263-272页。

④ 侍御史孙觌曾向宋钦宗弹劾蔡京。孙觌在奏章中批评蔡京"托'丰亨豫大'之说，倡穷奢极侈之风"。见（宋）杨仲良撰《皇宋通鉴长编纪事本末》卷一四八，第2458页。

乐。次日，宋徽宗即询问朝臣"新乐如何"，中书舍人许光凝奏云：

> 此圣德所致，可谓治世之音。安以乐至？如陛下收复青唐，赵怀德归顺，近古州二千余里尽内附，今正功成作乐之时。①

许光凝的说法出自《礼记·乐记》。《礼记·乐记》云："王者功成作乐，治定制礼。其功大者其乐备，其治辩者其礼具。""功成"表示"天子功业既成"，"治定"表示"民得王教，尊卑位定"②。"功成"与"治定"皆是同时之事。在许光凝的奏书语境中，崇宁之时正为盛世，所以当要作乐。这一说法和上述蔡京所提"丰亨豫大"的说法在逻辑上是一致的。

宋徽宗在大观二年（1108）的一道诏令和大观三年（1109）的殿试制策中也分别提到这一话语：

> （大观二年六月）诏付议礼局："承平百五十年，功成治定，礼可以兴。"③

---

① （宋）杨仲良撰《皇宋通鉴长编纪事本末》卷一三五，第2284页。
② （汉）郑玄注，（唐）孔颖达疏《礼记正义》，北京大学出版社，1999，第1092页。
③ （宋）杨仲良撰《皇宋通鉴长编纪事本末》卷一三三，第2248页。

大观三年三月六日，上御集英殿，试礼部奏名进士，内出制策曰："昔者先王治定而制礼，功成而作乐，以合天地之化……"①

上述话语表明了宋徽宗制礼作乐之行为的出发点何在。许光凝在他的奏章中提到徽宗当时的已建功业，诸如"收复青唐""赵怀德归顺"。他认为当下正是功成之时，因此需要"圣王"作乐。根据徽宗诏令和制策的话语，宋徽宗同样表达了现在正是"功成治定"之时，因而"礼可以兴"的观念。

当然，这样的理解尚只是话语的表面意思。因为如果反向去理解"功成治定，礼可以兴"这一话语的逻辑，我们可以明白"兴礼"的前提是"功成治定"。换言之，制礼作乐的行为正可以确证当前之世乃为盛世，而制礼作乐的主角则为"圣王"。

在崇观年间徽宗所颁的关于礼、乐建设的诸类诏书中，宋徽宗还在诸方面提及他试图通过制礼作乐实践所尝试达到之目的。

崇宁四年八月，宋徽宗下诏为新制之乐命名，诏书中提及：

昔尧有《大章》，舜有《大韶》，三代之王，亦各异名。今追千载而成一代之制，宜赐名曰《大晟》。朕

---

① 《宋会要辑稿·选举七》，第 5405 页。

> 将荐郊庙，享鬼神，和万邦，与天下共之，岂不美乎？
> 其旧乐勿用。①

此即表明，宋徽宗期望通过制礼作乐以形成"一代之制"。在徽宗下令编定"五礼"和设立"八宝"制度的诏书中，他也先后提到期望"有一代之制"②，"以成一代之典"③。"一代之制"可以表示某一时期或某一时代的制度，但在崇观年间的政治话语体系中，"一代之制"却有特别的政治内涵。

上文提及徽宗曾试图在崇宁年间创建明堂制度。杨仲良《皇宋通鉴长编纪事本末》记载徽宗曾对议建明堂的一些相关官员云：

> 明堂之礼废已久，汉、唐卑陋不足法。宜尽用三代之制，必取巨材，务要坚完，以为万世之法。④

从这一话语可以看出，宋徽宗所期立之明堂制度应达到两方面的目的。其一乃前法"三代之制"，其二乃后为"万世之法"。

---

① （清）黄以周等辑注《续资治通鉴长编拾补》卷二七，第 851 页。另见（宋）杨仲良撰《皇宋通鉴长编纪事本末》卷一三五，第 2284 页。
② （宋）杨仲良撰《皇宋通鉴长编纪事本末》卷一二八，第 2160 页。
③ （宋）杨仲良撰《皇宋通鉴长编纪事本末》卷一三三，第 2248 页。另见（宋）杨仲良撰《皇宋通鉴长编纪事本末》卷一三四，第 2264 页。
④ （清）黄以周等辑注《续资治通鉴长编拾补》卷二七，第 850—851 页。另见（宋）杨仲良撰《皇宋通鉴长编纪事本末》卷一二五，第 2101 页。

在上文提及的御制《大晟乐记》中，宋徽宗将这种政治观念更加明确地表达出来：

> 虽乐不同，而声岂有二古？今参用（大晟乐）永为一代之制，继周《勺》之后，革百王之陋，以遗万世，贻厥子孙，永保用享。①

徽宗所谓的"一代之制"包含三种意思：其一是新的制度可以上继"周《勺》"②；其二是新的制度可以革"百王之陋"；其三则是他期望新的制度能遗留"万世"。"革百王之陋"的含义同前文所引徽宗诏书提及的"汉、唐卑陋不足法"之意相同，这一说法乃强调新制直接上承"三代"。当然，新制不仅是在内容上效法"三代"，而更应成为后世之法。换言之，这说明宋徽宗试图将自己的行为比拟于"上古圣王"在"三代"时之所为。

政和三年（1113）四月，宰臣郑居中向徽宗上呈业已编撰完成的《政和五礼新仪》，并奏云：

> 恭惟陛下德备明圣，观时会通，考古验今，沿情称事，断自圣学，付之有司，因革纲要，既为礼书，纤

---

① （清）黄以周等辑注《续资治通鉴长编拾补》卷二九，第986页。
② "勺"传为周公所作乐舞之名，如《汉书·董仲舒传》云："当虞氏之乐莫盛于《韶》，于周莫盛于《勺》。"[（汉）班固撰《汉书》卷五六，中华书局，2007，第561页]

悉科条；又载仪注，勒成一代之典，跨有三王之隆。①

"跨有"乃据有之意。郑居中的进言直接将宋徽宗的制礼作乐行为等同于"上古圣王"之制礼作乐行为。在中国历史中，臣僚将君王喻作尧、舜、禹并不鲜见。但是在以"礼追三代"为政治目标的崇观年间，这一说法应当有着特殊的含义。

综上而言，笔者认为宋徽宗之所以尝试通过制礼作乐追述"三代"，乃是与"治定制礼""功成作乐"的政治观念有关。在传统儒教观念中，只有圣王在"功成治定"之盛世才能制礼作乐。《礼记》载上古之"二帝三王"皆有相应之制礼作乐事。所以，宋徽宗制礼作乐的行为一方面乃是在效法"三代"之事，另一方面亦可以通过制成"一代之制"表明当今之治乃为"圣治"，定制之王乃为"圣王"。

崇观年间主要的政治文化与宋徽宗所主张的政治理念是过往探讨徽宗《老子》注乃至崇道实践等研究都较少关注的议题，但是这些内容对于完整而不失偏颇地理解宋徽宗的政治实践或思想观念有重要意义。例如，仅就理解徽宗《老子》注而论，这些内容会给我们研究徽宗的圣人观带来新的思考视野，我们可以看到宋徽宗从未放弃他的"圣王"理想，所以其《老子》注体现出明显的"内圣外王"主张。这一主张通过对圣人理想实践的诠解而呈现。

---

① （清）黄以周等辑注《续资治通鉴长编拾补》卷三二，第1052页。

对徽宗而言，崇尚道学或追求"内圣"的理想，并不妨碍他对儒家"外王"之道的追寻。所以，宋徽宗在政宣时期强调应使"天下庶乎无二道"，据此逻辑，"内圣"与"外王"皆是同一之道。由此，我们也能理解宋徽宗通过《老子》注调和儒、道观念的基本立场和根本用意。另外，这些内容也有助于我们理解为何徽宗的注释中经常引用尧、舜、禹作为圣人之典型，亦使我们认识到有必要在此基础上重新反思宋徽宗《老子》注所论述的有为与无为的关系等诸多问题。

宋徽宗在崇观年间除了在政事方面发扬其父志，尚多承继神宗一朝的思想文化，尤其体现于尊王安石学派之思想，以至时人有言："崇宁以来，非王氏经术皆禁止。"① 王安石学派除了对彼时儒家之学术影响颇深，由于王安石、王雱、陆细、刘概、刘泾等人皆注《老子》，亦对徽宗君臣之《老子》注疏颇有影响。以此，欲理解徽宗注《老》的思想背景则不得不略论及王安石学派的《老子》注对徽宗的影响。

第三节　王安石父子的《老子》注
对宋徽宗之影响

王安石学派对北宋中后期思想或文化的影响曾被学界

---

① （宋）朱弁撰《曲洧旧闻》，王根林校点，上海古籍出版社，2012，第116页。

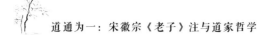

广泛探讨，但是几乎鲜有研究言及宋徽宗与王安石学派的关联。平心而论，王安石的历史地位在徽宗朝被推崇到无以复加的地步，而宋徽宗恰是北宋晚期推崇与发扬王安石思想的关键人物之一。①

自崇宁以来，徽宗追述其父、兄之志，务事于神宗、哲宗朝诸类改革事宜。作为熙宁变法的最关键人物，王安石自然也是宋徽宗特为推崇之对象。崇宁元年（1102）七月，徽宗与时任右相的蔡京共同推进设立讲议司，此为模仿熙宁变法开始时宋神宗与王安石所设立之"制置讲议司"②。随后，一度被禁的王安石《字说》恢复其地位，其学逐渐在官方层面流行。崇宁三年（1104），宋徽宗通过配飨制度提高王安石的政治地位，乃下《故荆国公王安石配飨孔子庙廷诏》云：

> 敕门下：道术裂于百家，俗学弊于千载。士以传注之习，汩乱其聪明，不见天地之纯全，古人之大体，斯已久矣。故荆国公王安石，由先觉之智，传圣人之经，阐性命之幽，合道德之散，训释奥义，开明士心，总其万殊，会于一理。于是，学者廓然，如睹日月，咸知六经之为尊，有功于孔子至矣。其施于有政，则

---

① 关于宋徽宗、蔡京君臣尊王安石之用意与实践，可参见张家伟《从政事到学术：徽宗时期王安石批判的重心转变》，《东华理工大学学报（社会科学版）》2021 年第 5 期，第 424-425 页。
② （宋）杨仲良撰《皇宋通鉴长编纪事本末》卷一三二，第 2234-2235 页。

相我神考，力追唐虞三代之隆。因时制宜，创法垂后，小大精粗，靡有遗余。内圣外王，无乎不备。盖天降大任，以兴斯文，孟轲以来，一人而已。朕方丕承先志，崇建胶庠，命教四方，遍于郡邑，推原其本，想见仪刑。夫时有后先，人无今昔，孔子之道，得公而明，求其所同，若合符节，春秋释奠，其与飨之。王安石可配飨孔子庙廷，故兹诏示，想宜知悉。①

宋徽宗对王安石的政治与学术评价极高，认为他"有功于孔子至矣"，甚至"孟轲以来，一人而已"。以此说法，在北宋容易被理解的"道统说"语境影响下，王安石显然被视为宋代承继儒家"道统"的唯一之人。具体而言，徽宗认为王安石的贡献有三：其一，汉唐以来，道术分裂，俗学流传，士"不见天地之纯全"，王安石则通过训释经典而"总其万殊，会于一理"；其二，在具体经义上，王安石乃能"阐性命之幽，合道德之散"，即形成所谓"道德性命"之学；其三，在政治功绩上，王安石任相于宋神宗朝，成为熙宁改革关键人物，甚至徽宗认为他辅助宋神宗所采取的诸类改革政事能"力追唐虞三代之隆"。总之，由于王安石乃是"内圣外王，无乎不备"，且与"孔子之道"若合符节之人，所以王安石可配飨于孔子庙廷。这使得后来徽

---

① 《宋大诏令集》卷一五六，第584页。

宗幸学也需要拜谒王安石坐像，^① 以至时人陈瓘批评王安石坐对君主伏拜，不合君臣之礼。^② 及至政和三年（1113），宋徽宗下御笔手诏，封王安石为舒王，这使得王安石的政治地位已经齐平于文宣王孔子。

对于王安石在崇观年间的具体影响，南宋初年的吴曾在《能改斋漫录》中言："崇宁以来，专意王氏之学，士非《三经》、《字说》不用。"^③ 李心传《建炎以来系年要录》亦云："崇观间，王安石学益盛，内外校官非《三经义》、《字说》不登几案。"^④ 由此可见，随着王安石官方地位的大幅提升，王氏之学自徽宗崇观以来盛行。

除了对王安石本人的尊崇，其子王雱在徽宗朝之地位亦显著提升。政和二年（1112）三月，王雱被宋徽宗封为临川伯，并从祀于孔庙。徽宗诏书云：

> 化民成俗，盖法本于尊儒；崇德报功，必恩隆于赐爵。追怀俊杰，宜有褒扬。故任朝散大夫、充天章阁待制、行右正言、兼侍讲、南阳县开国男、食邑三百户、赐紫金鱼袋、赠左谏议大夫王雱，识造渊微，

---

① 曾枣庄、刘琳编《全宋文》卷二七九五，上海辞书出版社，2006，第121—122页。
② 具体之探讨参见张健《从配享到削祀：王安石的孔庙位次与王学升降》，《北京大学学报（哲学社会科学版）》2022年第3期，第56—68页。
③ （宋）吴曾撰《能改斋漫录》卷一二，《文渊阁四库全书》第850册，台北商务印书馆，1988，第745页。
④ （宋）李心传撰《建炎以来系年要录》卷八七，中华书局，1988，第1449页。

学通伦类。世济其美，传家何止于一经；书立之师，垂范不刊于千载。斥传注词章之俗学，阐道德性命之微言。士始见于指归，功有禅于教化。酬其稽古之力，属我右文之时。爰命疏封，并加异数。图形先哲之列，从祀圣师之庭。蔚有光于宗儒，用申劝于多士。庶其知识，亦克钦承。可特封临川伯。[①]

宋徽宗将对王雱地位的提高纳入"尊儒""宗儒"的口号中，并为其画像，从祀于孔庙。如果说对王安石的尊崇是考虑其对神宗朝政治实践之功的话，对王雱的尊崇则基本体现于"训释经义"而有益教化之功。所以，宋徽宗在诏书中提到王雱的重要贡献在于："斥传注词章之俗学，阐道德性命之微言。"

在徽宗皇帝与部分朝臣的共同推动下，王安石父子的地位遂达到历史之最尊，而王安石学派的思想亦成为一时之主流，以至前文所谓"崇宁以来，非王氏经术皆禁止"。在儒家思想或文教科举之外，王安石学派亦对徽宗一朝的道家思想影响颇深。就本著的探讨范围而言，这些影响明显渗透于宋徽宗君臣的《老子》注解中，包括一些文句的句读，文本诠解的结构，思想观念的表达或具体的文词字义的解读等诸多面向。以下兹举数例。

王安石对《老子》文句的句读有其独特之处，较为有

① 《宋大诏令集》卷二二二，第858-859页。

名的即是他对《老子》第一章的读法。对于"常无欲以观其妙，常有欲以观其徼"一句，以王弼为代表的汉晋以来之学者通常以"常无欲""常有欲"断句，"无欲""有欲"本是《老子》思想中的固有概念。当然，这一读法的准确性后来也为帛书本《老子》的文字所证实。王安石则别出心裁地在"常无""常有"下断句，认为此句以"有""无"言道之一体两面，"无"是道之本，可以观其妙，"有"是道之末，乃能观其徼。① 此为王安石认为道兼有无之思想的具体体现。王安石的这一句读方式对北宋中后期的《老子》注影响较大，宋徽宗君臣亦采用这一断句。宋徽宗对此句注解为："不立一物，兹谓之常无；不废一物，兹谓之常有。常无在理，其上不皦，天下之至精也，故观其妙；常有在事，其下不昧，天下之至变也，故观其徼。有、无二境，徼妙寓焉。大智并观，乃无不可。"② "常无""常有"皆是道之一面。"常无"为本体，乃天下之至精，故须观其妙；"常有"为现象界之万物，乃被视为至变，故应观其徼。"常有""常无"不可只重一面，由于道兼有、无二境，乃需要"大智并观"。显然，宋徽宗的这一断句方式、诠释之义与王安石的理解完全符合，此可体现他对王安石学术思想的承继与发挥。

王安石被视为北宋倡导道德性命之学的至关重要者，

---

① （宋）王安石撰，罗家湘辑校《王安石老子注辑佚会钞》，华东师范大学出版社，2013，第13—15页。
② 《宋徽宗御解道德真经》卷一，《道藏》第11册，第843页。

北宋后期的陈瓘即总结王安石新学之精义乃在道德性命之理，时人亦有所谓"自王氏之学兴，士大夫非道德性命不谈"[①] 的现象。在前文所引关于王安石配飨孔子庙廷之诏中，徽宗也指出王安石的重要思想贡献是"阐性命之幽，合道德之散"[②]。由此可见他之学术要义，这一思想也在其《老子》注中有所表达。例如，对于《老子》第四十八章的理解，王安石乃以"穷理""尽性"释"为学""为道"之别，并进而论及"复命"之境界。遗憾的是，由于王安石《老子》注残缺，我们很难窥知性、命之范畴在其《老子》诠解中的整体意义。不过，其子王雱的《老子》注显然非常重视性之范畴，江淑君先生曾指出王雱注《老》的理论脉络即是以"失性"为根本问题，提出"复性""尽性""定性""澄性"等主张，乃将心性之学彻底植入老学。[③] 宋徽宗君臣对《老子》的解释亦受王安石以来强调道德性命学说的影响，注重诠解道、德、性等范畴于形上世界与形下世界之间的观念逻辑联系，以建构道德性命学说在整个《老子》思想体系中的内在一贯性。在徽宗注《老》思想中，德与性成为道在人世间的落实，并同王雱一样，宋徽宗以"失性于俗"为实然状态，提出"尽性""复性"之宗趣，并以此为基础阐释圣人的修身实践与治世

---

① （金）赵秉文撰《滏水集》卷一，《文渊阁四库全书》第1190册，第80页。

② 《宋大诏令集》卷一五六，第584页。

③ 江淑君：《宋代老子学诠解的义理向度》，第144-164页。

实践，这些内容将在本书后面章节被详细探讨。

在思想观念的表达上，徽宗《老子》注亦多受王安石父子《老子》注的影响。例如，王安石主张"有""无"同出于道，他认为"无"是道之本，"有"是道之末，但其为道一也。[①] 在道的本体层面，王安石引《周易》所言"无思也，无为也，寂然不动，感而遂通天下之故"来形容道的"有""无"之变的关系。在此基础上，王安石根据"无"是"万物之所以生"，而"有"是"万物之所以成"，"有"涉乎形器，"故待人力而后万物以成也"等理论建构，遂赋予儒家礼乐刑政之实践合理性。[②] 徽宗注《老子》在本体论层面亦继承道兼有无之说，他主张"道体至无，而用乃妙有，所以为物，然物无非道"[③]，并指出"殊不知有无者，特名之异耳"[④]，皆在明确表达有、无本同出一道。同时，宋徽宗亦常以"寂然不动，感而遂通天下之故"句释道的有、无变化运动或解释无为、有为的关系。这些关涉于道的基本思想与王安石《老子》注所论述的观念颇为一致。

另外，在一些具体语句的解释思路上，宋徽宗显然也参考了王安石的注。例如，王安石注《老子》的"专气致柔，能如婴儿乎"一句时，特意引《孟子》所云"其气则

① （宋）王安石撰，罗家湘辑校《王安石老子注辑佚会钞》，第15页。
② （宋）王安石撰，罗家湘辑校《王安石老子注辑佚会钞》，第35页。
③ 《宋徽宗御解道德真经》卷二，《道藏》第11册，第856页。
④ 《宋徽宗御解道德真经》卷一，《道藏》第11册，第843页。

谓至大至刚"之语，申明孟子乃立本者，老子是反本者，以调和儒、道之观念。① 宋徽宗注此句则言："孟子曰：'其为气也至大至刚，以直养而无害，则塞乎天地之间。'老氏之专气，则曰'致柔'，何也？至刚以行义，致柔以复性，古之道术，无乎不在。"② 须知，《老子》中的此句本无关乎《孟子》所云至大至刚之气，宋徽宗释义背后的思路显然受到了王安石的影响。

在很多文词的具体解释上，徽宗之注也有一些地方沿用了王安石父子的解释。例如，关于道、德的基本定义，王安石注释道云"夫道者，自本自根，无所因而自然也"③，释德云"道之在我者，德也"④，宋徽宗在其《老子》和《西升经》注解中亦采纳了这类定义。又如，对于《老子》第四章首句"道冲"中的"冲"字，历代的多数注家常将其解释为"虚"义，而王安石将其与"冲气"相联系，以表明道之用的体现即是"冲气运行于天地之间"，而"冲"形容的是"水平而中，不盈而平"⑤。宋徽宗御注解释"道冲"时言："无过不及，是谓冲气。冲者，中也，是谓大和。高者抑之，下者举之，有余者取之，不足者予之。"⑥ 这一解释明显也是接受了王安石之注的结果。

---

① （宋）王安石撰，罗家湘辑校《王安石老子注辑佚会钞》，第33—34页。
② 《宋徽宗御解道德真经》卷一，《道藏》第11册，第849页。
③ （宋）王安石撰，罗家湘辑校《王安石老子注辑佚会钞》，第50页。
④ （宋）王安石撰，罗家湘辑校《王安石老子注辑佚会钞》，第34页。
⑤ （宋）王安石撰，罗家湘辑校《王安石老子注辑佚会钞》，第24页。
⑥ 《宋徽宗御解道德真经》卷一，《道藏》第11册，第845页。

除了以上所举数例，王安石擅长在其注解中广征诸家群书，颇为推崇《孟子》《庄子》等特点皆可在宋徽宗之注中得见。当然，本节无意于全面比较王安石父子之注与宋徽宗君臣注的同异，仅是想指明前后之作所存在的承继关系。一方面，我们可以粗略探知王安石学派对宋徽宗个人学术的影响，另一方面，这实际上也反向说明宋徽宗是北宋晚期继承与发扬王安石学派思想的重要人物。尚须说明的是，本节主要指出的是王安石父子与宋徽宗《老子》注的一些相近之处，徽宗之注也有颇多独创性的见解与发挥，包括对道、德、性、命等核心范畴的进一步阐释，对儒、道观念之调和以及对《老子》各章中诸多文词的具体诠解等。

小　结

"亡国之君"与"溺信虚无"是宋徽宗身上的著名历史标签，也是学界长期以来对他的重要印象。近年来，逐渐有部分宋史学者开始检讨或重新理解宋徽宗的个人行为和政治实践，以尝试纠正一些历史形象的问题。① 当然，本书无意于探讨这类问题，只是想说明如果仅基于这类历史

---

① 包伟民：《宋徽宗："昏庸之君"与他的时代》，《北京大学学报（哲学社会科学版）》2009 年第 2 期，第 115－121 页。另见 Weimin, Bao, "Reviewed Work: *Emperor Huizong and Late Northern Song China: The Politics of Culture and the Culture of Politics* by Patricia Buckley Ebrey, Maggie Bickford," *Journal of Song-Yuan Studies*, No. 38, 2008, pp. 259-267。

标签来探讨宋徽宗对《老子》的具体注解及其思想内容，可能会忽略其他背景因素，缺失重要的理解视角，导致分析的结论不够全面。

本章试图关注宋徽宗《老子》注的相关背景因素，将其置于一时之政治文化和思想文化背景中予以考量。本章主要讨论两个面向的内容：其一为宋徽宗个人受影响的政治文化，这一内容主要可从宋徽宗所主张之政治理念或自身的政治实践体现出来；其二为影响《老子》注的时代思想或个人思想。对这一内容的研究有助于我们更准确地把握宋徽宗《老子》注中的思想脉络。

自改元"崇宁"以来，宋徽宗明显试图变更国是，尝试全面绍述神宗政事。在政治实践中，他以承继"先王之志"为主要目标，不断延续或进一步发展熙丰政事。笔者认为，"先王之志"的根本指向是"回向三代"的政治文化。这是北宋中后期以来的政治文化对宋徽宗的明显影响。这也使得宋徽宗的政治理想乃是试图追求"三代之治"，以成"一代之制"，而他尝试的途径则是礼乐制度的改革，并努力塑造"上古圣王"的政治形象。崇观年间主要的政治文化与宋徽宗所主张的政治理念是过往探讨《老子》注较少关注的议题，但是这些内容对于完整而不失偏颇地理解宋徽宗在《老子》注中所表达的思想观念有重要意义。例如，这些内容有助于我们更好地理解宋徽宗的圣人观，"内圣外王"之主张，"无为"与"有为"之关系，以及他调适儒、道的根本动机等诸多问题。

另外，本章也指出了王安石学派的思想对宋徽宗的影响，这一关系实际上很早即被蒙文通先生发现。[①] 不过，他并未详细论说这一主题。本章简要探讨了王安石父子之《老子》注对徽宗《老子》注的多个层面的影响，包括一些文句的句读，文本诠解的结构，思想观念的表达，以及具体文词字义的解读等。笔者尝试各举数例来表明这些影响。通过对这些内容的分析，我们可以发现，一方面宋徽宗其实也是王安石学派在北宋末期的重要传承者，另一方面，这些内容也揭示了宋徽宗《老子》注所蕴含的部分思想来源。

---

① 蒙文通：《古学甄微》，第 328 页。

宋徽宗《文会图》（台北故宫博物院藏）

　　《文会图》，右上为徽宗自题诗，左上为蔡京题诗。形象反映了宋徽宗的文治力学和与蔡京的微妙关系。

第二章　宋徽宗《老子》注的诠解方式与向度

　　刘韶军先生曾指出，宋代老学研究的基本特征在于解释之多样化，包括诠释者身份的多样化，诠释思考角度和思想传统的多样化等。[①] 诠释角度之多样化体现为宋人释《老》的多元化诠解方式与向度。刘固盛先生也指出，宋元老学发展的最重要特点在于儒、释、道三教思想在老学中的融摄与统一。[②] 融摄与统一的主要表现也是宋人在《老子》解释中所采用的多元化解释向度和理解视角。例如，刘固盛认为宋代《老子》注的诠释进路包括以儒家思想解《老》，以佛禅之说释《老》或以道教理论释《老》等多个面向。江淑君先生在《宋代老子学诠解的义理向度》一书中也认为宋人注《老》常呈现多元诠解的义理向度，主要包括以儒解《老》、以佛解《老》和以《庄》《老》解

---

① 熊铁基、马良怀、刘韶军：《中国老学史》，福建人民出版社，2005，第 328—330 页。
② 刘固盛：《宋元老学研究》，第 10 页。

《老》等几个重要面向。①

在"崇宁五注"中，王安石、王雱、吕惠卿等人亦常以《易》解《老》，以《庄》注《老》，以儒通《老》。这既能说明他们的诠解思想来源之博杂，也体现了他们融合儒、道的用意。北宋中晚期其他影响较大的如苏辙之《老子》注，也常以多元向度解读《老子》。

宋徽宗御注显受北宋中期以来的诠解方式的影响，常广泛征引其他各类经典以诠注《老子》。本章将专论宋徽宗《老子》注的具体诠解向度与方式。对此问题的探讨，可以在三个层面有助于对宋徽宗御注的理解：其一，可以更明晰御注文本的层次结构和探知宋徽宗部分观念与思想的出处；其二，可以在一定程度上探究宋徽宗诠解经典的部分动机；其三，有助于理解宋徽宗注解的部分自我发挥与创造之处。当然，因为探讨主题所限，本章并不会全面探讨以上三个面向的所有内容，而只是以一些例证予以说明。

江淑君曾在《宋代老子学诠解的义理向度》一书中简要探讨过宋徽宗援引《老子》诠解《老子》的面向和援引《庄子》诠解《老子》的面向，他认为这是宋徽宗注《老》的两个重要诠解向度。②卢璐的硕士学位论文《〈宋徽宗御解道德真经〉之研究》也曾简要论及宋徽宗注《老》的方法特征，她主要从以《庄》解《老》、以《易》解《老》

---

① 江淑君：《宋代老子学诠解的义理向度》，第 10 页。
② 江淑君：《宋代老子学诠解的义理向度》，第 274–288 页。

和以儒解《老》三个面向展开探讨。① 本章拟在此基础上对这一问题的研究予以补充，并着重探讨宋徽宗的这些诠解向度所体现的诠解目的或意义。

宋徽宗《老子》注的诠解向度大略可分为四类，这也是本章各节分而关注的内容。其一，文本内部的自解，即主要关注宋徽宗如何以《老子》文本内的原始文句实现文句间的自解。其二，道家经典的互通，主要包括以《庄》通《老》以及《老》《列》互通等。以上注《老》方式构成宋徽宗《老子》注的主要诠解方式与向度。对此，江淑君即已指出："相较于同一时期其他注《老》解《老》的学者而言，徽宗的大量援引《老子》、《庄子》，以道家之言还之道家，诚然是其显著特点，充分凸显出尝试接近《老子》原意的一种用心。"② 其三，形上之学的取摄，即以《易》解《老》的诠释向度，这是宋代老学的重要诠解特色之一，主要体现为取用《易传》中的相关概念或思想以诠释《老子》，而其诠释内容大多涉及《老子》的形上之学。其四，儒道观念的融释，即以《论语》《孟子》等重要的儒家经典解《老》，这也是北宋中期以来的注《老》特色，关注宋徽宗依此面向的发挥既可理解他对儒、道关系的基本定位，亦能部分窥知其注《老》之动机。

---

① 卢璐：《〈宋徽宗御解道德真经〉之研究》，第 12—21 页。
② 江淑君：《宋代老子学诠解的义理向度》，第 289 页。

第一节　文本内部的自解：以《老》解《老》

如前所述，江淑君曾探讨过宋徽宗以《老》注《老》的问题，他认为："以《老子》的视角来阅读《老子》，各章句之间的训释体会，是经典内部全体与部分之间的一种循环论证……（宋徽宗）深信文本前后呼应，整体贯穿一致，各章句之间可以互助辅助解释。"① 随后，他通过探讨徽宗《老子》注中注明"经曰"和未明示"经曰"的注释内容，对徽宗以《老》注《老》之现象进行了具体例证的分析。② 本节拟在此基础上，进而关注宋徽宗以《老》注《老》的具体诠解方式与目的。

将经典内部文句用以释内部其他文句，说明解释主体认为经典内部的文词与思想可作贯通之理解，也表明经典本身呈现系统性和整体性。同时，这一行为也表示文本的诠解者力图追求篇内自证与自解，使其诠释能更贴近文本原意。

就诠释的方式或目的而言，宋徽宗以《老》注《老》之处大致涉及四种类型。

第一种类型主要是以前后文之同义句互释，互释之句在各自指涉意涵上基本相类。例如，宋徽宗注《老子》第四章之"吾不知谁之子"一句时，有言云："视之不见，听

---

① 江淑君：《宋代老子学诠解的义理向度》，第 275 页。
② 江淑君：《宋代老子学诠解的义理向度》，第 275-281 页。

之不闻，搏之不得，有乎出而莫见其门，孰知之者?"① "吾不知谁之子"表示的是道的不可知性，"视之不见，听之不闻，搏之不得"表明以人的感官视之、听之、搏之皆无法体知道，这一句化用的是第十四章"视之不见名曰夷，听之不闻名曰希，搏之不得名曰微"② 句。互释之句皆是明显表达道不可知的文句，两者的互释并未增加新的观念内涵，所以在意涵层面只是一种循环表达。但是，这一注解为阐释道之不可知性提供了略有差异的理解视角，而且这种视角来自同一文本内部。又如宋徽宗注第十四章"是谓无状之状，无物之象，是谓恍惚"句，化用第二十一章之语将其解释为"恍兮惚，其中有物，惚兮恍，其中有象"③。再如宋徽宗在第三十六章"柔之胜刚，弱之胜强"句下注云"天下莫柔弱于水，而攻坚强者莫之能先"（出自第七十八章）④，或注第十八章"大道废，有仁义"句云"失道而后德，失德而后仁，失仁而后义"（出自第三十八章）⑤，这类诠解方式皆是以意涵相类的原典文句前后互释。这种互释体现了经典本身具有观念意涵的内在一贯性，也说明注解者对文本之整体具有系统的理解。

宋徽宗以《老》注《老》的第二种类型是引前后未明确指涉同一意涵之句，将其进行相近义的串接，以完成对

---

① 《宋徽宗御解道德真经》卷一，《道藏》第 11 册，第 846 页。
② 《宋徽宗御解道德真经》卷一，《道藏》第 11 册，第 851 页。
③ 《宋徽宗御解道德真经》卷一，《道藏》第 11 册，第 856 页。
④ 《宋徽宗御解道德真经》卷二，《道藏》第 11 册，第 864 页。
⑤ 《宋徽宗御解道德真经》卷一，《道藏》第 11 册，第 854 页。

两个文句的互释。例如，对于《老子》第一章"常无欲以观其妙"一句，宋徽宗依王安石的理解将其断为："常无，欲以观其妙；常有，欲以观其徼。"① 至于此句之义，宋徽宗注中提及："常无在理，其上不皦，天下之至精也，故观其妙；常有在事，其下不昧，天下之至变也，故观其徼。"② 此处注释是化用第十四章"其上不皦，其下不昧"句。其中，"皦"表示"明"之义，"昧"表示"幽"之义。"其上不皦，其下不昧"乃言明道上不皦，下不昧，具体体现的是道在形而上之一面幽而难知、阴阳不测，所以"不皦"，而在形而下之一面，乃显于物中，辨而有数，是以"不昧"。这实际上表达的是道兼有无之意。不过，徽宗用此句比附于第一章中的"常无，欲以观其妙；常有，欲以观其徼"句。因为道兼有无，所以对道之体知也应把握"有""无"两面。观其妙者乃观道之"常无"的一面，即冥于一致之理，所以言其"不皦"；观其徼者乃观道之"常有"的一面，乃应于万事之中，显而易见，所以言其"不昧"。又如，宋徽宗释第四十一章"大白若辱"一句，将"大白"与"若辱"分而解之，乃释为："涤除玄览，不睹一疵，大白也。处众人之所恶，故若辱。"③ 这一句意为圣人

---

① 《宋徽宗御解道德真经》卷一，《道藏》第 11 册，第 843 页。另，根据帛书甲本与乙本之内容，此句当从王弼之标点断为"常无欲，以观其妙；常有欲，以观其徼"，参见高明校注《帛书老子校注》，中华书局，2020，第 317 页。

② 《宋徽宗御解道德真经》卷一，《道藏》第 11 册，第 843 页。

③ 《宋徽宗御解道德真经》卷三，《道藏》第 11 册，第 867 页。

能涤除玄览，不睹一疵，是为"大白"，能处众人之所恶，是谓"若辱"。对于《老子》原句之义，高明曾引易顺鼎之注认为"大白若辱"实际上指"以白造缁"，乃除去污辱之迹。① 高明所澄之义可能更接近《老子》原义，然宋徽宗将"大白"诠为圣人经过涤除玄览所取得的治身成就，使得此句的主体从道变成了圣人，可谓以《老》注《老》之自我发明。整体而言，这样跨章节的串接诠释，在形成新的解释内涵的同时，也呈现出诠解之义看似不误的观感。

宋徽宗以《老》注《老》的第三种类型乃是以前后文句互作因果或递进关系的解释。例如关于第三十五章"执大象，天下往"一句，宋徽宗将其注为："象如天之垂象，无为也，运之以健，无言也，示之以文。圣人之御世，处无为之事，行不言之教，而民归之如父母，故曰执大象，天下往。"② 他解释圣人治世之原则时，采取的是第二章所云"是以圣人处无为之事，行不言之教"。以此，天下之民若归其父母，这就是所谓"执大象，天下往"。又如，宋徽宗注第六十九章"是谓行无行，攘无臂，仍无敌，执无兵"四句时，乃分别将第六十八章的文句与其对应相释。③ 按高明之释，"是谓行无行"等句当理解为："意为欲行阵相对而无阵可行，'攘无臂'意为欲援臂相斗而无臂可援，'执无兵'意为欲执兵相战而无兵可执，'扔无敌'意为欲就

① 高明校注《帛书老子校注》，第 29 页。
② 《宋徽宗御解道德真经》卷二，《道藏》第 11 册，第 863 页。
③ 《宋徽宗御解道德真经》卷四，《道藏》第 11 册，第 879–880 页。

敌相争而无敌可就。此均为说明，由于'谦退'、'不敢为物先'，因而使得他人欲战、欲斗、欲用兵、欲为敌而都找不到对立的一方。"① 宋徽宗则采取前后章之文句互释，将"行无行"释为"善为士者不武，行而无迹"，即认为善为士者不事于武，行军列阵当从于"无迹"；将"攘无臂"释为"善战者不怒"，即认为"攘臂"是冲动愤怒之行，当禁而止之，"上兵"应当"伐谋"；将"仍无敌"释为"善胜敌者不争"，即以"不争所以弥其争"为原则，夫惟不争，故人亦弭其争；将"执无兵"释为"用人之力，故无事于执兵"，即强调能使聪明者、智力者皆为其所用，而其用力不在兵革。宋徽宗以第六十八章之文释第六十九章，其所呈现的是一种因果关系的递进式的注释方式，即因为"善为士者不武，善战者不怒，善胜敌者不争……是谓用人之力"，故而"行无行，攘无臂，仍无敌，执无兵"。这也显示出他对《老子》文本各章节之间的联系有着较为整全的理解。

　　另外，宋徽宗亦常使用以《老》注《老》之方式来实现其独特的诠释目的。例如，宋徽宗注《老子》第三章"是以圣人之治，虚其心，实其腹，弱其志"等句时，解释道：

　　　　谷以虚故应，鉴以虚故照，管籥以虚故受，耳以

① 高明校注《帛书老子校注》，第170页。

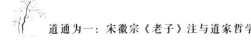

虚故能听，目以虚故能视，鼻以虚故能嗅。有实其中，则有碍于此。圣人不得已而临莅天下，一视而同仁，笃近而举远，因其固然，付之自尔，何容心焉？尧之举舜而用鲧，几是矣。心虚则公听并观，而无好恶之情，腹实则赡足平泰，而无贪求之念，岂贤之可尚，货之足贵哉！圣人为腹不为目，腹无择而容故也。志者心之所知，骨者体之所立。志强则或殉名而不息，或逐货而无猒，或伐其功，或矜其能，去道益远。骨弱则行流散徙，与物相刃相靡，胥沦溺而不返。圣人之志，每自下也，而人高之。每自后也，而人先之。知其雄，守其雌，知其荣，守其辱，是之谓弱其志。①

在这条注释中，宋徽宗引用了《老子》中的另外两章内容来进行注解。具体来说，他使用第十二章之"圣人为腹不为目"来解释"实其腹"一句，以第二十八章之"知其雄，守其雌，知其荣，守其辱"来解释"弱其志"。多数注家往往将"圣人之治"后的内容诠释为圣人之治乃是使天下之民"虚其心，实其腹，弱其志"等，然而宋徽宗将此类形容都用于指涉圣人之自我修身层面。不同于以往注家，宋徽宗明确将"虚其心""实其腹""弱其志"等行为的主体皆指为圣人，"实其腹"即是所谓第十二章之"圣

---

① 《宋徽宗御解道德真经》卷一，《道藏》第 11 册，第 844-845 页。

人为腹不为目"。这样的诠释方式是与《老子》本义相违
的，因为在帛书本第十二章中，该句为"是以圣人之治也，
为腹不〔为目〕"①，也就是说"为腹不为目"明确指向的
是圣人治理天下的方法或原则，而不涉及圣人的自我修身
实践。由此例即可见宋徽宗会引《老子》中具有一定关联
性的语句来释其他相关文句，以实现他的主观诠释目的。
另外，在本案例中，我们也可以看到徽宗《老子》注对圣
人这一主体的重视，这实际上也是该注的重要特色之一。

宋徽宗以《老》注《老》的方式在整体上是他试图贴
近《老子》原始之义的途径。他尝试联结处于不同章节的
一些文句，或达成章节之间前因后果以及递进式的理解，
以实现更具系统性的诠释。同时，他也会借用部分《老子》
中的原始文句来实现其主观诠释目的。

第二节　道家经典的互通：以《庄》 《列》通《老》

除了注重《老子》文本内部的通解，宋徽宗亦重视道
家经典的通释。柳存仁先生曾说徽宗《老子》注中"引证
最多者为《庄子》，常援《庄子》原文入己文中往往混不
可辨，更不举其篇章，惟细就《庄子》一一对核，始能分
别剔出耳。此亦可见徽宗心目中之道家，老子外即庄子，

---

① 高明校注《帛书老子校注》，第 389 页。

并老庄关系之切"①。以此，本节将详细论述宋徽宗以
《庄》通《老》之诠释方式。另外，徽宗除了注《老》，亦
注《列子》，此二注之间常出现互通之诠释，此亦为本节所
关注之内容。

一　以《庄》通《老》

宋徽宗《老子》注引用最多的经典乃是《庄子》，他
重视《庄子》之程度当比"崇宁五注"任何一注都有过之
而无不及。在具体的诠解过程中，徽宗以《庄》通《老》
的方式大略有三：其一，引用《庄子》中的某些概念来解
释《老子》中的相关概念，此为概念之互通；其二，直接
引用《庄子》中的文句夹杂于释文中作为对《老子》相关
文句的具体解释，以至柳存仁先生认为宋徽宗"常援《庄
子》原文入己文中往往混不可辨"，此为文句之互通；其
三，引用《庄子》中的典故来阐释和说明自己所注解之句，
以此作为例证。②

---

①　柳存仁：《和风堂文集》，第 487 页。
②　江淑君在《宋代老子学诠解的义理向度》中曾详细讨论过宋徽宗援引
　　《庄子》诠解《老子》的两个解释面向，分别是：其一，节引《庄子》
　　中的文字或语句以证解《老子》；其二，引用《庄子》学说中的专属
　　术语、义理概念与《老子》思想相释。卢璐的硕士学位论文在两个面
　　向探讨过宋徽宗以《庄》解《老》的问题，包括节录《庄子》文句解
　　《老》和援引《庄子》概念解《老》。参见江淑君《宋代老子学诠解
　　的义理向度》，第 281-288 页；卢璐《〈宋徽宗御解道德真经〉之研
　　究》，第 13-15 页。本书拟在此基础上选取笔者认为较有代表性的诠释
　　案例再对此主题予以讨论，乃期望更加凸显宋徽宗通释《老》《庄》
　　之用意。

宋徽宗在注《老》时，常借《庄子》中的概念之义来阐释《老子》中的相近概念，以达成《老》《庄》互通之用意。例如，宋徽宗解"渊兮似万物之宗"中的"渊"字时，其注文首句即云："《庄子》曰：'鲵桓之审为渊，止水之审为渊，流水之审为渊。'"① 徽宗引此句乃为解释"渊"之含义。此句源自《庄子·应帝王》中壶子所示现的太虚之象，其中包括三种类型的"渊"，分别为鲵鱼盘桓之至深处、止水之至深处与流水之至深处。② 关于《庄子》中的这一句，陈寿昌认为："鲵桓之水，非静非动，喻衡气机。止水静，喻杜德机。流水动，喻善者机，三者不同，其渊深莫测则一也。"③ 三者虽不同，但指向的都是"渊"所具有的"虚""静"义，所以宋徽宗借此句释《老子》中的"渊"字，并进而言："渊虚而静，不与物杂，道之体也。惟虚也，故群实之所归。惟静也，故群动之所属。"④ 此可见徽宗借《庄》之语以通《老》的巧妙所在。又如，宋徽宗注"挫其锐，解其纷，和其光，同其尘"一句时，即将"和其光"解释为"庄子所谓光矣而不耀也"，又将"同其尘"释为"庄子所谓与物委蛇而同其波也"⑤。王弼曾解"和其光，同其尘"为"和光而不污其体，同尘而不

① 《宋徽宗御解道德真经》卷一，《道藏》第 11 册，第 845 页。
② 陈鼓应注译《庄子今注今译》，中华书局，2020，第 228 页。
③ 陈鼓应注译《庄子今注今译》，第 231 页。
④ 《宋徽宗御解道德真经》卷一，《道藏》第 11 册，第 845 页。
⑤ 《宋徽宗御解道德真经》卷一，《道藏》第 11 册，第 845 页。

渝其真"①，王弼之解所指涉的对象乃是道本身，其重点是强调后半句，即言道能"和光"，却不污其体，能"同尘"，却不渝其真。宋徽宗却将此句所指涉的主体明确为圣人，"光矣而不耀"引自《庄子·刻意》，也是《老子》第五十八章所说"光而不耀"，宋徽宗将其理解为："光而耀则扬行之患至，内直而外曲，用其光而复归其明，其唯圣人乎！"②此乃形容圣人应做到光而不耀，内直而外曲。"与物委蛇而同其波也"句源自《庄子·庚桑楚》，乃出自其中所谓"老子"之语，该句表达的意思是应当顺物之自然，同波共流，③指涉的对象也是圣人。以此，宋徽宗通过引《庄》之语完成了对"和其光，同其尘"的注解，并将该句所指涉主体由道换为圣人，且表达圣人能随顺万物之意。

宋徽宗以《庄》释《老》的第二种方式则是直接引用《庄子》中的语句，将其间杂于他所注解之文中，以使《庄》语同徽宗本人之语相为共论。这一注解方式也表明，《庄》语与《老》语可直接互通。在某一句《老子》原文的注解之下，宋徽宗所引《庄子》之句有时多达四五句。例如，宋徽宗注《老子》首章第一句"道可道，非常道。名可名，非常名"，其言云：

---

① 楼宇烈校释《老子道德经注校释》，中华书局，2016，第11页。
② 《宋徽宗御解道德真经》卷三，《道藏》第11册，第875页。
③ 陈鼓应注译《庄子今注今译》，第605页。

　　无始曰："道不可言，言而非也。"又曰："道不
当名。"可道可名，知事物焉，如四时焉，当可而应，
代废代兴，非真常也。常道常名，自本自根，未有天
地，自古以固存。伏羲氏得之，以袭气母，西王母得
之，坐乎少广。莫知其始，莫知其终。①

　　在这一注解中，"无始曰：'道不可言，言而非也。'又曰：
'道不当名'"乃引用《庄子·知北游》之句，"自本自
根，未有天地，自古以固存"出自《庄子·大宗师》，"伏
羲氏得之，以袭气母，西王母得之，坐乎少广"亦取于
《庄子·大宗师》。② 宋徽宗所引之句主要是《庄子》对道
的相关描述，所以可直接适配于《老子》中有关道的语句。
他解"道可道，非常道。名可名，非常名"一句，试图呈
现三层含义：其一即是道的不可言说，所以他引用"无始
曰：'道不可言，言而非也'"句；其二则是道自具本根
性，遂引"自本自根，未有天地，自古以固存"而论；其
三则是道具有超越时间性，所以引"伏羲氏得之……"一
句以言道乃莫知其始，莫知其终。在这一系列注解中，徽
宗所释之文几乎尽为《庄》语。当然，这些语句经过了宋
徽宗的编排筛选，实际上也有效地表达了他对《老子》原
文的具体理解。当然，这些诠释也说明《庄子》中的道之
义同于《老子》中的道之义，此亦可言明《庄》《老》相

---

① 《宋徽宗御解道德真经》卷一，《道藏》第 11 册，第 843 页。
② 陈鼓应注译《庄子今注今译》，第 189 页。

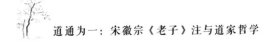

通。又如，宋徽宗注《老子》第六十五章之"古之善为道者，非以明民，将以愚之"句时，言：

> 民可使由之，不可使知之，古之善为道者，使由之而已。反其常然，道可载而与之俱，无所施智巧焉，故曰愚。三代而下，释夫恬淡无为而悦夫啍啍（谆谆）之意，屈折礼乐以正天下之形，吁俞仁义以慰天下之心，将以明民，名曰治之，而乱孰甚焉？①

"非以明民，将以愚之"乃是《老子》文本中常受争议的一句话，因为此句涉及《老子》哲学是否提倡"愚民"思想。② 宋徽宗在此注中引用了三句《庄子》之语，注中所云"道可载而与之俱"出自《庄子·天运》③，"释夫恬淡无为而悦夫啍啍（谆谆）之意"语出《庄子·胠箧》④，"屈折礼乐以正天下之形，吁俞仁义以慰天下之心"化用自《庄子·马蹄》。⑤ 对于"愚"的理解，宋徽宗颇为巧妙地引用《庄子·天运》所载"卒之于惑，惑故愚；愚故道，

---

① 《宋徽宗御解道德真经》卷四，《道藏》第 11 册，第 878 页。
② 例如余英时先生曾以三帝《老子》注来对比论说他们各自所表达的"反智论"思想，并认为宋徽宗注释的"民可使由之，不可使知之，古之善为道者，使由之而已"一句呈现了他的愚民思想。若结合宋徽宗注文的上下文来理解，余英时先生对宋徽宗注释的理解失之偏颇。宋徽宗的注解着重在于表达"圣人"治世应当无所施智巧。
③ 陈鼓应注译《庄子今注今译》，第 378 页。
④ 陈鼓应注译《庄子今注今译》，第 276 页。
⑤ 陈鼓应注译《庄子今注今译》，第 260-261 页。

道可载而与之俱也"句中的"愚"之义。林希逸曾认为此处之"愚"表示"意识俱亡"。① 换言之，此处之"愚"并非一般意义上的"愚弄"之意，而是指"无知无识"的状态。由此，宋徽宗引用《庄子》中的"愚"之义巧妙回避了将其认作"愚弄"的意思，这一诠释亦能表明圣人之治世乃依循无所施智巧的原则。其后，宋徽宗再次引《庄子》中"释夫恬淡无为而悦夫哼哼（谆谆）之意"以及"屈折礼乐以正天下之形，吁俞仁义以慰天下之心"句释何谓"明民"，即认为用礼乐、仁义以匡扶天下之行乃是"明民"，但这并非应当施行的。宋人颇崇"三代"，对于三代以下者，皆认为不当效法。以此，借《庄子》之语，宋徽宗也认为三代以下所施行的礼乐之治终会乱民。

宋徽宗以《庄》通《老》的另一种常见方式乃是引用《庄子》的典故作为所注之句的例证。宋徽宗注《老子》第三章"不见可欲，使心不乱"句时，言："人之有欲，决性命之情以争之，而攘夺诞谩，无所不至。伯夷见名之可欲，饿于首阳之上。盗跖见利之可欲，暴于东陵之下。"② 伯夷与盗跖之例，乃引自《庄子·骈拇》，其原文云："伯夷死名于首阳之下，盗跖死利于东陵之上，二人者，所死不同，其于残生伤性均也。"③ 宋徽宗注引伯夷、盗跖之事，即是作为例证来表示欲望会残害人的性命之情。又如，宋

---

① 陈鼓应注译《庄子今注今译》，第382页。
② 《宋徽宗御解道德真经》卷一，《道藏》第11册，第844页。
③ 陈鼓应注译《庄子今注今译》，第250页。

徽宗注《老子》第三十六章"柔之胜刚，弱之胜强"句时，云："《经》曰：'天下莫柔弱于水，而攻坚强者莫之能先。'《庄子·外篇》论夔、蛇、风之相怜曰：'指我则胜我，䠠我则胜我，而折大木，蜚大屋者，惟我能也。'"①"夔、蛇、风之相怜"指《庄子·秋水》篇中所云"夔怜蚿，蚿怜蛇，蛇怜风，风怜目，目怜心"一句②，"指我则胜我"等句是同篇中"风"的言论。"风"所言之理在于它能"以众小不胜为大胜也"。《庄子》该篇之后尚有"为大胜者，唯圣人能之"一句。③ 宋徽宗表面是以此例证来解释"柔之胜刚，弱之胜强"的道理，但是实际指向的可能仍然是对圣人之褒扬。另外，《庄子》常用"重言"的方式引录一些儒家重要人物的对话，以讽刺他所反对的理念，肯定他所提倡的观点。宋徽宗《老子》注亦常征《庄子》所论之例，既可作为相关文句之例证解释，又能作兼通儒、道之用。例如，宋徽宗注"吾所以有大患者，为吾有身。及吾无身，吾有何患"句时，释其为："认而有之，皆惑也。体道者解乎此，故孔子曰：朝闻道，夕死可矣。孟子曰：夭寿不贰。颜子曰：回坐忘矣。"④ 颜回之例出自《庄子·大宗师》⑤，宋徽宗对此例的借用目的即是以颜回所达到的"坐忘"境界来阐释"及吾无身，吾有何患"的含义。

① 《宋徽宗御解道德真经》卷二，《道藏》第11册，第864页。
② 陈鼓应注译《庄子今注今译》，第441-442页。
③ 陈鼓应注译《庄子今注今译》，第442页。
④ 《宋徽宗御解道德真经》卷一，《道藏》第11册，第851页。
⑤ 陈鼓应注译《庄子今注今译》，第212-213页。

二　《老》《列》通释

在政宣时期，宋徽宗先后有注《老》《列》之文。在这两种御注中，我们可以见到他会采用《列子》注《老子》，亦会使用《老子》注《列子》的方式。当然，后一情形明显更多。

例如，宋徽宗注《老子》第二十三章的"希言自然"句，将其解释为："希者，独立于万物之上而不与物对，列子所谓疑独者是也。去智与故，循天之理，而不从事于外，故言自然。"① 其中，"疑独"之语出自《列子·天瑞》，其原文为："不生者疑独，不化者往复。往复，其际不可终；疑独，其道不可穷。"② "疑独"之"独"指涉的是"独立于万物之上而不与物对"之义，这实际上就是宋徽宗解释的"希"。"疑独"之"疑"可作"定"解，暗含道乃永恒独立之义。宋徽宗将"希"与"疑独"互释，试图表示"希"即是道，而"疑独"意味着自本自根，无所外依，恰能表明道独立于万物，不与物相对的存在之态。

宋徽宗认为《列子》一书之要"皆原于《道德》之指"③，所以他常引《老子》之语以释《列子》文句。在《列子》注中，宋徽宗有时通过标明"《老子》所谓……"来引用《老子》文句，有时则直接引用。例如，对于《列

---

① 《宋徽宗御解道德真经》卷二，《道藏》第 11 册，第 857 页。
② 杨伯峻撰《列子集释》，中华书局，2012，第 2—3 页。
③ （金）高守元撰《冲虚至德真经四解》卷一，《道藏》第 15 册，第 3 页。

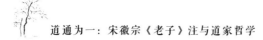

子》之首篇首句"子列子居郑圃，四十年人无识者。国君卿大夫视之，犹众庶也"，宋徽宗之注云："古之善为士者，微妙玄通，深不可识。"① 此乃引用《老子》第十五章原文。这一引文颇为精当，既表明列子乃是"善为士者"，又指出列子之所以"人无识者"，乃是因他"微妙玄通，深不可识"。同时，站在通释的角度，列子本人实际也可被视为《老子》所谓"古之善为士者"的例证。也正因如此，宋徽宗在《老子》第十五章"古之善为士者"句下，如是注云："列御寇居郑圃四十年，人无识者。"② 再如，宋徽宗注《列子·天瑞》之"子列子曰：'非其名也，莫如静，莫如虚。静也，虚也，得其居矣；取也，与也，失其所矣。'"一句时，通过《老子》对"虚""静"的相关定义予以诠释："有贵斯有贱，有名斯有实，虚则无是也。《老子》曰'致虚极，守静笃'，虚故足以受群实，静故足以应群动。故曰'莫如静，莫如虚'。"③ "致虚极，守静笃"是《老子》第十六章中用于表达圣人修身原则的文句，用于此处则可直接解释列子所谓"莫如静，莫如虚"之用意。

第三节　形上之学的取摄：引《易》诠《老》

《周易》经传与《老子》之关系颇为密切，陈鼓应先

---

① （金）高守元撰《冲虚至德真经四解》卷一，《道藏》第15册，第4页。
② 《宋徽宗御解道德真经》卷一，《道藏》第11册，第852页。
③ （金）高守元撰《冲虚至德真经四解》卷一，《道藏》第15册，第22页。

生即主张《老子》与《周易》古经之思想有内在联系，又下启《易传》之说，甚至力主《易传》乃道家作品。① 虽然关于《易传》学派归属存在学术争论，但是无法否认《易传》中有颇多概念和思想与《老子》所表达相类。对此，陈鼓应先生曾以"观念丛"之概念，即囊括概念、范畴和命题之集合，以言《易传》与《老子》在文字、思想上的关系。他所总结的相似命题包括阴阳、刚柔、无极、无为、常与无常、幽明等，皆是《老子》与《易传》所共用之"观念丛"。②

也正因如此，汉以来历代尝试以《老》解《易》或以《易》解《老》者不乏其人。江淑君曾对宋代所有注家以《易》解《老》之问题有所探讨，他认为宋代《老子》注援引最多的儒家经典即是《易传》，尤其是其中的《系辞》部分，而其诠释内容多为抉发《老子》学说可能蕴含的"道德性命之理"。③ 在宋代诸《老子》注中，江淑君认为《系辞传》之"形而上者谓之道，形而下者谓之器"，"一阴一阳之谓道，继之者善也，成之者性也"以及"易，无思也，无为也。寂然不动，感而遂通天下之故"这三句乃是被引用最多的文句。④ 在宋徽宗御注中，他也同样引用了以上三句。其中，"形而上者谓之道"在徽宗《老子》注

---

① 陈鼓应：《道家易学建构》，中华书局，2015，第34-53页。
② 陈鼓应：《三玄四典的学脉关系——论三玄思想的内在联系之一》，《诸子学刊》2009年第1期，第55-77页。
③ 江淑君：《宋代老子学诠解的义理向度》，第33-70页。
④ 江淑君：《宋代老子学诠解的义理向度》，第49页。

中被引用了 2 次，《列子》注中被引用 1 次；"一阴一阳之谓道"在《老子》注中被引用 4 次，《列子》注中被引用 3 次；"寂然不动，感而遂通天下之故"则被直接引用或化用于《老子》注中 2 次，《列子》注中被引用 4 次。可见宋徽宗援《易》注《老》频率之高。

宋徽宗以《易》解《老》之文大多引自《易传》，仅有部分引《易经》之经文。宋徽宗以《易》解《老》的方式大略有两处值得注意。其一，以《易》之文释《老子》中的哲学概念，既补《老子》所言之不足，也显示出两个重要经典传统的主要哲学概念有贯通之义。由于《周易》在宋代被视为儒家经典，此亦可说明儒、道观念的相通。其二，直接引《周易》中的文句作为自己注中之语，使其混杂于注文之中以诠释《老子》的哲学思想。可以称第一种方式为以《易》作哲学概念之释，第二种方式为引《易》作哲学思想之释。江淑君认为宋代《老子》注引《易》诠《老》，多为抉发道德性命之理，徽宗之注亦是如此。无论引《易》作哲学概念之释，还是作哲学思想之释，其本质皆是引入《周易》经传所蕴含的形上之学，以补充《老子》的相关思想。

引《易》作哲学概念之释者如宋徽宗对《老子》第十五章"古之善为士者，微妙玄通，深不可识"的解释云：

> 古之士与今之士异矣，善为士则与不善为士者异矣。故微则与道为一，妙则与神同体，玄有以配天，

通有以兆圣，而藏用之深，至于不可测。《书》曰：道
心惟微，则微者道也。《易》曰：神也者妙万物而为
言，则妙者神也。《易》曰：天玄而地黄，则玄者天之
色。《传》曰：事无不通之谓圣，则通者圣之事。水
之深者，可测也。穴之深者，可究也。古之善为士
者，微妙玄通，名实不入而机发于踵，其藏深矣，不
可测究。列御寇居郑圃四十年，人无识者。老子谓孔
子曰：良贾深藏若虚，君子盛德，容貌若愚，其谓
是欤？①

对于"微妙玄通"之意，宋徽宗将其分字释之。他认为圣
人之所谓"微"在于能与道为一，所谓"妙"乃能与
"神"同体，所谓"玄"乃可以与天相比并，所谓"通"
乃可示意为"圣"。其中，对于"神""玄"之含义，宋徽
宗都以《易》之文句解释。他认为"神"是《易传》所云
"妙万物而为言"者，② 这一概念在徽宗之注中被用以表示
圣人具有化育万物的神奇微妙之功。"而为言"指的是圣人
之"妙"不可言，仅能勉强称之。"玄"则是《文言》释坤
卦所云"天玄而地黄"③。"玄"是"天之色"，所以宋徽宗
以其表示圣人能与天为徒。除此之外，宋徽宗亦分别引
《尚书》之"道心惟微"句，表示圣人能与道同体，以《尚

---

① 《宋徽宗御解道德真经》卷一，《道藏》第 11 册，第 852 页。
② 黄寿祺、张善文撰《周易译注》，中华书局，2016，第 710 页。
③ 黄寿祺、张善文撰《周易译注》，第 41 页。

书孔氏传》的"事无不通之谓圣"句解释"圣"，表示圣人无所不通。借《易》和《尚书》之诸种概念，宋徽宗巧妙地将"古之善为士者"等同于圣人，并表达圣人即具备微、妙、玄、通特征之人。相比于其他注家，例如王弼将"微妙玄通"理解为"其端兆不可睹，德趣不可见"①，宋徽宗的注解既尝试实现儒、道之哲学概念具有兼通义，又在更具体的层次解释了何为"古之善为士者"。

又如，对于"上善若水"中的"善"字之义，宋徽宗注云："《易》曰：'一阴一阳之谓道，继之者善也。'《庄子》曰：'离道以善。'善名既立，则道之体亏。然天一生水，离道未远，渊而虚，静而明，是谓天下之至精，故'上善若水'。"②宋徽宗使用了《系辞》中"继之者善也"句诠释"上善若水"之"善"，③他采用这句话的目的并不在于取《易传》中"善"的意思，而是想使用"继之"的意思。不同于儒家学者对于《易传》中"善"的推崇，宋徽宗又引《庄子·缮性》中"离道以善"来表示"善"是道之下位。"善"名立，则道之体亏。其后，他又用"天一生水"的观念将"水"与"善"相联系。"天一生水"在此处可理解为道生水，而继之于道者乃是"善"，所以"善"即是水。由此，这一论证在逻辑上即可形成老子所谓"上善若水"的表述。在宋徽宗的解释过程中，他通过引用

---

① 楼宇烈校释《老子道德经注校释》，第33页。
② 《宋徽宗御解道德真经》卷一，《道藏》第11册，第847页。
③ 黄寿祺、张善文撰《周易译注》，第617页。

《易》之文句，完成了将"善"与"水"在意义上相比附，又解释了何者为"善"，并引《庄子》之文句赋予了"善"的道家意涵。

宋徽宗在御注中亦常引《易》中的文句作为自己注中之语，并且会运用《易》中的相关哲学思想来解释《老子》的文句。例如，宋徽宗注《老子》第十四章"其上不皦，其下不昧"句时，云：

> 形而上者，阴阳不测，幽而难知，兹谓至神，故不皦。皦言明也。形而下者，一阴一阳，辩而有数，兹谓至道，故不昧。昧言幽也。《易》曰：神而明之，存乎其人。[1]

此注引《易传》之文多达四处，分别化用了"形而上者之谓道，形而下者之谓器"[2]，"一阴一阳之谓道"[3]，"阴阳不测之谓神"[4] 和 "神而明之，存乎其人"[5] 四句。宋徽宗用"形而上者之谓道，形而下者之谓器"言"其上"与"其下"之别。"其上"所言乃为道的形而上之一面，其特征是阴阳不测、幽而难知，所以他使用"阴阳不测之谓神"将道形容为"至神"。因其阴阳不测，所以言其"不皦"，

---

① 《宋徽宗御解道德真经》卷一，《道藏》第 11 册，第 851 页。
② 黄寿祺、张善文撰《周易译注》，第 645 页。
③ 黄寿祺、张善文撰《周易译注》，第 617 页。
④ 黄寿祺、张善文撰《周易译注》，第 617 页。
⑤ 黄寿祺、张善文撰《周易译注》，第 645 页。

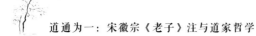

即非明也。道涉乎形下之一面，则有一阴一阳的具体之辨，所以言其不幽。最后，宋徽宗引"神而明之，存乎其人"句，以表明道可以被人神而明之。当然，他实际表示的是圣人可以体知道的玄妙神通。

又如，宋徽宗注《老子》第二十章"人之所畏，不可不畏"句时，言："鼓万物而不与圣人同忧者，道也。吉凶与民同患者，事也。体道者无忧，涉事者有畏。人之所畏，而不知为之戒，能无患者，鲜矣。故君子以恐惧修省。《诗》曰：'畏天之威。'"① 在此注中，宋徽宗于三处引用了《周易》之文，包括《系辞上》的"鼓万物而不与圣人同忧"② 和"吉凶与民同患"句③，以及《震·象》的"君子以恐惧修省"句④。对于《易传》中的"鼓万物而不与圣人同忧"句，程颐曾认为该句意思是："天地以无心，故不忧。圣人致有为之事，故忧。"⑤ 这一意义大致与《老子》所谓"天地不仁，以万物为刍狗"相当，所以宋徽宗正好借此认为这是合乎道的表现。"吉凶与民同患"表示圣人与民共吉凶同患难。熊十力先生曾言此句"已括尽六经外王根柢"⑥，而徽宗引"吉凶与民同患"句在于言说圣人可以其绪余治天下之能。宋徽宗引《易传》此句，亦在表

---

① 《宋徽宗御解道德真经》卷一，《道藏》第 11 册，第 855 页。
② 黄寿祺、张善文撰《周易译注》，第 617 页。
③ 黄寿祺、张善文撰《周易译注》，第 637 页。
④ 黄寿祺、张善文撰《周易译注》，第 484 页。
⑤ （宋）程颢、程颐：《二程集》，王孝鱼点注，中华书局，2004，第 440 页。
⑥ 熊十力：《原儒》，中国人民大学出版社，2006，第 41 页。

明他所理解的圣人有一体两面之义：其一乃是圣人的"内
圣"一面，能够物我两忘，没有任何忧惧；另一则是圣人
作为涉事者的一面，即"外王"之一面，以言其有涉于经世
之迹，可"吉凶与民同患"。最后，宋徽宗引用《周易》震
卦象辞的"君子以恐惧修省"句，乃申明圣人应畏惧天命。

第四节　儒道观念的融释：引《孔》《孟》等
儒家经典释《老》

　　北宋老学发展的一个显著特征是诸注中往往有融合儒、
道之思想观念，例如王安石、王雱、苏辙等人的《老子》
注中皆有大量调和儒、道之文，且调和之方式各有不同。
由于本书将在第八章专论宋徽宗调和儒、道的用意与方式，
所以在本节仅略论宋徽宗以儒家经典解《老》的一些例子，
以说明徽宗的诠释方式也包括试图达成儒、道观念之融释。

　　除了上节所述征引《易》以诠《老》，徽宗御注中使
用了大量儒家经典解《老》，涉及《论语》、《孟子》、《荀
子》、《中庸》和《礼记》等书。宋徽宗以《论语》《孟子》
等儒家经典解《老》的方式大略有三：其一，引用《论
语》《孟子》等儒家经典的原始文句对《老子》之文予以
直接诠释，这样既能按其理解之义解释《老子》相关文句，
又能展现儒、道观念或思想本自相通；其二，将《老子》
和儒家所言相反之处并举，通过个人的诠解而论其观念或
思想并不矛盾，以融通两家所存的观念矛盾之处；其三，

引用孔、孟等儒家重要人物的言行作为对《老子》文句的解释或某种思想表达的例证，以论证儒、道圣人言行之相通。

宋徽宗《老子》注常引用《论语》《孟子》等儒家经典中的原始文句作为他对《老子》的直接诠释。例如，宋徽宗注《老子》第五十五章"含德之厚，比于赤子"句，其言云："惟民生厚，因物有迁，含德之厚，不迁于物，则气专而志一。《孟子》曰：'大人不失其赤子之心。'"①"大人不失其赤子之心"语本于《孟子·离娄下》②，乃言君子一直持有纯真质朴的赤子之心。宋徽宗将孟子所言"赤子之心"的"赤子"与老子所言之"赤子"作共通相释之解。当然，若细思之，《孟子》所言"赤子"与《老子》所言其实存在明显差异，但是徽宗取两者共有之纯朴义，而直接认为两者是同一意思。又如，宋徽宗注第十三章"吾所以有大患者，为吾有身。及吾无身，吾有何患"一句，言："人之生也，百骸九窍六脏，赅而存焉，吾谁能为亲，认而有之，皆惑也。体道者解乎此，故孔子曰：'朝闻道，夕死可矣。'孟子曰：'夭寿不贰。'颜子曰：'回坐忘矣。'"③虽然宋徽宗在《老子》注中尽力回避使用释家之语注《老》，但是此处仍然有释家痕迹。对于"无身"，宋徽宗认为人之"身"本是由"百骸九窍六脏"组成，并未

---

① 《宋徽宗御解道德真经》卷三，《道藏》第 11 册，第 873 页。
② 杨伯峻译注《孟子译注》，中华书局，2018，第 205 页。
③ 《宋徽宗御解道德真经》卷一，《道藏》第 11 册，第 851 页。

有一个实体意义的"我"，所以不能"认而有之"，不然会惑于"有"。他认为体道之人皆能明白此理，因此孔子才说"朝闻道，夕死可矣"，孟子才言"夭寿不贰"。"朝闻道，夕死可矣"出自《论语·里仁》，其表达重点在于强调"闻道"之事可超越生死。宋徽宗持"道通为一"的主张，乃认儒家之道即是道家之道，所以认为"夕死可矣"。

宋徽宗亦尝以《老子》和儒家经典所言相反之句并举，论证其观念或思想并不矛盾。例如，在注解第十章的"专气致柔，能如婴儿乎"句中的"致柔"时，宋徽宗提到："孟子曰：'其为气也至大至刚，以直养而无害，则塞乎天地之间。'老氏之专气，则曰'致柔'，何也？至刚以行义，致柔以复性，古之道术，无乎不在。"① 道家所贵之气为"致柔"之气，如婴儿之呼吸一般。在具体的解释中，宋徽宗专门列出了儒家对于"气"的认知。他引用《孟子》的观点指出儒家崇尚的是"至大至刚"之气。不过，他并不认为这两者是矛盾的，而认为"至刚"与"致柔"之气只是其"用"不同而已。当然，正如前文所指出的，宋徽宗此注实际上受到了王安石的影响。再如，宋徽宗注解第二十八章中的"婴儿"一词时，云："气和而不暴，性醇而未散，婴儿也。《孟子》曰：'大人者，不失其赤子之心。'"② "婴儿"是道家所追求的一种理想境界，而"大人"是儒家所追求之理想人格。宋徽宗在注解"婴儿"

---

① 《宋徽宗御解道德真经》卷一，《道藏》第 11 册，第 849 页。
② 《宋徽宗御解道德真经》卷二，《道藏》第 11 册，第 860 页。

一词时，强行将《老子》所言"婴儿"比附于儒家之"赤子"概念。这一比附实际上是比较牵强的，但也正说明宋徽宗尝试调适儒、道相互冲突之观念的用心。

另外，宋徽宗亦会引用孔孟等儒家重要人物的言行作为对相关文句的解释或某种思想表达的例证。例如，宋徽宗在对"不见可欲，使心不乱"的注释中，即提到："欲虑不萌，吾心湛然，有感斯应，止而无所碍，动而无所逐也，孰能乱之？孔子四十而不惑，孟子曰：我四十不动心。"① 前文曾提及徽宗认为欲望会残害人的性命之情。此处，徽宗又言其反例，即以"欲虑不萌"之圣人为例。圣人本是体道者，道可以寂然不动而感而遂通，那么圣人亦可"有感斯应，止而无所碍，动而无所逐"。对于这样的境界，宋徽宗认为孔、孟皆是达成之人，所以才有孔子四十而不惑之言，孟子四十不动心之语。

小　结

本章主要关注宋徽宗《老子》注的诠解方式或向度。通过对这一问题的探讨可以更明晰《老子》注文本的层次结构和探知宋徽宗观念与思想的来源、出处，也可在一定程度上探究宋徽宗诠解经典的部分动机，亦有助于理解徽宗注中的部分自我发挥与创造之处。宋徽宗《老子》注的

---

① 《宋徽宗御解道德真经》卷一，《道藏》第 11 册，第 844 页。

诠解向度大略可分为四个面向。其一，文本内部的自解，即以《老子》文本内的原始文句实现文句之间的自解。其二，道家经典的互诠，主要包括以《庄》通《老》及以《老》《列》互通的方式。以上两个面向的诠释向度构成宋徽宗御注的主要特色。其三，以《易》诠《老》。《易传》与《易经》是宋人注《老子》常征引的文献，宋徽宗亦不例外。徽宗以《易》解《老》之文大多引自《易传》，他常取用《易传》中的相关哲学概念或思想以诠释《老子》，其诠释内容多涉及形上之学。其四，以《论语》《孟子》等重要儒家经典解《老》，其根本用意则在于调和融释儒、道在观念或思想层面的关系。

　　就诠释方式或目的而言，宋徽宗以《老》注《老》之处大致有四种类型。第一种类型主要以前后文之同义句互释，互释之句在各自之指涉意涵上较为接近。第二种类型乃是引前后未明确指涉同一意涵之句，而通过个人的诠解，将其进行相近义串接，以完成对此二句之义的互释。第三种类型乃是以前后文句互作因果或递进关系的解释。第四种类型则是使用以《老》注《老》的方式来达到特定诠释目的。

　　宋徽宗《老子》注引用最多的经典乃是《庄子》，宋徽宗重视《庄子》的程度当比"崇宁五注"皆有过之而无不及。在具体的诠解方式中，宋徽宗以《庄》通《老》的特点大略有三：其一，引用《庄子》中的概念来直接解释《老子》中的相关概念，此为概念之互通；其二，引用

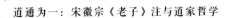

《庄子》中的文句夹杂于注中作为对《老子》相关文句的具体解释，以至柳存仁认为宋徽宗"常援《庄子》原文入己文中往往混不可辨"；其三，引用《庄子》的典故为例证。另外，宋徽宗同时有注《老》《列》之文，在这两种注中，可以见到他会采用《列子》之句注《老子》，亦会用《老子》注《列子》，此为《老》《列》互通的诠解方式。

宋徽宗诠解《老子》之学理向度亦包括以《易》诠《老》，其诠解之文大多引自《易传》。宋徽宗以《易》解《老》的方式大略有两处值得注意。其一，以《易》之文释《老子》中的哲学概念，既补《老子》所言之不足，亦显示两个重要经典传统的相关哲学概念有贯通之义。其二，引《易》中的文句作为自己注中之语，使其混杂于释文中，此为引《易》作哲学思想之释。整体而言，宋徽宗引《易》诠《老》主要为引《易》之形上之学补充《老子》中的相关思想。

除了援引《易》，宋徽宗亦使用包括《论语》、《孟子》在内的多种重要儒家经典解《老》，其诠解方式大略有三：其一，引用重要的儒家经典的原始文句直接作为释文，这样既能按其所理解的方式诠解《老子》相关文句，又能作为展现儒、道观念本相通之例证；其二，将《老子》和儒家所言相反者共举，论证其观念或思想并不矛盾，从而调和儒、道之间的观念或思想矛盾之处；其三，引用孔、孟等儒家重要人物言行作为对《老子》文句的解释或某种思想表达的例证。

第三章 人之所共由：宋徽宗《老子》注对道之阐释

张岱年先生曾指出，哲学是由基本概念范畴所组成的思想体系，而概念的厘清遂成为研究哲学的重要方法。同时，他也强调："基本概念范畴之研究，可谓一切学术之基础。"① 以此，对理解一部《老子》注的具体诠解内容和思想观念而言，研究者首要应关注的主题是解经者本人对《老子》基本概念的阐释。经典内的基本概念是构成经典本身思想的"骨架"，也是解经者诠释经典和建构新观念的基本落脚点。本章和后两章即尝试着手探讨宋徽宗御注所论道、德、性诸范畴，以寻求在此基础上探讨宋徽宗《老子》注的思想。

在《老子》所述及的诸多具有哲学意涵的范畴中，道与德显然是最为基础且核心的范畴。《史记·老子韩非列传》曾记载云："老子乃著书上下篇，言道、德之意五千余

---

① 张岱年：《天人五论》，《张岱年全集》卷三，河北人民出版社，2007，第5页。

言而去，莫知其所终。"① 这说明《老子》之书可在整体上粗略以道、德之义概括，这实际与《老子》文本分为道经与德经的布局结构相对应。徐复观先生曾指出，道、德这两个基本概念乃贯通于《老子》所主张的形上学之宇宙论、人生论和政治论中。② 郑开教授也认为不仅可以概括《老子》哲学的主旨为"道、德之意"，而且老子创造性地提出道的范畴和转换德的语词意义乃标志着一次"哲学突破"的分水岭。③ 由此可见，道与德这两个范畴在《老子》文本中所具有的核心意义。《庄子·天下》概括关尹、老聃思想时有云："建之以常无有，主之以太一。"④ 此处的"太一"即是道的同类名称，冯友兰先生据此句认为"太一"是《老子》学说的主旨，而"太一"是道。⑤ 学界对先秦多部出土文献的研究也曾指出"太一"与道可互通互释。⑥

① （汉）司马迁：《史记》，中华书局，2010，第4434页。
② 徐复观：《中国人性论史·先秦篇》，297页。
③ 郑开：《试论老庄哲学中的"德"：几个问题的新思考》，《湖南大学学报（社会科学版）》2016年第4期，第60页。
④ 陈鼓应注译《庄子今注今译》，第880页
⑤ 冯友兰：《中国哲学简史》，中华书局，2019，第124页。
⑥ 关于作为哲学概念的"太一"与道之关联，可以参见葛兆光《众妙之门——北极与太一、道、太极》，《中国文化》1990年第2期，第46-65页；李存山《庄子思想中的道、一、气——比照郭店楚简〈老子〉和〈太一生水〉》，《中国哲学史》2001年第4期，第35-39页；谭宝刚《"太一"考论》，《中州学刊》2011年第4期，第155-160页；彭华《"太一"臆解——关于郭店楚简〈太一生水〉的一项比较研究》，《社会科学研究》2014年第6期，第129-138页；黄冠云《关于道的名、字、号：重读〈太一生水〉》，《人文中国学报》2019年第1期，第1-26页。

"主之以太一"说明了道这一范畴在《老了》哲学中的核心地位。

《老子》第一章始于道字，"道可道，非常道"指出了道超越语言和区别于其他一切"非常"之物的特性。在整个文本的论述中，它是构建《老子》哲学宇宙生成论和本体论的始基范畴。当然，《老子》哲学不仅仅描述道作为终极和本体的意义，更重要的目的在于阐释人与道的关系。在认识意义上，《老子》第二十五章提出"人法地，地法天，天法道"，人之所法最终指向的是道，此即意味着对道的理解是人体道的根本前提。在存在意义上，道内在于万物（包括人）之中，并成为万物存在的根据。日本学者池田知久即指出人是万物之一，也是道所主宰者，《老子》哲学主旨乃是人如何克服这种"异化"处境，其方法则是人尽己修道，以接近道、把握道，甚至与道一体，最终成为世界的主宰。[①] 总之，道这一范畴既是《老子》哲学中宇宙生成论和本体论的基础，亦关乎人的行为实践原则和修养最高境界，对于道的理解乃是必须首先考虑的问题。

以此，道成为历代注《老》者诠释《老子》哲学所需重点解释的范畴，他们对道之意涵的理解、阐发，乃是构建其自身所阐释的宇宙观、修身论和治世论的根本基础。对于宋徽宗《老子》注而言，这一情况也不例外。本章的主要关注内容即是宋徽宗《老子》注中的道之范畴。由于

---

① 〔日〕池田知久：《问道：〈老子〉思想细读》，王启发、曹峰等译，广西师范大学出版社，2019，第144-145页。

道是一个具有多维意涵的范畴，本节拟从"道之体"、"道之用"和"道物关系"三个层面理解和探讨宋徽宗对道的解读与诠释。虽然《老子》从未显题化地论及体、用问题，但自王弼论及道之体用问题以来，唐宋的解老者如杜光庭、成玄英、王安石等多从这一视角探讨道。宋徽宗在其注解中也明确使用了"道之体""道之用"的概念，例如"道之体无作，故无为"，"道体至无，而用乃妙有"，"利用出入，往来不穷，言道之用"等表达。"道之体"关注本体层面的道。《老子》文本虽未曾直接言及"道体"这一词语，但是类似"朴散则为器"等表述实则在本体论层面论道。"道之用"则是谈道之功用，也包括道的运行规律。另外，本章亦尝试从"道物关系"的视角展开《老子》注对道的讨论。郑开先生曾强调，"道物关系"是道家哲学的基本点，也贯穿于道家哲学的全部内容。① 道与物之关系一方面重点反映的是道与人的基本关系，另一方面则可以延展成为理解作为道在人间之象征的圣人与百姓关系的参照。宋徽宗之道论也是他探讨圣人修身和政治实践思想的基础。圣人是体道者，其所效法的对象即是道。

第一节　道体至无：宋徽宗所论道之体

体、用是中国古代哲学的一对重要范畴，体侧重于表

---

① 郑开：《道家形而上学研究》，中国人民大学出版社，2018，第60页。

达最根本的、本质的层面，用则指向外在的表现形式或具体表象。对"道之体"的探讨主要涉及如何认识作为本体意义的道，包括它的存在方式、根本性质或内在本质等。通过分析宋徽宗《老子》注所论道，大略可从以下不同面向谈论他对道体的认识。①

一　自本自根

道与物不同，万物乃各种类型之"非常"，而道是恒常者。如果要成为天地万物之所以生的总原理和存在的总根据，那么它就必须是"自本自根"，无所依赖。王安石在其《老子》注中，理解道为："夫道者，自本自根，无所因而自然也。"② 显然，他认为"自本自根"乃是作为本体之道的根本性质。宋徽宗《老子》注亦多次强调道乃是"自本自根"，如第一章之注云：

---

① 多数研究宋徽宗《老子》注的学者都会首先探讨宋徽宗的道论，不过不同的学者对这些内容的论述存在差异。例如，黄昱章从"惟道无体"、"道以物显"和"以中为至"来表达他所理解的徽宗之道论，这三个面向可能体现的是他所总结的徽宗《老子》注中所论道的一些特点。卢璐是从道之体、道之用两个面向来论述徽宗的道论，她将道之体概括为"无形无象、惟虚惟静"和"阴阳难测、辨而有数"，将道之用概括为"道以物显，物以道妙"和"对待返复，以中为至"。刘固盛在《宋徽宗君臣的〈老子〉注疏》一文中也曾简要探讨过宋徽宗对道体的阐释。以上参见黄昱章《宋徽宗〈御解道德真经〉之研究》，第76—89页；卢璐《〈宋徽宗御解道德真经〉之研究》，第22—38页；刘固盛主编《中国老学通史·宋元卷》，福建人民出版社，2023，第246—248页。

② （宋）王安石撰，罗家湘辑校《王安石老子注辑佚会钞》，第50页。

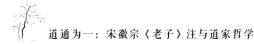

　　常道常名，自本自根，未有天地，自古以固存。①

"常道常名"谓永恒存在之道与名，"自本自根"及其后两句皆出自《庄子·大宗师》。"自本自根"表明道是以自为本，以自为根，不假以任何他物②，不需要向外寻觅所依之根。在另一个面向，"自本自根"也意味着真正认知、实践道的方式是反诸己，向内体认。

　　更具体而言，"自本自根"指向的是道之独立性、根本性与永恒性。独立性体现为作为本体的道彻底独立，即所谓"独立而不改"；根本性体现为惟有作为象征无条件性的"自本自根"者，它才有可能构成其他事物的条件，即成为"万物之所系"③；永恒性体现为"自本自根"者乃永恒固存，不似万物处于流转变化之中，而遭受有生、有灭的境遇。宋徽宗注《列子·天瑞》时亦言：

　　　　不生不化者，道也……独立万物之上，故不生者疑独。④

对于如此独立于万物，且不生不化之道，宋徽宗借用《列

　　① 《宋徽宗御解道德真经》卷一，《道藏》第 11 册，第 843 页。
　　② 陈鼓应注译《庄子今注今译》，第 189 页。
　　③ 《宋徽宗御解道德真经》卷一，《道藏》第 11 册，第 845 页。
　　④ （金）高守元撰《冲虚至德真经四解》卷一，《道藏》第 15 册，第 6 页。

子》之语称其为"疑独"。关于"疑独"之"疑"字，胡
适先生曾作过考察。他认为前人解"疑独"之"疑"字有
误，《说文》有两个疑字，一个训"定"，另一个训"惑"，
很多人将此并为一字。"疑独"的"疑"应当如《诗经》
的"靡所止疑"和《仪礼》"疑立"之义，作"定"解，[①]
"疑独"即表示道乃永恒独立之存在。惟有"自本自根"
者，才可能永恒而独立。总之，由于道是"自本自根"者，
即为宇宙之终极和最根本者，是绝对的独立者，遂无任何
依赖。

二　"无古今"与"如太虚"

道在本体意义上是超越时间和空间的。徽宗注《老子》
第一章提到道是"自古以固存"，这里的"固"表示道是
永恒的存在。永恒意味着对时间的超越。在注解第四章
"吾不知谁之子，象帝之先"一句时，徽宗云：

> 象者，物之始见。帝者，神之应物。物生而后有
> 象，帝出而后妙物。象帝者，群物之始，而道实先之。
> 《庄子》所谓神鬼神帝，生天生地是也。[②]

宋徽宗不将"象"理解为"似"，而是注为"物之始见"，

---

① 胡适：《中国古代哲学史》，上海古籍出版社，2013，第175页。
② 《宋徽宗御解道德真经》卷一，《道藏》第11册，第846页。

即有形象的出现；"帝"则被徽宗解释为"神之应物"，江澂疏义认为"帝"是"物之尊"者，所以"帝"实可作"天帝"解。① "象"与"帝"及其相关描述，乃指向时间上的"群物之始"，但宋徽宗认为道更先于"象"与"帝"。换言之，这意味着道在时间层面先于一切之"始"，它不应被时间的维度所限定。徽宗注第五十五章"物壮则老"时云"道无古今，物有壮老"②，"壮老"意味着物受限于时间的一维尺度，而道是超越时间的存在，它不在"古今"这样的时间尺度内。也正因超越时间，道才可能不像物那样有"壮老"之化。

除了认为道超越时间，宋徽宗之注也指出了道对空间的超越，其注第四章"或不盈"时云：

> 道之体，犹如太虚，包裹六极，何盈之有？③

宋徽宗在这里提到了"道之体"，他将其比为"太虚"。"太虚"语出《庄子·知北游》，④ 本义指极端之虚无，在此处被视为可以无限包裹的空间。宋徽宗注第十四章时言"（道）犹如太虚含蓄万象"，也是借用"太虚"之概念以

---

① （宋）江澂撰《道德真经疏义》卷二，《道藏》第 12 册，第 407 页。
② 《宋徽宗御解道德真经》卷三，《道藏》第 11 册，第 873 页。
③ 《宋徽宗御解道德真经》卷一，《道藏》第 11 册，第 845 页。
④ 《庄子·知北游》："以无内待问穷，若是者，外不观乎宇宙，内不知乎太初，是以不过乎昆仑，不游乎太虚。"（陈鼓应注译《庄子今注今译》，第 585 页）

表达道具有无限的包容性，即能够"含蓄万象"①。当然，因道之体可以包裹无限的空间，所以道之用才会呈现出"不盈"的效果。

三 道兼有无

王安石注《老子》时，即已明确提出了道兼有无之观点，他认为："道一也，而为说有二。所谓二者，何也？有、无是也。无则道之本，而所谓妙者也；有则道之末，而所谓徼者也。故道之本，出于冲虚杳眇之际；而其末也，散于形名度数之间。是二者，其为道一也。……有无之变，更出迭入，而未离乎道。"②根据王安石的说法，无作为形而上者，乃出于冲虚杳渺之际，为道之本；有作为形而下者，是道之末，散于形名度数之间。道之本、末并非为二，而表明的只是同一之道的本与末。换言之，无涉及的是本根层面之道，有涉及的是现象层面之道，这二者实际"同谓之玄"。

宋徽宗对于"道体"的理解基本延续了王安石的观点，他在解释第一章"常无""常有"时云："不立一物，兹谓之常无；不废一物，兹谓之常有……有无二境，微妙寓焉。大智并观，乃无不可。恍惚之中，有象与物。小智自私，

---

① 宋徽宗《老子》注曰："犹如太虚含蓄万象，而不睹其端倪；犹如一性灵智自若，而莫究其运用。"（《宋徽宗御解道德真经》卷一，《道藏》第 11 册，第 851 页）
② （宋）王安石撰，罗家湘辑校《王安石老子注辑佚会钞》，第 15 页。

蔽于一曲，弃有着空，徇末忘本，道术于是乎为天下裂也。"① 此谓道兼有、无二境，"不立一物"是王安石所谓出于冲虚杳渺之际的无，"不废一物"乃散于形名度数之间的有。"弃有着空"与"徇末忘本"皆是蔽于一曲之见。整体而言，徽宗之注释的解释逻辑与王安石的逻辑一致，乃认为无论真常之本体还是万变之现象都是同一之道的存在形态或根本状态。

在另一逻辑层面，宋徽宗也论述了道之本体兼有无的特性。《老子》第十四章"是谓无状之状，无物之象，是谓恍惚"句乃是对"道之体"的描述，宋徽宗释此句云："无状之状，无物之象，恍兮惚，其中有物，惚兮恍，其中有象……谓之有而非有，谓之无而非无。若日月之去人远矣，以鉴燧求焉，而水火自至。水火果何在哉？无状之状，无物之象，亦犹是也。"② 对于"道之体"来说，它"谓之有而非有，谓之无而非无"。"无"的一面体现于它是"无状之状，无物之象"，"有"的一面在于它"其中有物""其中有象"。在此，宋徽宗用了一对朴素的比喻形容作为"无物之象"的道：太阳去人较远，但是人若使用专门的凹镜对日取火，所得之火即并非日常所认为的实体之物。在解释"道冲而用之，或不盈"句时，宋徽宗认为："道有情有信，故有用；无为无形，故不盈。"③ 道有情、有信，并

———————

① 《宋徽宗御解道德真经》卷一，《道藏》第 11 册，第 843 页。
② 《宋徽宗御解道德真经》卷一，《道藏》第 11 册，第 851 页。
③ 《宋徽宗御解道德真经》卷一，《道藏》第 11 册，第 845 页。

且无为、无形，这也是道兼有无的体现。也止因如此，道之用可呈现"有用"或"不盈"的特性。另外，在人之认识与实践层面，亦须认识到道兼有无，所以宋徽宗认为圣人应当"体真无而常有，即妙用而常无"。[①]

四　道体虚、静

道兼有无是从本体实在层面或存在状态而言，若从存在之性质而言，"道之体"则有两种重要性质：虚与静。宋徽宗注《老子》第十五章"故能敝不新成"一句时，言：

> 惟道无体，虚而不盈，故能敝能新，能成能坏，超然出乎形数之外，而未尝敝，未尝坏也。[②]

道一方面乃以无为体，自能呈现虚的性质。虚则不囿于形，可包纳一切实有，此即"不盈"，故能敝能新，能成能坏。在第四章之注中，宋徽宗也提到："惟虚也，故群实之所归。"[③] 此乃认为群有之实皆能归于虚。道体虚而不盈，可产生无穷之用。在注第五章时，宋徽宗以比喻道的"橐籥"言虚：

> 橐籥虚而能受，受而能应，故应而不穷。有实其

---

① 《宋徽宗御解道德真经》卷一，《道藏》第11册，第843页。
② 《宋徽宗御解道德真经》卷一，《道藏》第11册，第853页。
③ 《宋徽宗御解道德真经》卷一，《道藏》第11册，第845页。

中，则触处皆碍，在道为一偏，在物为一曲。①

橐籥是古代鼓风吹火用的冶炼器具。高明先生注"橐籥"云："橐是用兽皮做的制风主体，籥是用竹管做成，上面有吸气和排气的孔眼，皮橐受压力鼓动，空气即可从籥管中吸入或排出。正如程大昌云：'橐冶鞴也，籥其管也。橐吸气满而播诸炉，管受吸而嘘之，所以播也。'老子谓天地如同橐籥，体内空虚无物，则愈动而风愈出，乃自然使之；谓天地本亦自然而成，无私无爱，虚静无为，故以为喻。"②宋徽宗之解和高明之说相类，实际包含了三层意思：其一，"橐籥"虚而能受，这表明橐能够包含周遍之体，具有无穷的包容性；其二，籥应而不穷，这指向的是用之不屈，即认为道之用无所穷竭；其三，"有实其中，则触处皆碍"，这与高明所言"天地本亦自然而成，无私无爱"句相同，都表明"虚"有应当无心、无为之义。

"道之体"的另一种性质是静，徽宗尝用《周易》名句"《易》无思也，无为也，寂然不动"③来形容道体之静。例如，他注《老子》第四十八章"无为而无不为矣"一句时，言："夫未始有无也者，无为也，寂然不动，无不为也，感而遂通天下之故。"④此处的"寂然不动"正是形容道体所具

---

① 《宋徽宗御解道德真经》卷一，《道藏》第 11 册，第 846 页。
② 高明校注《帛书老子校注》，第 345 页。
③ "《易》无思也，无为也，寂然不动，感而遂通天下之故。"（黄寿祺、张善文撰《周易译注》，第 634 页）
④ 《宋徽宗御解道德真经》卷三，《道藏》第 11 册，第 870 页。

有的绝对寂静之特性。注第二十章"澹兮其若海"句时，徽宗云："渊静而性定，道之全体。"① 可见他认为静是表现"道之体"的重要性质。当然，道体正因具有静之特质，故能产生动之用，徽宗在注第四章时言："惟静也，故群动之所属。"② 惟道体具有静的性质，故足以摄天下之群动。

在对《老子》第十六章"致虚极，守静笃"句的解释中，宋徽宗也论述了"道之体"具有虚、静之重要特性的观点。宋徽宗注此句云："莫贵乎虚，莫善乎静，虚静者，万物之本也。虚故足以受群实，静故足以应群动。"③ 徽宗的注释化用自《庄子·天道》，《天道》原句为："夫虚静恬淡寂漠无为者，万物之本也。"④ 宋徽宗删去"恬淡寂漠无为"，而只采用虚、静以形容"万物之本"。在解释《老子》第四章"渊兮似万物之宗"时，宋徽宗先引用《庄子》之语"鲵桓之审为渊，止水之审为渊，流水之审为渊"，进而指出："渊虚而静，不与物杂，道之体也。"⑤ 由此可见，宋徽宗认为虚、静正是"道之体"的重要性质。

第二节　用乃妙有：宋徽宗所论道之用

《老子》本文虽没有明确提到"体"字，但是数次提

---

① 《宋徽宗御解道德真经》卷一，《道藏》第 11 册，第 856 页。
② 《宋徽宗御解道德真经》卷一，《道藏》第 11 册，第 845 页。
③ 《宋徽宗御解道德真经》卷一，《道藏》第 11 册，第 853 页。
④ 陈鼓应注译《庄子今注今译》，第 348 页。
⑤ 《宋徽宗御解道德真经》卷一，《道藏》第 11 册，第 845 页。

到"用"字，例如第四章之"道冲而用之，或不盈"句，第六章之"绵绵若存，用之不勤"句，第四十章之"反者道之动，弱者道之用"句，第四十五章之"大盈若冲，其用不穷"句等。陈鼓应先生将上述之"用"释为道之功用、作用。① 如果说体涉及的是道的存在本质和根本性质，用则关乎道的具体表现或直接功用。徐复观先生认为老学的动机与目的并不在于建立宇宙论，而是指向人生哲学。② 道体之论解决的是本体问题，道用从根本上来说是以道之行动或效用作为人之实践如何展开的宇宙层面的参照。换言之，道体建立了道用的基本根据，而道用是人之修身论或治世论必须依据的根本原则。北宋以来，王安石在《老子》注中即已明言"道有体有用"③，这一观点也被徽宗注所继承。以下则简要说明宋徽宗对"道之用"的认识。

一 "应群实"与"应群动"

虚、静是"道之体"的重要存在性质，即前文引宋徽宗所言"渊虚而静，不与物杂，道之体也"。在此句之后，宋徽宗继而谈及"道之体"所具虚、静特性的功用："惟虚也，故群实之所归。惟静也，故群动之所属。"④ 此乃认为"道之体"由于"虚"，故能总天下之群实，由于"静"，

---

① 陈鼓应：《论道与物的关系问题（上）——中国哲学史上的一条主线》，《哲学动态》2005 年第 7 期，第 60 页。
② 徐复观：《中国人性论史·先秦篇》，第 294 页。
③ （宋）王安石撰，罗家湘辑校《王安石老子注辑佚会钞》，第 15 页。
④ 《宋徽宗御解道德真经》卷一，《道藏》第 11 册，第 845 页。

故能摄天下之群动。

　　"应群实"实际可指涉两种含义：其一，虚意味着无际，如谷之虚，遂受而能应；其二，虚能含蓄万象，这也意味着可以"运量酬酢而不穷"（《老子》第十一章注）[①]。在注《老子》第三章"虚其心"时，宋徽宗专门解释了虚的"受而能应"之用：

> 　　谷以虚故应，鉴以虚故照，管籥以虚故受，耳以虚故能听，目以虚故能视，鼻以虚故能嗅。有实其中，则有碍于此。[②]

虚是实之对，实会有碍，虚则无间。山谷因其虚故能受而应声，镜因其虚故能照而显形，管籥因其虚故能受气而鸣。当然，人之耳朵、眼睛、鼻子都各因其体性之虚，故有受、听、视、嗅的功用。若有实有存于其中，则会妨碍这些功用的形成。虚为这些功用的产生提供了必要条件。

　　"道之体"因虚之性则能"包裹六极"或"含蓄万象"，遂可"运量酬酢而不穷"。以此，在另一面向，虚也意味着道能含有不穷之用。宋徽宗注"道冲而用之，或不盈"时指出，"道之用"体现的是"注焉而不满，酌焉而不竭，既以为人己愈有，既以与人己愈多"[③]。一般之物有

---

① 《宋徽宗御解道德真经》卷一，《道藏》第 11 册，第 849 页。
② 《宋徽宗御解道德真经》卷一，《道藏》第 11 册，第 844 页。
③ 《宋徽宗御解道德真经》卷一，《道藏》第 11 册，第 845 页。

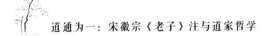

益损、盈空之现象，但是"道之体"因有虚之性，其含用遂无穷。对此，用江澂之语可表述为："用之弥满六虚，废之莫知其所，何损益之有？"①

由上可见，道之虚一方面意味着"受而能应"，另一方面则"运量酬酢而不穷"②。《老子》哲学最终关心的主题之一是人性论，所以虚亦成为圣人表现出的本性。注"上德若谷"句时，徽宗言："虚而能应，应而不竭；虚而能受，受而不藏，《经》曰：'为天下谷，常德乃足。'"③"道体"因虚故能应能受，而其用不竭，受而不藏。对于圣人而言，其"在我之德"也体现出虚的特性，故能应天下之群实，"至矣尽矣，不可以有加矣"，《老子》遂有所谓"常德乃足"之语。④

静也是"道之体"的根本性质，但此寂静之性并不意味着"道之用"依然是静。前文提到徽宗认为"道之体"因具有静之性，乃能摄天下之群动。换言之，"道之体"为静，"道之用"却是能"应群动"。宋人注《老子》常使用《周易》之"《易》，无思也，无为也。寂然不动，感而遂通天下之故"⑤句。例如，王安石注《老子》第一章即引此句形容有无之变和微妙之观⑥，而宋徽宗亦引此句通过言

---

① （宋）江澂撰《道德真经疏义》卷一四，《道藏》第 12 册，第 538 页。
② 《宋徽宗御解道德真经》卷一，《道藏》第 11 册，第 849 页。
③ 《宋徽宗御解道德真经》卷三，《道藏》第 11 册，第 867 页。
④ 《宋徽宗御解道德真经》卷二，《道藏》第 11 册，第 860 页。
⑤ 黄寿祺、张善文撰《周易译注》，第 634 页。
⑥ （宋）王安石撰，罗家湘辑校《王安石老子注辑佚会钞》，第 15 页。

"道之体"的静与"道之用"的动来对比形容道兼有为、无为的问题。宋徽宗注"无为而无不为"时言："无为也，寂然不动，无不为也，感而遂通天下之故。以静则圣，以动则王。"① "静"对应的是"无为"，它是"道之体"寂然不动所呈现的性质，而"动"对应的是"无不为"，它是道体之静所形成的"感而遂通"之效用。江澂之疏对这一思想有着更明确的表达，他指出："摄用归体，故寂然不动，万物莫如，以倾其固，以之泛应，有不当乎？从体起用，故动而不穷，既已与人己愈有，以之运量，果有匮乎？"② 这也是将静认为是道体所呈现的特性，即"摄用归体"，而在"从体起用"的面向，则有"动而不穷"的作用。此即宋徽宗所言静能摄天下之群动。

宋徽宗注第四十一章"道隐无名，夫惟道，善贷且成"句时，他亦表达了道体为静，道用为动的思想：

> 道之体隐乎无名，而用乃善贷且成，故勤而行之，则造乎不形，而止乎无所化。③

"道之体"隐乎无名，这形容的是"至无"，是"寂然不动"的状态，却能"感而遂通"，有"善贷且成"之功用，故能动而行之，使万物得以从"不形"中生成，无有终已。

---

① 《宋徽宗御解道德真经》卷三，《道藏》第11册，第870页。
② （宋）江澂撰《道德真经疏义》卷二，《道藏》第12册，第408页。
③ 《宋徽宗御解道德真经》卷三，《道藏》第11册，第867页。

需要稍加解释的是，寂然不动之"道体"如何能够产生"感而遂通"之用呢？宋徽宗认为这是因为"道之体"所具有的"神"之用。在注"谷神不死"时，他分别将"谷"和"神"理解为"道体"与"道用"的象征。道体常虚，故能应群动，道体亦常寂，故可以神而化育万物。① 对于什么是"神"，宋徽宗两次引用了《易传》的解释："神也者，妙万物而为言者也。"② 此表示"神"是勉强用以形容道能生、化、成万物之妙用。由于道至幽难测，遂需以"神"的方式化育万物。由此，寂然不动之"道体"才能够实现"感而遂通"之用。

合而言之，徽宗认为道体至虚，故"受而能应"，也能"运量酬酢而不穷"。同时，道体常寂而不动，故有"应群动"之用，即《易传》所谓"感而遂通"。

二 反者道之动，弱者道之用

"反者，道之动；弱者，道之用"出自《老子》第四十章。对于"反"字，历代注家通常有两种理解，一是认为"反"表达的是相反之事物对立与相互依存的状态，这种内在矛盾是运动之因；另一则认为"反"指涉的是"复归"义，即道运动的方式是复返其本。对道而言，"反"表达的是道运动的方向，而对具体事物而言，"反"其实正

---

① 《宋徽宗御解道德真经》卷一，《道藏》第 11 册，第 846 页。
② 《宋徽宗御解道德真经》卷一，《道藏》第 11 册，第 843 页；亦见（金）高守元撰《冲虚至德真经四解》卷三，《道藏》第 15 册，第 23 页。

好体现的是道之用，即万物总是在向其本根复归。宋徽宗对"反"的理解更接近"复归"之义，他注"反者道之动"时云：

> 天下之理，动静相因，强弱相济，夫物芸芸，各归其根，则已往而返复乎至静，然感而遂通天下之故，则动无非我，故曰反者道之动。①

宋徽宗借《老子》原文中的"夫物芸芸，各复归其根"句，认为万物各归其根是其自然之理，"反"是向其本根的复返，最终目的则是返复乎至静之"道体"。"至静"乃形容寂然不动之体，其用可"感而遂通"，所以有所谓"反者道之动"。他对"反"的理解还是"复归"义，只是将此句"道之动"的解释与"感而遂通"的有关思想相结合。注"远曰反"句时，徽宗云："归根曰静，静而复命，故曰反。"② 在此，他也是将"反"解释为归根复乎本根之至静义。

复归本性实际上是回归于道的过程，所以"反"涉及的是形下世界如何通往形上世界的问题。对于具体事物之间，或只涉及现象界时，宋徽宗认为"反"有相互转换之义。他在注《列子·仲尼下》时云"物极必反，是事之

---

① 《宋徽宗御解道德真经》卷三，《道藏》第 11 册，第 866 页。
② 《宋徽宗御解道德真经》卷二，《道藏》第 11 册，第 858 页。

变"①，此即是指现象界的事物之间可以相互转化。在此基础上，"弱者道之用"则可被理解为是"反者道之动"的作用。柔能胜刚、弱能胜强的缘由即在于万物之发展会呈现"反"之用。如水之性虽至柔，但能攻世间之坚强。具体解释《老子》第四十章"弱者道之用"句时，宋徽宗认为："柔之胜刚，弱之胜强，道之妙用，实在于此。《庄子》曰：'积众小不胜为大胜者，惟圣人能之。'故云弱者道之用。"② 按照徽宗的解释逻辑，"反者道之动"实际也是道的动、静关系之体现。"反"的目标是至静之"道体"，因其至静而能"感而遂通天下"，所以反者可以立动。在同章的解释中，宋徽宗接下来说："然则有无之相生，若循环然，故无动而生有，有极而归无，如东西之相反，而不可以相无也。彼蔽于莫为，溺于或使，岂道也哉？"③ 归是"反"，而反归至静又生动，所以"无"动可以生"有"，"有"极必归于"无"也。在这一过程中，形下事物总是朝着相反的方向运动，犹如"东西之相反"，所以才说"弱者道之用"。由于事物的处境总是向相反的方向变化，所以应当处于弱的境地，此即徽宗所言："柔之胜刚，弱之胜强，老氏之道术有在于是。"（第七十六章注）④

---

① （金）高守元撰《冲虚至德真经四解》卷十，《道藏》第 15 册，第 85 页。
② 《宋徽宗御解道德真经》卷三，《道藏》第 11 册，第 866 页。
③ 《宋徽宗御解道德真经》卷三，《道藏》第 11 册，第 866 页。
④ 《宋徽宗御解道德真经》卷四，《道藏》第 11 册，第 882 页。

三　无适而不得其中

宋徽宗注《老子》第四章"道冲而用之，或不盈"时，对"冲"的注解与历代注家颇不同，其言云：

> 道有情有信，故有用；无为无形，故不盈。《经》曰：万物负阴而抱阳，冲气以为和。万物之理，偏乎阳则强，或失之过。偏乎阴则弱，或失之不及。无过不及，是谓冲气。冲者，中也，是谓大和。高者抑之，下者举之，有余者取之，不足者予之。道之用，无适而不得其中也。注焉而不满，酌焉而不竭，既以为人己愈有，既以与人己愈多，道之体，犹如太虚，包裹六极，何盈之有？①

多数注家将"冲"解为"盅"，取其虚之义，认为《老子》此句讲述道以虚为用。宋徽宗继承了王安石的释义逻辑，将此处的"冲"释为"中"，又称其为"大和"。"大"即"太"，"太和"出自《周易》，北宋张载在《正蒙》开篇即称"太和所谓道"②，这里的"太和"就是"至和"的意思。宋徽宗注引用《老子》第四十二章"冲气以为和"来说明"冲"有"至和"之义。"冲气"是阴阳交合之气，所以徽宗注"冲气以为和"时引《庄子》所言"至阳赫

---

① 《宋徽宗御解道德真经》卷一，《道藏》第11册，第845页。
② 《张载集》，章锡琛点校，中华书局，1985，第7页。

赫，至阴肃肃，肃肃出乎天，赫赫发乎地，两者交通成和，
而物生焉"①，认为至阳和至阴之气交通，涌荡而成和气，
遂有万物得以而生。

"冲气"之用体现于"和"（中），徽宗继而有言："道
之用，无适而不得其中也。"② 道的这一作用普遍体现于万
物之中，成为万物之理，亦是根本的实践原则。正因如此，
徽宗认为万物"偏乎阳则强，或失之过。偏乎阴则弱，或
失之不及"③，惟有无过不及，才是冲气之用。对于万物而
言，道的作用即在于使万物保持自然的"得中"状态，若
有高者则抑之，下者则举之，有余者取之，不足则予之。

如果万物不得其中则是不正常的现象。宋徽宗注《列
子·周穆王》之"尹氏""老役夫"关于觉梦之事时云：
"一阴一阳，冲和适平，此天与之形也。形失其平，偏而为
疾。"④ 他认为万物之中所呈现的阴、阳之冲和适平状态，
乃是"天与之形"，实际即是道所赋予的。如果这样的冲和
适平状态被打破，则会造成不正常的现象。由此，徽宗认
为"或过""或不及"皆不会是道的作用体现，道的作用
在于"中庸"，是使万物"无适而不得其中"。对于人事而
言，宋徽宗也以圣人为例表明了这一原则，他在注《列子·

① 《庄子·田子方》原文为："至阴肃肃，至阳赫赫。肃肃出乎天，赫赫
发乎地。两者交通成和而物生焉。"（陈鼓应注译《庄子今注今译》，
第 546 页）
② 《宋徽宗御解道德真经》卷三，《道藏》第 11 册，第 845 页。
③ 《宋徽宗御解道德真经》卷一，《道藏》第 11 册，第 845 页。
④ （金）高守元撰《冲虚至德真经四解》卷八，《道藏》第 15 册，第 65 页。

仲尼上》时云："圣人之道极高明，而道中庸，或过，或不及，皆非道也。贤者过之，圣人无取焉。"① 圣人必须遵循"中庸"之原则，对于"过"与"不及"，皆不应取。此即宋徽宗所论"无适而不得其中"的思想。

第三节　与物辨、与物交：宋徽宗所论道物关系

道在《老子》哲学中被定义为不能言说，只能"强为之"言，但在根本上，道又是必须被认识和表达的，而实现的途径则是通过经验世界之物。徐复观先生曾说："于是他（老子）便从现象界中追索上去，发现在万物根源的地方，有个创生万物、以虚无为体的'常道'。"② 陈鼓应先生说："老子所预设的'道'，其实就是他在经验世界中所体悟的道理，而把这些所体悟的道理，统统附托给所谓的'道'。"③ 郭齐勇先生亦认为："从经验事物的观察中得出恒常的变化规律，这是老子哲学观念的一个来源，'道'是对经验生活的哲学提升。"④ 这些观点实际上都在表明我们只能通过经验世界认知道。所以，道与经验世界（物）之关系成为我们必须探知的议题。

道与物皆是《老子》中的具体范畴。范畴的具体内涵

---

① （金）高守元撰《冲虚至德真经四解》卷十，《道藏》第 15 册，第 77 页。
② 徐复观：《中国人性论史·先秦篇》，第 297 页。
③ 陈鼓应：《中国哲学创始者——老子新论》，中华书局，2015，第 139 页。
④ 郭齐勇：《中国哲学通史·先秦卷》，江苏人民出版社，2021，第 206 页。

往往需要在与其他范畴的关系中才能更好地显明意义，这就像点与点相连为线，线展现的正是范畴与范畴的关系。孤立的范畴难以呈现其全部内涵，范畴所具有的很多意义需要在彼此的关系中不断彰显和言明。例如，道所具有的无限性总是要对比于物的有限性才显得清晰和呈现相关意义。以此，对范畴与范畴之间关系的探讨将有助于理解文本所蕴含的思想内涵。就道与物的关系而言，道是宇宙的根本原理，但其作用和意义总是通过物质世界的现象来体现。反过来，这种关系也揭示了物质世界中各种实践活动得以展开的形而上基础，以及它们所遵循的根本法则。

宋徽宗对《老子》哲学的关注与诠释，其重心显然不是宇宙论或本体论，而是以人为中心的，即探讨什么是符合道的正确意义的理想实践与最高境界。圣人是宋徽宗开示这一探讨的角色中介，圣人之实践才是徽宗注《老》的真正落脚点。道、物关系所反映的诸种原则将成为圣人与百姓的相应实践关系的理想参照与根本依循，所以，我们必须理解徽宗《老子》注中道、物关系的基本内容。

现代学界所论《老子》中的道、物关系可以陈鼓应先生的总结为代表，他将其归纳为五种关系，分别是本原关系、本体与现象的关系、形上与形下的关系、体用关系以及一多关系。① 学者林光华认为这五种关系的总结颇为全面，但是基本建立在西方哲学的语境上，她尝试用《老子》

① 陈鼓应：《论道与物的关系问题（上）——中国哲学史上的一条主线》，《哲学动态》2005年第7期，第55-64页。

本身的术语将道、物关系总结为四类，即"道生物"、"道成物"、"道统物"及"道通物"这四种关系，① 其中"道统物"反映的是道是统合万物之法则，"道通物"指道贯通万物之共性。通观徽宗之《老子》注，很多文句诠释都涉及道、物关系主题，笔者认为大体可将其概括为三种主要类型②：其一，道、物是母子关系，这一关系大略等同于林氏所云道生物、道成物之关系；其二，道、物是形而上与形而下的关系，这一关系乃林氏所谓道统物之关系；其三，道、物是道"因物显照"的关系，即林氏所谓"道通物"关系，宋徽宗在《老子》注中将此关系具体形容为"道与器显"与"器以道妙"。

在具体论及道、物关系之前，须简要说明宋徽宗所认为的道与物的具体区别。对于"物"之定义，宋徽宗常以"器"论之："制于形数，囿于方体，而域于覆载之两间，器也。"③ 形数具则有盛衰成坏之态，方体成则囿于一定空间之内，这说明"器"具有有限性。道则不同，它是"无状之状""无物之象"，以虚、静为存在性质，具有彻底的

① 林光华：《〈老子〉之道及其当代诠释》，中国人民大学出版社，2015，第201页。
② 关于徽宗所论道物关系的研究，黄昱章曾从道、物之间的存在关系（母子关系）和对待关系（大道之序的逻辑）探讨过这一问题；袁翊轩则通过阐述徽宗所论道物各自存在的定位和性质而展开讨论，并指出天地乃是道、物之间的重要中介。参见黄昱章《宋徽宗〈御解道德真经〉之研究》，第90-106页；袁翊轩《以静则圣，以动则王：宋徽宗〈御解道德真经〉中的政治思想》，第99-103页。
③ 《宋徽宗御解道德真经》卷二，《道藏》第11册，第860页。

无限性。宋徽宗在《老子》第一章注中也指出了道与物的另外两个重要区分：

> 无始曰："道不可言，言而非也。"又曰："道不当名。"可道可名，知事物焉，如四时焉，当可而应，代废代兴，非真常也。常道常名，自本自根，未有天地，自古以固存。[1]

"道不当名"，"可道可名，知事物焉"皆说明万物有名，但是道不应当有名。"名"是人在语言层面对事物的认知与理解，是物以语言或思维形式的呈现。道作为天地未有之前即已"自本自根"的存在，怎么应当有名呢？"名"意味着具有限定性，而道超越一切，不能经历任何限定。道"生天生地"后，才有万物生，此即"始制有名"。有"名"，意味着有限定的万物之诞生。所以，道与物之区别在于无名与有名之别。

"代废代兴，非真常也"说明道与物具有"真常"与"非真常"之别。宋徽宗注《老子》第十五章"夫惟不盈，故能敝不新成"一句言：

> 有敝故有新，有成故有坏。新故相代，如彼四时，成坏相因，如彼万物。自道而降，丽于形数者，盖莫

---

① 《宋徽宗御解道德真经》卷一，《道藏》第11册，第843页。

> 不然。惟道无体，虚而不盈，故能敝能新，能成能坏，
> 超然出乎形数之外，而未常敝，未常坏也。故曰夫惟
> 不盈，故能敝，不新成。①

"四时"与"万物"皆非真常，所以有新敝成坏，而道以无为体，则自能"超然出乎形数之外"。出乎形数，即无所谓新敝成坏，遂能敝能新，能成能坏。这实际上是说道对形下世界之生成作用。而对"道之体"来说，则是未尝敝，未尝坏也。正因如此，徽宗《列子》注乃言："道无真妄，物有彼是。"② 既然道与物有明显之别，那么道与物之间的关系为何呢？以下对前文提到的三种关系分别论述。

一 母子关系

在《老子》原文中，"母"这一名称曾多次出现，如第一章"有名，万物之母"，第二十五章"可以为天下母"。"母"的前面有名词"万物""天下"，这说明道乃为万物、天下之母。母子关系是一种质朴的表达术语，因为这两者本是形下世界的日常概念，但是《老子》赋予了母独特的本体内涵。宋徽宗注《老子》第五十二章时，谈到他对这一关系的理解：

> 无名天地之始，有名万物之母，始与母皆道也。

---

① 《宋徽宗御解道德真经》卷一，《道藏》第11册，第853页。
② （金）高守元撰《冲虚至德真经四解》卷八，《道藏》第15册，第64页。

自其气之始则谓之始，自其生生则谓之母，有始则能生生矣。

道能母万物而字之，则物者其子也。通于道者兼物物。故得其母，以知其子。①

这一解释包含了道、物作为母子关系的四个层面。第一，道是万物之母。"无名"形容的是"先天地生者"，即是"始"，"有名"是道降于域中，其象征表现乃是母，所以徽宗言始与母皆道也。第二，母有生生之意，即徽宗所谓"自其生生则谓之母"。道有生生之意乃《老子》哲学的宇宙论体现。宋徽宗常引《庄子》中"生天生地"之语以说明道为天、地之生成者，并一再言"有天地然后万物生焉"。第三，母有养育之意，即"道能母万物而字之"。这里的"母"和"字"为动词，可理解为哺育、养成。例如，宋徽宗注《老子》第二十章"贵求食于母"一句时云："夫道生之畜之长之育之，万物资焉，有母之意。"②这一"母"重在表示万物受道的资养义。第四，这一关系有一特殊之处，即母与子并非彼此彻底独立，而是母寓于子之中，母又通过子而显现，母、子是既对立又统一。在这一关系中，母成为理解所有子的根本依据，此即所谓"得其母，以知其子"。若诚能知道，则万物之理不待识而知。

---

① 《宋徽宗御解道德真经》卷三，《道藏》第11册，第871页。
② 《宋徽宗御解道德真经》卷一，《道藏》第11册，第856页。

母子关系是道、物关系的本真体现，这一比喻建立在对经验世界的观察之上，但是《老子》赋予了它丰富的哲学内涵。这一关系也成为人须参照的重要实践标准。在第五十二章的释义中，徽宗提到了"通于道者兼物物"，这是借用《荀子·解蔽》之"精于物者以物物，精于道者兼物物"[①] 句，乃表明通于道则可通于万物。他认为这正是《老子》"得其母，知其子"表达的含义。在此基础上，母、子关系也指明了人的实践理想，宋徽宗在注"长生久视之道"时言明了这一目标："既知其子，复守其母，没身不殆，故可以长久。"[②] 以"复守其母"为理想的实践目标，则可与道为一，亘古长存。

二 形而上与形而下之关系

《老子》原文并没有形而上与形而下之称谓，这一用语源出《易传》"形而上者谓之道，形而下者谓之器"句，另有相类似的"一阴一阳之谓道"句。陈鼓应先生认为《易传》的这些论述当是受了道家的影响。当然，《老子》原文虽未有此形而上、形而下之直接称谓，但是第二十八章"朴散则为器"的观点已接近其意指。

江淑君先生探讨宋代老学中以《系辞传》诠解《老子》的向度时，即指出"形而上者谓之道，形而下者谓之器""一阴一阳之谓道"以及"寂然不动，感而遂通天下

---

① 方勇、李波译注《荀子》，中华书局，2011，第347页。
② 《宋徽宗御解道德真经》卷四，《道藏》第11册，第876页。

之故"为最常引用之句。^① 这说明宋代注《老》者对形而上与形而下之间关系的重视，这一关系也可以被认为是朴、器关系，它揭示的是本体与现象视野间的道、物关系。

宋徽宗《老子》《列子》注中对举"形而上"与"形而下"之用法有三处：

> 形而上者，阴阳不测，幽而难知，兹谓至神，故不皦。皦言明也。形而下者，一阴一阳，辩而有数，兹谓至道，故不昧。昧，言幽也。《易》曰：神而明之，存乎其人。^②（《老子》第十四章注）

> 形而上者谓之道，形而下者谓之器。有形名焉，有分守焉，道则全，天与人合而为一，器则散，天与人离而为二。^③（《老子》第二十八章注）

> 形而上者神不可测，形而下者物不可穷。^④（《列子·汤问》注）

在第二十八章注中，宋徽宗明确指出道与器的关系乃是形

---

① 江淑君：《宋代老子学诠解的义理向度》，第49页。
② 《宋徽宗御解道德真经》卷一，《道藏》第11册，第851页。
③ 《宋徽宗御解道德真经》卷二，《道藏》第11册，第860页。
④ （金）高守元撰《冲虚至德真经四解》卷十二，《道藏》第15册，第94页。

而上与形而下的关系。① 江澂对徽宗此句话之疏义认为：道是"超乎太极之先"，因其无名无形，所以是"形而上"；而道生成器（物）以后，有形之物得以出现，遂有形体、名称、职分等分别。② 道具有全体、整体之意义，也是《老子》所说的"朴"，是混沌的状态；器则是朴散后之所成，它是个别而又具体的落成。宋徽宗在第十四章注中认为形而上者，处于阴气、阳气不测的状态，因此幽而难知；形而下者，则是阴气与阳气可——分辨的状态，是具体的"有数"。但是，无论是形而上还是形而下的存在状态，都有道在其中。形而上是道之全体，形而下是朴散的状态。朴散意味着道仍然寓于器之中，朴、器关系形容的是整全与分散，一与个体的关系。

日本学者池田知久论及道、物之间的形而上、形而下关系时，提出：

> "形而上"之道是为对"形而下"之"器"的主宰、支配，"器"又因道而产生、变化，阐述了二者之间的这种哲学上的相互关系。③

如果带着这一理解解读宋徽宗《老子》注，可见道、物之间的形而上、形而下关系包含了三层意涵：其一，道是物

---

① 〔日〕池田知久：《问道：〈老子〉思想细读》，第90页。
② （宋）江澂撰《道德真经疏义》卷六，《道藏》第12册，第453页。
③ 〔日〕池田知久：《问道：〈老子〉思想细读》，第91页。

存在的依据和本根；其二，道主宰并支配物，这也意味着道的内在规律是判断物的行动是否正确的根本原则；其三，道超越万物，又内在于万物之中。

关于道是物的存在本根，即为一般意义的本体论范畴，如徽宗注所云："道者，人之所共由"（"道经"解题）①，"道无乎不在，万物之所共由也"②，"（道）是万物之所系"③ 等，皆是表达此义，其例颇多。

《老子》认为道"衣被万物而不为主"，并不是说道非万物之主宰，所以宋徽宗有言："不示其宰制之功，故不为主。"④ "宰制之功"体现的仍然是主宰、支配关系，只是道"不为主"。道"不为主"体现于两个层面：其一，如《老子》第三十四章所云"万物恃之以生而不辞，功成不居"，即不自认为"主"；其二，任物自然，而不示主宰之用。换言之，即是万物亦不知其主。在"不为主"的境遇之中宰制万物，这使得道、物关系实际呈现出具有道家特殊意味的主宰—被主宰的关系，所以徽宗注"不可为也"时云："（道）宰制万物，役使群动。"⑤

道与器之形而上与形而下关系的第三个层面则是道是超越所有物的存在，但也内在于万物之中。对于道的超越性，宋徽宗通过"阴阳不测，幽而难知""神不可测"等

① 《宋徽宗御解道德真经》卷一，《道藏》第 11 册，第 843 页。
② 宋徽宗注解《西升经》卷下，《道藏》第 11 册，第 510 页。
③ 《宋徽宗御解道德真经》卷一，《道藏》第 11 册，第 845 页。
④ 《宋徽宗御解道德真经》卷二，《道藏》第 11 册，第 863 页。
⑤ 《宋徽宗御解道德真经》卷二，《道藏》第 11 册，第 860 页。

术语言明，但道之形而下的一面则是"一阴一阳，辩而有数"。形而下并不意味着相离于道，江澂疏义即提到："形而下者谓之器，而道实寓焉，则道亦形而下矣。"[1] 所以，道、物之间的形而上与形而下关系不仅说明了形而上对形而下的超越，道寓于物中这一重要的关系也被宋徽宗通过诠解形而上、形而下之别表达了出来。当然，这也是"道通为一"重要思想的体现，其本质则是形而上与形而下之间的一体互摄。

在更深层次，正是形而上与形而下之间存在一体互摄的关系，为形而下之物能够超越经验世界提供了形而上基础。换言之，这一基础决定了两个重要的观点：其一，对形而下之物而言，尤其是对人而言，重要的事情是体认或常葆在己之道；其二，这一关系也为形下世界至形上世界建立了通途，即形而下之物存在复归于道的可能性。

三　道以器显，器以道妙

林光华教授在谈及道、物关系的分类时，指出这些关系的重要实质是"道在物中"。[2] 当然，这一命题自庄子以来即已被显题化表达，这也是庄子对《老子》哲学没有明言的观点的重要发展之一。《庄子·知北游》载东郭子问庄子道何在，庄子则云"道无所不在"[3]，这是"道通为一"

---

① （宋）江澂撰《道德真经疏义》卷三，《道藏》第 12 册，第 424 页。
② 林光华：《〈老子〉之道及其当代诠释》，第 201 页。
③ 陈鼓应注译《庄子今注今译》，第 579 页。

观点的体现。宋徽宗注《西升经》时，三次提到"道无乎不在"。又，宋徽宗在《列子》注之序中言：

> 道行于万物，物圉于一曲。世之人见物而不见道，圣人则见物之无非道者。①

前节论道与物的形而上与形而下之关系时，曾引徽宗"形而下者，一阴一阳，辩而有数，兹谓至道"② 一句。此句也是在阐释"道在物中"之理。形而下者乃是器，器并不完全是道的对立面，所以江澂也说"道亦形而下"，章安则将形而下者解为"至道之所行"③。这些观点皆是表明道在物中。当然，宋徽宗《老子》注并未仅仅停留于解释道与物之关系为"道在物中"，而是以此更申其主张为二：其一，"道以器显"；其二，"器以道妙"。

"道以器显"是建立在"道在物中"前提之下的论题，这说明道不仅寓于物中，而且可以通过物显示。《老子》哲学认为道不当名，且"视之不见""听之不闻""搏之不得"，那么如何可能使人认识道，进而与道同体呢？物即是认知和了解道的途径。

在逻辑上，物成为了解道之途径的前提是"道在物中"。《老子》哲学通过德的概念将此落实。德在《老子》

---

① （金）高守元撰《冲虚至德真经四解》卷一，《道藏》第15册，第3页。
② 《宋徽宗御解道德真经》卷一，《道藏》第11册，第851页。
③ （宋）章安撰《宋徽宗道德真经解义》卷三，《道藏》第11册，第904页。

中出现 43 次，也是占据核心位置的基本范畴。张岱年先生曾认为："德是一物所得于道者。德是分，道是全，一物所得于道以成其体者为德。"① 换言之，德是落实于具体之物中的道。宋徽宗在御注中引《庄子》句指论"物得以生谓之德"②，又云"德有方体，同焉皆得，所以显道"（第二十一章注）③。他认为德正是物能够显道的根本缘由。

与"道以器显"之命题相近，宋徽宗也明确提出"器以道妙"的命题。他在注"玄之又玄，众妙之门"时云：

> 玄妙之理，万物具有，天之所以运，地之所以处，人之所以灵，百物之所以昌，皆妙也，而皆出于元，故曰众妙之门。④

他认为万物具有"玄妙之理"，天运之妙、地处之妙、人灵之妙、万物昌盛之妙皆出自"玄"（元），所以才将"玄"称为"众妙之门"。他在注"道者，万物之奥也"时云：

> 天奥西北，郁化精也。地奥黄泉，隐魄荣也。人奥思虑，蕴至神也。天地与人，有所谓奥，而皆冒于道。道也者，难终难穷，难测难识，故为万物之奥。

---

① 张岱年：《中国哲学大纲》，商务印书馆，2015，第 88 页。
② 《宋徽宗御解道德真经》卷三，《道藏》第 11 册，第 865 页。
③ 《宋徽宗御解道德真经》卷二，《道藏》第 11 册，第 856 页。
④ 《宋徽宗御解道德真经》卷二，《道藏》第 11 册，第 843 页。

道为万物之奥，则物者道之显欤？①

　　天、地、人皆有其奥，这些奥妙皆依赖于道。道为万物之奥，但其本身则通过物而显。这就为人认识道构建了可能之基础。

　　"道以器显"与"器以道妙"之关系也被宋徽宗归入有、无关系之中，他说：

　　　　道以器显，故无不废有；器以道妙，故有必归无。②

　　"道以器显"说明的是形而上者不离于有，即道需要通过器而彰显；"器以道妙"则说明形而下者不外于无，即器之存在本根在于无，所以无不应当废有，有必复归于无。

小　结

　　本章所论议题是《老子》哲学中的基本范畴——道。本章从三个层面展开这一系列之探讨，分别为宋徽宗所论"道之体"、"道之用"与"道、物关系"。"道之体"的问题关注本体论意义上的道，"道之用"是谈道之功用，也包括道的运行规律。道之体、用是理解道物关系的根本基础，

---

　　① 《宋徽宗御解道德真经》卷四，《道藏》第11册，第876页。
　　② 《宋徽宗御解道德真经》卷一，《道藏》第11册，第849页。

而道物关系之探讨不仅有助于更进一步理解作为本体之道的具体意涵，也揭示出现象世界内诸种实践得以展开的形而上基础和所依循的根本原则。

道体问题主要涉及如何认识作为本体意义的道，包括它的存在方式、根本性质或内在本质等。本章认为宋徽宗从四个面向论及道之本体：其一，自本自根，它表明了道是永恒独立的存在、宇宙的终极和最根本者，没有任何依赖；其二，道无古今与道如太虚，这说明道是超越时间与空间的存在；其三，道兼有无，即道不仅以无为体，有也是它的存在形式，所以宋徽宗认为"弃有着空"与"徇末忘本"皆是蔽于一曲之见；其四，道体之虚、静性质，虚则不囿于形，能包纳一切实有，静则贞一而不变，它是一切"动"的初始状态。

在"道之体"的理解基础上，本章进一步探讨了"道之用"。宋徽宗认为道体具有虚、静之性，故能"应群实"与"应群动"。"应群实"实际指涉两种含义：其一，虚意味着无际，如谷之虚，即可"受而能应"；其二，虚能含蓄万象，这也意味着道可以"运量酬酢而不穷"。通过《易传》所谓"寂然不动，感而遂通天下之故"的思想，宋徽宗指出道体因静之性，故能摄天下之群动，以至有"应群动"之用。另外，"道之用"的第二个体现是"反者道之动，弱者道之用"。在形而上与形而下的关系中，"反"指向的是万物复乎至静的状态，"反"的目标是至静之道体。当然，至静则能"感而遂通天下"，所以反者可以立动。

"反"也能体现出"道之用"，即万物总是在向其本根复归。另外，在这一过程中，形下事物总是朝着相反的方向运动。站在这一立场上，对于物与物而言，"反"有相互转换之义，所以"道之用"可以表现为"弱者道之用"。"道之用"的第三个表现是"无适而不得其中"，即徽宗认为"或过""或不及"皆不是道，道的作用在于保持"中庸"。

最后，本章探讨了宋徽宗所理解的道与物之关系。宋徽宗对《老子》哲学的关注与诠释，其重心显然不是宇宙论或本体论，而是以人为中心的，即探讨什么是符合道的正确意义的理想实践。换言之，道、物关系所反映的原则将成为圣人与百姓的相应实践关系的理想参照与根本依循，这也是探讨这一问题的意义所在。笔者将宋徽宗《老子》注中所涉及的道、物关系概括为三。其一，道、物是母子关系。母子关系是道物关系的本真体现，这一比喻建立在对经验世界的观察之上，它体现出道生、养万物的功能，以及呈现"得其母，以知其子"和"知其子，复守其母"的实践意义。其二，道、物是形而上与形而下之关系，这一关系表明道是物存在的依据和本根，道主宰物、超越万物并内在于万物之中。其三，道、物是道"因物显照"之关系，宋徽宗在《老子》注中将此关系形容为"道以器显"与"器以道妙"。"道以器显"即认为物能够显道，同时，它的实践意义则在于在体道的基础上效法道。"器以道妙"说明器之妙在本体层面依赖于道。"道以器显"说明的是形而上者不离于有，"器以道妙"则说明形而下者不外于无。

神霄玉清萬壽宮詔

御製御書

道者體之可以即至神用之可以參天地擣之以治天下國家可使一世之民衆得其怡淡寂常之真而

蹄于仁壽之域朕惟是道人所固有泊建紀久得教而興俾欲革末世之流俗還淳古之朴風蓋薄矣參

道家之說獨觀希夷之妙　欽惟

長生大帝君

青華大帝君體道之妙立乎萬物之上統御神霄監觀萬國无疆之休雖眇昊符于茲誠洽感格高厚

侍臨者三元八節按中斜降浮供辰馬雲軿來饗霆交衆神羌獨天群仙翼翼浮空而來者或

攘賀鈞戎瀧玉篇致懇奮日迄爹化元畀士大夫侍衛之臣惠見悶嘆末之有威有紀述者之簡編嗚

呼朕之所以隆振道教

帝君之所以眷命字佑者自帝皇以還數千年矧道之後乃復見于今日可謂盛矣宣天之將興斯文以

道朕而告民之幸適見正于今日耶布告天下其瀹朕意毋忽仍令京師神霄玉清万寿宮刻詔于祥以

碑本賜天下如大中祥符故事藁物五石以垂无窮

宣和元年八月十二日奉聖旨立石

宋徽宗《神霄玉清万寿宮詔》碑拓片

121

第四章　心之所自得：宋徽宗《老子》注对德之阐释

《老子》分为"道经"与"德经"二部，且帛书本与汉简本《老子》乃以"德经"在前，这样的分篇结构说明道与德之范畴在《老子》文本内各有其重要意涵。

德字首见于甲骨文及金文文献中，在西周时期获得了重要的观念内涵，主要以"王德"的形式表达王"得于天命"或"以德受命"之意。[①] 诸子时代之儒家赋予了德作为理想人格应当具备的道德伦理意涵，而以《老子》为代表的先秦道家则创造性地转换了德的用意，将其与道之范畴紧密相连。[②] 历代解经者曾先后从多元释义之面向解读德在道家语境所具有的不同意涵。这些意涵大致包括五个层

---

① 关于德观念在前诸子时代的具体演变，可参见叶树勋《先秦道家"德"观念研究》，中国社会科学出版社，2022，第50-109页。
② 可参见郑开《试论老庄哲学中的"德"：几个问题的新思考》，《湖南大学学报（社会科学版）》2016年第4期，第60页。

面①：其一，将德理解为万物之所"得"义，如《韩非子·解老》言"德者，内也；得者，外也"②，或如王弼注云"德者，物之所得也"③；其二，将德理解为道之恩惠或恩德，如《河上公章句》解释"玄德"为"道之所行恩德，玄暗不可得见"④；其三，将德理解为对万物的畜养功能，如汉代贾谊《新书·道德说》云"德生物又养物"⑤；其四，将德解释为万物各自之自性或性分，如《庄子·庚桑楚》云"鸡之与鸡，其德非不同也"⑥，或如《庄子·徐无鬼》言"下之质执饱而止，是狸德也"⑦；其五，将德理解为相对独立的本体，尤其是指向"一"，如《河上公章句》解释"德畜之"为"德，一也。一主布气而畜养〔之〕"⑧。

　　相较于《老子》中的道之范畴，现代学界对德的关注

---

① 关于《老子》中德含义之研究，参见黄圣平《〈老子〉所谓"德"》，《西南大学学报（社会科学版）》2012年第1期，第135—141页；叶树勋《老子对"德"观念的改造与重建》，《哲学研究》2014年第9期，第55—62页；叶树勋《老子"玄德"思想及其所蕴形而上下的通贯性——基于通行本与简帛本〈老子〉的综合考察》，《文史哲》2014年第5期，第19—28+164页；叶树勋《先秦道家"德"观念研究》，第112—208页；闫柏潼《〈老子〉德的释义研究》，《中华老学》2022年第1期，第196—205页；罗安宪《论老子哲学中的"德"》，《甘肃社会科学》2024年第1期，第11—23页。

② （清）王先慎撰，钟哲点校《韩非子集解》，中华书局，1998，第138页。

③ 楼宇烈校释《老子道德经注校释》，第137页。

④ 王卡点校《老子道德经河上公章句》，中华书局，1993，第197页。

⑤ 《贾谊集》，上海人民出版社，1976，第145页。

⑥ 陈鼓应注译《庄子今注今译》，第604页。

⑦ 陈鼓应注译《庄子今注今译》，第631页。

⑧ 王卡点校《老子道德经河上公章句》，第196页。

是相对偏少的。① 这一现象或因认为道是宇宙、自然和人事的最终所由和最高法则，而德乃"唯道是从"，即认为德只是道的下位概念。直至近些年来，部分学者开始对德展开系统性的研究，不断指明德在《老子》思想中所具有的重要意涵。例如，郑开先生指出德具有两个面向：一方面它是具体万物各所具之性，另一方面德是万物的普遍本质，即其是作为道之同一在物中的分殊。由此，他将德定义为"性之性"。② 曹峰认为《老子》的生成论呈现两个面向或被视为两条序列，分别为"道生之"和"德畜之"。"德畜之"关注万物如何继续成长，实现和成就自我，是"作用型"。德侧重的是显现一面，代表的即是道之作用。③ 叶树勋先生对德有较成系统的关注，也有颇多研究成果。他指出德是道与万物之间的双向概念。德一方面呈现道生养万物而不为宰的"玄德"之功，另一方面表示万物各得于道并各自蕴含生长潜能的内在之性。④ 同时，他也指出，德将道落实于人间的途径涉及三个面向：在宇宙论层面，德是道弱之作用力的发动与功德，也是万物所得于道的尚未分化的潜质；在心性内在维度，德意味着人所涵持的得自道

① 叶树勋：《"德"观念在老子哲学中的意义》，《中国哲学史》2013年第4期，第19页。
② 郑开：《试论老庄哲学中的"德"：几个问题的新思考》，《湖南大学学报（社会科学版）》2016年第4期，第59-62页。
③ 曹峰：《老子永远不老——〈老子〉研究新解》，中国人民大学出版社，2018，第84-93页。
④ 叶树勋：《先秦道家"德"观念研究》，第54-55页。

的淳朴本性；在政治领域维度，圣人内葆之"恒德"成为其政治活动正当性的保证，也是道之"玄德"以圣人之"玄德"的形式在人间的施展。[①]

整体而言，德是道在人间的落实，也是人复归于宇宙之根源的途径。德解决了《老子》思想中很多看似矛盾之处，例如：道不可知与人可知道的矛盾；万物皆源于道的同一性与万物各具殊相之矛盾；人在逻辑上具有同一之道性与现世中人有圣、俗之异的矛盾。这些矛盾的解决正是通过德这一中介性范畴——在《老子》思想体系中贯穿形上世界与形下世界。

在宋徽宗《老子》注中，德是他诠释《老子》思想的重要范畴，他曾提出"道无方体，德有成亏"（德经解题）[②]，"道常无名，岂可形容？所以神其德"（第二十一章注）[③]，"道之降，而在德者尔"（第五十一章注）[④] 等命题。这些命题成为理解徽宗《老子》注之思想的重要内容。现代学界一般认为在《老子》思想中，德是贯穿形上世界与形下世界的范畴，这一观点在宋徽宗的诠释中同样得以呈现。由是，我们可以从两个面向理解德在徽宗注释文本中的含义，即分别探讨德与道的关系，以及德与人的关系，前者更多体现德的形上向度，后者则更多体现德的形下向

---

① 叶树勋：《"德"观念在老子哲学中的意义》，《中国哲学史》2013 年第 4 期，第 19-25 页。
② 《宋徽宗御解道德真经》卷二，《道藏》第 11 册，第 865 页。
③ 《宋徽宗御解道德真经》卷二，《道藏》第 11 册，第 856 页。
④ 《宋徽宗御解道德真经》卷三，《道藏》第 11 册，第 871 页。

度。以下，本章将分别论述徽宗《老子》注中的德与道之关系，德与人之关系，以期理解宋徽宗对德这一范畴的阐释。

第一节　德兼于道：宋徽宗所论德、道关系

关于德、性、命等范畴的宇宙论内涵，宋徽宗多次借用了《庄子·天地》对这些范畴的定义。《庄子·天地》云：

> 泰初有无，无有无名。一之所起，有一而未形，物得以生，谓之德。未形者有分，且然无间，谓之命。留动而生物，物成生理，谓之形。形体保神，各有仪则，谓之性。性修反德，德至同于初。

在这一述说中，《庄子》文本阐释了德、命、性、形等范畴的定义，以及从"无"到"有"和复归于"初"的双向宇宙论。泰初乃造化之始，彼时未有任何之"有"，作为存在的"无"不可得以命名与言说。这指明了道的本根性、先在性和对形下世界的超越性。其后，"无"分化为"一"，呈现混沌没有形体的状态。学界对"一"之所指存在争议，此一问题留待后论。不过，这一宇宙论描述至少说明德是道的下位范畴，并且是由道所出。同时，德是万物得以"生"的根据，"生"则是德的功用在形下世界中的最重要

的显发之一。

宋徽宗在其道家诸注中，多次直接引用或改用《庄子》中的这一表述。例如，他注《西升经》第十四章中的"天地物类，生皆从一"句时，将"生皆从一"解释为："太初有无，无有无名。一之所起，有一而未形，物得以生，谓之德。一者形变之始也，自天地至于万物，皆从此生，则天下本在是焉。"① 又如，徽宗注《老子》第二十一章"孔德之容"句②、第三十八章"上德不德"句③、第五十一章"德畜之"句④，皆将德统一解释为"物得以生，谓之德"。

在宋徽宗注中，他所论及的德与道的宇宙论关系大体可以用"德兼于道"这一命题概括。"德兼于道"出自《庄子·天地》，⑤ 意指德被统摄于道。高亨先生认为此句说明道可包含德，而德为道之用。⑥ 除此之外，在宇宙论、本体论和认识论层面，"德兼于道"句还可反映德与道之间多个层次的关系：其一，德可通于道，正如徽宗所云："（德）默与道会"；其二，德是道的下位概念，徽宗注《老子》第五十一章所称"道之降，而在德者尔"⑦ 即是此意；其三，德以显道，即徽宗注《老子》第二十一章所云：

---

① 宋徽宗注解《西升经》卷中，《道藏》第 11 册，第 501 页。
② 《宋徽宗御解道德真经》卷二，《道藏》第 11 册，第 856 页。
③ 《宋徽宗御解道德真经》卷三，《道藏》第 11 册，第 865 页。
④ 《宋徽宗御解道德真经》卷三，《道藏》第 11 册，第 871 页。
⑤ 陈鼓应注译《庄子今注今译》，第 307 页。
⑥ 梁丹丹选编《高亨文存》，江苏人民出版社，2018，第 368 页。
⑦ 《宋徽宗御解道德真经》卷三，《道藏》第 11 册，第 871 页。

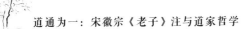

"同焉皆得，所以显道。"① 江澂对此句之疏云："德者所以阐道之幽，故有体之德所以显其道。"② 这些表达皆是以德阐道之思想的体现。以下，本节即从这三个层次述及宋徽宗所论德与道之关系。

一 默与道会

关于德之意涵，前述提及《庄子·天地》云："泰初有无，无有无名。一之所起，有一而未形，物得以生，谓之德。"其中，"泰初有无，无有无名"显然是对道之描述，而其后的"有一而未形"所指向的描述对象学界则存在争议。主流观点将此处的"一"理解为道从"无"到"有"的一种状态，如张岱年先生认为此处的"一"表示宇宙开初的混沌未分者。③ 陈鼓应先生解此句为"（道的活动）呈现混一的状态"，或认为"一"乃意指道的整全性以及万物的一体性。④ 徐复观先生引郭象注说明此处的"一"指"至妙者"，乃老子"天得一以清"之"一"，是从无到有的中间状态。⑤ 这一类解法基本认为"一"是道在无的状态之后的下一状态，乃形容道在形而上层面由无到有的过程或形成的结果。尚须注意的是，徐复观先生认为此处的"一"与"天得一以清"中的"一"同义。关于

---

① 《宋徽宗御解道德真经》卷二，《道藏》第 11 册，第 856 页。
② （宋）江澂撰《道德真经疏义》卷五，《道藏》第 12 册，第 442 页。
③ 张岱年主编《中国哲学大辞典》，上海辞书出版社，2014，第 109 页。
④ 陈鼓应：《庄子人性论》，中华书局，2017，第 72 页。
⑤ 徐复观：《中国人性论史·先秦篇》，第 340 页。

"天得一以清"句之"一"，一般都将之理解为道。例如，苏辙解此为："一，道也，物之所以得为物者，皆道也。"[①] 叶树勋先生也曾指出，对《老子》第三十九章中的"一"字，一般理解皆将其释为道，不过，《老子》第三十九章中的"一"与《庄子·天地》中"有一而未形"的"一"尚有另一种理解方式，即将"一"理解为德。叶树勋曾举严复的注释为例，后者将"得一"诠释为："是各得其一，即道之散见也，即德也。"[②] 宋徽宗与江澂对"有一而未形""天得一以清"中的"一"实际上正是持此解，将其理解为德。例如，宋徽宗注《西升经》第二十章"是以圣人知道德混沌玄同也"句时言：

> 德总乎道之所一，浑浑沌沌，终身不离，玄之又玄，众妙之门也。天得是，故无为以之清，地得是，故无为以之宁，圣人诚能两间，天道虽远，见之以心，故明于天而同乎无知。[③]

"德总乎道之所一"表示德归摄于道。此处的"一"指德与道的同一性。后文"天得是，故无为以之清，地得是，故无为以之宁"句即化用《老子》第三十九章"昔之得一

---

①　（宋）苏辙撰《道德真经注》卷三，《道藏》第 12 册，第 307 页。

②　叶树勋：《"德"观念在老子哲学中的意义》，《中国哲学史》2013 年第 4 期，第 20 页。

③　宋徽宗注解《西升经》卷中，《道藏》第 11 册，第 504 页。

者，天得一以清，地得一以宁……"句。很明显，宋徽宗认为"天得"与"地得"之"一"应该是德。这一观点将万物（包括天、地）得"一"与"物得以生谓之德"之义相综合，即认为物之所得乃是"一"，亦是德，万物因得"德（一）"而生。另外，前文曾提及宋徽宗对"生皆从一"的解释。他将"有一而未形"中的"一"与"物得以生"中的"生"结合而论，以共释"生皆从一"之义。由于"物得以生"指向的是物之得"一"，所以这一解释也表明他认为"有一而未形"中的"一"即是德。

在江澂对"上德不德"之德的疏义中，他讨论了生、德与"一"的关系：

> 原始言之，则生非德不明。要终言之，则生者德之光。堕于域中，莫不有生，而物之所以生者，得一故尔。一者何也？德几是已，庄子所谓一之所起，有一而未形，物得以生谓之德者，此也。[①]

江澂认为万物之"生"乃因德而明，万物之所以"生"的前提是各物得"一"。"一"为何指呢？江澂明确指出"一"庶几为德。显然，江澂之疏也认为"一之所起，有一而未形"指向的是德。他在引用"《庄子》所谓……"句后，加上"此也"之语，正是说明这一描述的指涉对象

---

① （宋）江澂撰《道德真经疏义》卷八，《道藏》第12册，第469页。

是德。万物获得这一具有整体性的未形之德，才各得其生。当然，江澂此疏之义应当本于宋徽宗的理解。

郑开先生曾指出德具有两个层面的含义，分别是同一和分殊。分殊一面指万物芸芸，各具其性；同一一面则指德具有抽象的普遍本质之含义，实际即"德总乎道之所一"①。就此理解而言，宋徽宗所言万物得一表明的正是万物得于道的普遍、抽象而同一之本质，亦即德所具有的同一于道的内容。以此，在注"上德不德，是以有德"时，宋徽宗言："物得以生谓之德，同焉皆得，默与道会。"②"物得以生"乃从万物的角度言及德是万物生之前提，"默与道会"是从德与道之关系角度说明德与道的同一，"同焉皆得"说明了万物得德而具有同一之道性。

由于德能与道同一或者德能默与道会，而德又是物自得以生之依据，所以德成为通于道、物的中介途径。详细而言，德通于道、物之间呈现两个向度的宇宙论或本体论意义。

其一，以道为主体视角而论，德默与道会意味着德与道在本体层面的相通。德是道在形下世界的落成，这也包括了两层含义。第一，德是万物得以生的依据和潜在之因，所以徽宗借《庄子》之语云："物得以生谓之德。"万物得德以生，并各自成形具性。第二，德在万物之中彰显道的

---

① 郑开：《试论老庄哲学中的"德"：几个问题的新思考》，《湖南大学学报（社会科学版）》2016 年第 4 期，第 61-62 页。
② 《宋徽宗御解道德真经》卷三，《道藏》第 11 册，第 865 页。

作用。形而上之道以德之形式呈现其功能于万物之中。这一呈现方式在《老子》文本中常被称为"玄德"。对于何谓玄德，宋徽宗云："生而不有其功，为而不恃其能，长而不睹其刻制之巧，非德之妙而小者，孰能与此？故曰是谓玄德。"① 其中，"玄"是至幽或妙而小之形容，物得以生即谓德。玄德正是表示万物在生、成的过程中，道所体现的不有其功、为而不恃、长而不宰的功能。

其二，以人（物）为主体视角而论，德能默与道会意味着人具有"体道"并复返于道的可能性。《庄子·天下》即提到："性修反德，德至同于初，同乃虚，虚乃大。合喙鸣。喙鸣合，与天地为合。其合缗缗，若愚若昏，是谓玄德，同乎大顺。"② 此即描述人若顺乎天性、体道而修身，即可复返于自身所得原初之德的状态，返于德则能同乎大顺（道）。宋徽宗显然接受了《庄子》的这一观点，所以在注《老子》第二十一章时，他说："性修反德，德至同于初，故惟道是从。"③ 他在《老子》第五十九章注中言"复，德之本也"亦是此意。④ 对于人而言，德是人之自得，并"有生皆全""有分皆足"。以此，由于德能默与道会，遂建构了人能通过"性修反德"而同乎大顺的本体依据。

---

① 《宋徽宗御解道德真经》卷三，《道藏》第 11 册，第 871 页。
② 陈鼓应注译《庄子今注今译》，第 321 页。
③ 《宋徽宗御解道德真经》卷二，《道藏》第 11 册，第 856 页。
④ 《宋徽宗御解道德真经》卷四，《道藏》第 11 册，第 875 页。

二　道之降，而在德者尔

在宇宙论层面，德是道的下位范畴，乃是由道所出。对此，宋徽宗注《老子》第五十一章云"别而言，则有道、德、势、物之异；合而言，则皆出于道"①，即表达无论德、物之形、势之成皆出于道。相对于物和势，德在道之所有所出中具有第一性。徽宗君臣注疏中常有如下表达："离道为德"②，"道之降，而在德者尔"③，"道散为德"④等。这表明他们认为德是道最原初之出，或最本于道的"第二范畴"。

德上可贴近于道，下则贯通于形下世界。宋徽宗注《西升经》第三十六章"道德天地"四字言："自道而降，堕于域中，天高地下，万物散殊。"⑤"降"这一动词呈现的是道在宇宙论层面的展开。对于形下世界，《老子》称之为"域中"。宋徽宗认为"自道而降，则有方体，故云域中"⑥。换言之，道之降指向的是它从形上世界向形下世界的落成。在徽宗的表达中，有无"方体"成为形上世界与形下世界的显著区别之一。道作为终极存在，显然不受"方体"之限制。自道以降，宋徽宗则认为皆有方体之限，

---

①　《宋徽宗御解道德真经》卷三，《道藏》第 11 册，第 871 页。
②　《宋徽宗御解道德真经》卷一，《道藏》第 11 册，第 855 页。
③　《宋徽宗御解道德真经》卷三，《道藏》第 11 册，第 871 页。
④　（宋）江澂撰《道德真经疏义》卷五，《道藏》第 12 册，第 442 页。
⑤　宋徽宗注解《西升经》卷下，《道藏》第 11 册，第 511 页。
⑥　《宋徽宗御解道德真经》卷二，《道藏》第 11 册，第 859 页。

德亦不例外。所以，徽宗注《老子》第二十一章时明确提到"德有方体"，在"德经"之解题中提到"道无方体，德有成亏"。德有"方体"或"成亏"并不意味德是具有形状的实体。德是道之降的产物，并且已经不是纯粹的无，所以德具有受到形而下之限的可能性。当然，在徽宗的理解向度里，他重视的说法实际上是"德有成亏"。"德有方体"是"德有成亏"之可能性的前提，而"德有成亏"则成为解释万物分殊的缘由，以及理解徽宗修身论与治国论的先在条件之一。"德有成亏"包括了德之成与德之亏两种可能。宋徽宗在为《老子》"德经"解题时云：

> 道无方体，德有成亏，合于道则无德之可名，别于德则有名之可辨，仁义礼智，随量而受，因时而施，是德而已，体道者异乎此，故列于下经。①

此段主要解释为何"德经"在篇序上列于"道经"之下。根据文本之意，德实际上兼有形而上与形而下之特质。一方面，德可与道相合，它能与道冥乎一致，遂"无德之可名"。此种德即为玄德或上德，乃可以同乎大顺。这实际上即是德之成。另一方面，因为德乃降于形下之域，所以具有方体之限，即德有亏之可能性，即所谓"失德"。根据《老子》第三十八章"失德而后仁，失仁而后义，失义而

---

① 《宋徽宗御解道德真经》卷三，《道藏》第 11 册，第 865 页。

后礼"句，徽宗认为德之亏即是"别于德"，遂有仁、义、礼、智之分。江澂在其疏解中，对宋徽宗之注予以进一步解释：

> 盖德有上下，惟知崇之，然后能进而上之，以至于成，不然则亏也。德有小大，唯知修之，然后进而大之，以至于成，不然则亏也。庄子曰："德成之谓立。"则德固有成也。又曰："义可亏也。"则德固有亏也。自其同者视之，则合于道，无德之可名，杨雄所谓"合则浑"，庄子所谓"德总乎道之所一"也。自其异者视之，则别乎德，有名之可辨，杨雄所谓离则散，经所谓"大道废，有仁义"是也。①

江澂引《庄子》"德成之谓立""义可亏也"句，认为德有上、下、小、大之分，惟有贵之、崇之、修之，则能使"下德"进为"上德"，"小德"进为"大德"。"上德""大德"显然是德之成，而"下德""小德"则是德之亏。以此，根据徽宗与江澂的解释，他们认为德在本体意义上不仅有形而上之一面，乃可与道相合，即德之成，亦具有形而下之特质，即德有方体，尤其是具有亏的可能性。在徽宗的其他注解中，他曾使用"以强胜人，是谓凶德"②，

---

① （宋）江澂撰《道德真经疏义》卷八，《道藏》第 12 册，第 468-469 页。
② 《宋徽宗御解道德真经》卷二，《道藏》第 11 册，第 861 页。

"险德以行"①，"理相夺予，威德是也"②，"富贵而骄，则害于德"③ 等注解来表达造成德之亏的缘由。这也说明宋徽宗认为德之亏是由于后天的不恰当行为而形成。

据此，宋徽宗所述之德在本体层面兼具形而上与形而下之特质。在形而上的一面，上德、玄德、全德能同乎道，即徽宗所谓"合于道则无德之可名"，江澂所云"自其同者视之，则合于道，无德之可名"；德之形而下的一面体现于德是道之降者，亦是万物之所得，所以徽宗认为德有方体，即存在亏的可能性。

三　德者，所以阐道之幽

道是不可被直接认知的，这是《老子》首章即已表达的观念。徽宗也多次强调道的不可知，如其引《庄子》之语注释《老子》首章云："无始曰：'道不可言，言而非也。'又曰：'道不当名。'可道可名，知事物焉，如四时焉，当可而应，代废代兴，非真常也。"④ 这说明了道的不可名状，可名、可道者乃是世间平常事物。不过，在《老子》思想中，道的内在本质和运行规律是人之修身与治世实践的总依据，这就潜在意味着人是能够体道的。道的不可名与人具有体道的可能性遂构成《老子》思想中看似矛

① 《宋徽宗御解道德真经》卷二，《道藏》第 11 册，第 864 页。
② 《宋徽宗御解道德真经》卷三，《道藏》第 11 册，第 865 页。
③ 《宋徽宗御解道德真经》卷一，《道藏》第 11 册，第 848 页。
④ 《宋徽宗御解道德真经》卷一，《道藏》第 11 册，第 843 页。

盾的一组观念。以此，在道不可名的前提下，认知主体体知道之途径即成为《老子》认识论的核心问题。

对于此问题，在《老子》注的文本中，宋徽宗大致从两个逻辑层面论述了人体知道的本体论根据，包括以有观无和以德显道。

在第一层逻辑上，宋徽宗认为应从有观无。他在注"故有之以为利，无之以为用"句时云：

> 天地之间，道以器显，故无不废有；器以道妙，故有必归无。木挠而水润，火爆而金坚，土均而布，稼穑出焉，此有也，而人赖以为利。天之所以运，地之所以处，四时之所以行，百物之所以昌，孰尸之者？此无也。[①]

《老子》这句原文中的"无"指的是现象界的无，宋徽宗则将其发挥，指向超现象界的无，即道本身。"人赖以为利"的现象界诸种"有"，其本根则是主四时之行、百物之昌者，即是"无"。无的作用通过有而显现，所以徽宗云"道以器显"，即道乃是在诸种形而下之物中显露。宋徽宗特别强调应有、无并观，注"常无，欲以观其妙；常有，欲以观其徼"句时，徽宗言："常无在理，其上不皦，天下之至精也，故观其妙。常有在事，其下不昧，天下之至变

---

① 《宋徽宗御解道德真经》卷一，《道藏》第11册，第849页。

也，故观其徼。有无二境，徼妙寓焉。大智并观，乃无不可。"① 江澄之疏认为"常无在理"指的是"未始有物，隐而难知，虽有神视，莫见其形"，这实际上是对道的形而上状态的描述，而"常有在事"指的是"兼该众美，显而易见，职职陈露，匿而可为"，描述的是道在形下世界的作用与显现。② "常无在理"即体道之虚静，可以观其妙，"常有在事"则是通过纷繁之现象界观道寓于万物中，即观其徼。这也说明了可以通过现象界体知道。但是，这样的说法仍然显得笼统，实际上并未明确表明如何能通过现象界去体知道，或者现象界能够体知道的本根依据何在。

对此，宋徽宗在其注释中明确说明了人为何能通过现象界体知道的依据，这也是前述第二层逻辑。注"孔德之容，惟道是从"句时，徽宗言："道常无名，岂可形容？所以神其德。德有方体，同焉皆得，所以显道。"③ 他认为道不可名状，亦无法形容，所以通过德来彰显其妙用。同时，德之所以能够显道，即在于德有方体之限。德是人之所内得，因而人具有认识德的可能性。人能够体知德，即成为人能够体知道的根据。江澄对此句之疏亦认为："然德兼于道，则道者所以微德之显，故无名之道所以神其德；道散为德，则德者所以阐道之幽，故有体之德所以显其道。"④

---

① 《宋徽宗御解道德真经》卷一，《道藏》第 11 册，第 843 页。
② （宋）江澄撰《道德真经疏义》卷一，《道藏》第 12 册，第 398 页。
③ 《宋徽宗御解道德真经》卷二，《道藏》第 11 册，第 856 页。
④ （宋）江澄撰《道德真经疏义》卷五，《道藏》第 12 册，第 442 页。

他认为德统摄于道，即能通过德显示道微妙之功，而德是道之分，且有方体，故可以通过它阐道之幽。

在对"知其白，守其黑，为天下式"一句的解释中，宋徽宗亦通过圣人之视角探讨了体知道的方式，其言云：

> 白以况德之著，黑以况道之复。圣人自昭明德，而默与道会，无有一疵，天下是则是效，乐推而不厌，故为天下式。①

宋徽宗并未依照一般的解释将白与黑视作对现象界的描述，而认为白是比拟德之显著，黑是比拟道之复归的状态。他认为，圣人之所以能成为天下范式，乃在于圣人能体知、显明玄德，且可虚己致一，言行与道相默契。根据徽宗之理解，圣人对道的体知依据显然是"知其白"，而此处之"白"指向的即是德。

第二节　道之在我：宋徽宗所论德、人关系

德在西周以来即已成为与人直接有关联的范畴，如徐复观先生认为德在周初表示人的具体的行动，有类似"吉德""凶德"之谓。② 郑开先生认为西周初的德双关于天命

---

① 《宋徽宗御解道德真经》卷二，《道藏》第 11 册，第 860 页。
② 徐复观：《中国人性论史・先秦篇》，第 23 页。

与人道，以将人道的因素引入政治理论的核心。① 先秦道家哲学将德的根源性主体从天变革为道，不过德之范畴最终关涉的仍然是人事。德是道在人间的具体落实和行动规范。

在宋徽宗对《老子》哲学的解读中，德是贯通形下世界与形上世界的重要范畴，他提出德可见于事，亦可复于道即是此意。其中，"德之见于事"乃是指向人事之德。以下，笔者试图总结宋徽宗所论德与人之关系。

一　"德者，心之所自得"

在宋徽宗《老子》注中，他释"道德"之题云："道者，人之所共由。德者，心之所自得。"② 其中，关于德的释义包括了三个关键主题词，即"心""自""得"。"得"是获取义，表示德是人有所得于道。万物从道之所得内在于万物中，成为万物之所以为万物的根源。这种"得"是同然皆得，即所有人都有所得于同一之本根。"自"表示所"得"之方向性源头并非来自任何外部，而是人自身。因为万物从道之所得内在于自身，此即是人之德。人之德具有先在性，人对德之体认应当向内而悟。以此，江澂之疏云："（德）不藉外而修，不因人而致，于己取之而已矣，岂他求哉。"③ "心"则表示人通过自身之心以悟知德。德在西周以降即已明显与心相联系，遂有"悳"字形的出现。所

① 郑开：《德礼之间：前诸子时期的思想史》，三联书店，2009，第269页。
② 《宋徽宗御解道德真经》卷二，《道藏》第11册，第843页。
③ （宋）江澂撰《道德真经疏义》卷一，《道藏》第12册，第396页。

以，江澂认为"制字者以直心为德"，这说明人是通过心而悟知德，他也进而总结云："道德之常，非言音所能该，非浅见所能测，惟心悟神解，自得于言意之表，识之以不识，而资之深者，于是书为庶几焉。"① 对"道德之常"的体知，正是通过人之内心的体悟与神解。

宋徽宗在《老子》注中多次提出应"自得其得"。例如，注"下德为之而有以为"句时，宋徽宗言：

> 离形去智，通于大同，仁义礼智，盖将简之而弗得，故无以为。屈折礼乐，呴俞仁义，以慰天下之心，得人之得，而不自得其得，故有以为。②

宋徽宗在此段区分了"无以为"与"有以为"。不碍于形，不累于知，无执于仁义礼智，即是"无以为"；矫饰礼乐，标榜仁义，以安慰天下人之心，则是"有以为"。"有以为"乃是"得人之得"，而"无以为"是"自得其得"。注第二十三章"同于失者，失亦得之"句时，宋徽宗也提到"自得其得"之说法，其语云："道者同于道，德者同于德，失者同于失，而不自得其得，则其得之也，适所以为失欤？"③又，宋徽宗注第七十九章"无德司彻"中的"无德"言："无德者，不自得其得，而得人之得，方且物物求通而有和

---

① （宋）江澂撰《道德真经疏义》卷一，《道藏》第 12 册，第 397 页。
② 《宋徽宗御解道德真经》卷三，《道藏》第 11 册，第 865 页。
③ 《宋徽宗御解道德真经》卷二，《道藏》第 11 册，第 858 页。

怨之心焉。"① 他认为无德之人，乃是"得人之得"，这也是为何会出现"失者同于失"的缘由。当然，有德之人则是能够"自得其得"之人。"自得其得"出自《庄子·骈拇》，其文云：

> 吾所谓聪者，非谓其闻彼也，自闻而已矣；吾所谓明者，非谓其见彼也，自见而已矣。夫不自见而见彼，不自得而得彼者，是得人之得而不自得其得者也，适人之适而不自适其适者也。②

《庄子》此段认为"聪者"非闻于彼，而是自闻，"明者"非见于彼，而是自见。闻于彼与见于彼，乃是试图得于彼，是所谓"得人之得"，这不符合《庄子》此段所谓"聪者""明者"。"聪者""明者"是"自得"之人，他们能够"自得其得"。"自得其得"包含两个得字。前一得字表示获取或体知，后一得字表示己之所得，即本身之德。"自得其得"正是强调人体知德的方向不应是外求于非己之德，而是返归、体知自我所含之德。正因如此，宋徽宗认为无德者乃是"得人之得"的人，有德者才是能够"自得其得"之人。

"自得其得"的说法依据两个得字包含了两层含义：其

---

① 《宋徽宗御解道德真经》卷四，《道藏》第11册，第883页。
② 陈鼓应注译《庄子今注今译》，第253页。

一，任何人皆有获得于道之德，这是具有先天性的已含之德；其二，人应向内返归或体知于已含之德，而非向外求，即所谓自得。"德者，心之所自得"这一论述亦包含这两种含义。德为人分有于道，是人之为人的根本，是人自身所得之本体。同时，人之实践应以己之"心"神解、体知于自身内在之德。在潜在内涵上，这一论述意味着人实际上有两种德。第一种德是先天之德，即人所分有之道，其以德之方式内在于人；第二种德是后天之德，即人对己身之德的体认或复归。先天之德可被称为"天德"，叶树勋先生曾指出《庄子》常用"天""真"等术语对人的生命本然之德加以规定。①"天德"之谓乃形容人先天具足的本然之德。在宋代的思想话语中，先天之德亦常被称为"天德"，如司马光认为仁义即是"天德"，乃"凡物之有性识者咸有之"。②宋徽宗君臣之《老子》注中，也曾言及"天德"之概念。例如，注《老子》第二十一章"其精甚真"时，宋徽宗云："精者，天德之至，正而不妄，故云甚真。"③他认为"精"为"天德"之极致，故云甚真。章安之义解也认为"精"为真之至，因为其乃"一而不离，全乎天德"④。德有先天与后天之分除了说明人有先天具足的内在之德，亦表明人的先天之德有被遮蔽或暂时破坏的风险。

---

①　叶树勋：《先秦道家"德"观念研究》，第243-271页。

②　《司马光全集》卷六七，李文泽、霞绍晖点校，四川大学出版社，2010，第1394页。

③　《宋徽宗御解道德真经》卷二，《道藏》第11册，第857页。

④　（宋）章安撰《宋徽宗道德真经解义》卷四，《道藏》第11册，第914页。

以此，宋徽宗在《西升经》序中言："道德，人所固有也，昧者常失之。"① 这说明他认为昧者有失先天之德的可能，也即德有亏的可能。在对《老子》第五十五章"含德之厚"四字的解释中，宋徽宗云："惟民生厚，因物有迁，含德之厚，不迁于物，则气专而志一。"② 这说明他认为任何人都有生而厚之德，只是受后天之扰，造成先天之德有所变迁。

二 "离道为德，是名圣智"

人分有道之一体，此即为先天具足之德。宋徽宗在《道德经》解题中说："德者，充一性之常存。"③ 充于人之一性，且能常存者即是先天具足之德。江澂对徽宗序之疏解亦言："德之在人，有生皆全，有分皆足，有一未形，物得以生。"④ 他认为先天之德内在于人，"有生皆全"和"有分皆足"表明任何人都在先天层面具足完满之德，未尝有缺。此德是"有一未形"者，成为物得以生的本体依据。

虽然人人皆具有先天之德，且"有生皆全，有分皆足"，但有一个明确而无可回避的事实，即人有圣、愚之分。宋徽宗对"下德为之"的解释中，即提到："德有上下，此圣贤之所以分欤？"⑤ "圣"乃是圣人，"贤"则是

---

① 宋徽宗撰《西升经序》，《道藏》第11册，第489页。

② 《宋徽宗御解道德真经》卷三，《道藏》第11册，第873页。

③ 《宋徽宗御解道德真经》卷一，《道藏》第11册，第843页。

④ （宋）江澂撰《道德真经疏义》卷一，《道藏》第12册，第396页。

⑤ 《宋徽宗御解道德真经》卷三，《道藏》第11册，第865页。

"不尚贤"中的"贤"。宋徽宗认为圣人葆有"上德"，而贤者则是呈现"下德"。"上德"是先天具足之德，而"下德"只可能是后天之德。"上德"是对"天德"的葆有或复归，"下德"对"上德"有所遮蔽或有所违背。在本质上，"上德"同乎大顺，而"下德"呈现不同程度的与道相偏离。

对道之偏离被宋徽宗称为"离道为德"，在注《老子》第十九章时，其言云：

> 道与之性，一而不杂，离道为德，是名圣智。圣智立，而天下始有乔诘卓挚之行。惊愚而明污，誉尧而非桀，则圣智之利天下也少，而害天下也多。绝而弃之，与道同体，则各安其性命之情，其利博矣。[①]

人的原初之性，乃得于道，遂妙本浑全，一而不杂。只是由于人之心与道相违，才造成"离道为德"的现象。这一现象也被宋徽宗定义为"圣智"之立。在徽宗《老子》注中，"圣"在大多数情况下并非贬义之指，圣人本就是道在人世的代表。"智"亦并非一绝对贬义字，例如，宋徽宗提倡应"大智并观"，"大智"相对于"小智"，乃徽宗所肯定之义。那么，何为宋徽宗所谓"圣智"呢？黄昱章认为"圣智"不应表示"圣人之智"，乃是"绝圣弃智"中

---

① 《宋徽宗御解道德真经》卷一，《道藏》第11册，第855页。

"圣"与"智"之省称，其意指是标立"圣智"之名而外求于道。① 这一说法大致成立。江澂解"圣智"为"因愚显智，遂有圣名"，即把"圣"作名解。② 章安解义云："圣以能化为体，智以知人为用。上以圣智临下，则民争事于圣智之迹。"③ 这一解释认为"圣智"是一种政治实践，会产生"圣名"。"圣名"之有，则导致天下有乔诘卓挚之行，才会"誉尧而非桀"。

"离道为德，是名圣智"中的"为"不作"是"解，乃是行为义，指背离于道而刻意有为于德。这实际包含两个层面的含义：其一，一切背离于道的行为；其二，人之刻意有心为德。背离于道的行为会遮蔽或丢失人的先在之德，例如宋徽宗注《老子》第三十章言："以强胜人，是谓凶德。"④ 又如注《老子》第九章言："富贵而骄，则害于德。害于德者，能免于患乎？"⑤ 刻意有心为德同样亦会带来德之失的结果。在注"圣人为腹不为目"时，宋徽宗先以《周易·说卦》之"离为目"的观点，将"目"解为"外视"，指出圣人应"去彼外视之目"。其后，宋徽宗又借《庄子·列御寇》之语表达他对"为德"的否定，其言云："《庄子》曰：'贼莫大于德有心而心有眼'。故圣人去

① 黄昱章：《宋徽宗〈御解道德真经〉之研究》，第123-124页。
② （宋）江澂撰《道德真经疏义》卷五，《道藏》第12册，第436页。
③ （宋）章安撰《宋徽宗道德真经解义》卷三，《道藏》第11册，第911页。
④ 《宋徽宗御解道德真经》卷二，《道藏》第11册，第861页。
⑤ 《宋徽宗御解道德真经》卷一，《道藏》第11册，第848页。

之。"①《庄子》的原句作"心有睫"，宋人林希逸即释睫云
"于其有心之中而又有思前算后之意，喻如心又开一眼"②，
而宋徽宗则径直将"睫"改写为"眼"，以与"目"直接
对应。徽宗改用《庄子》之语在于表达圣人不应刻意有为
于德。宋徽宗注《老子》第三十八章时，区分了他所理解
的"上德无为而无以为"与"下德为之而有以为"。他认
为"上德无为"表示"不思而得，不勉而中，不行而至"，
而"下德为之"则是"不思则不得，不勉则不中，不行则
不至"。③"不思而得，不勉而中"这一观点取自《中庸》，
其具体表述如下："诚者，天之道也；诚之者，人之道也。
诚者，不勉而中，不思而得，从容中道，圣人也。诚之者，
择善而固执之者也。"④其中，"诚者，天之道也"与"不
勉而中，不思而得"指向的正是"诚者"不外借后天的努
力与思考而自得内在之"诚"，"诚之者"等句则是表达需
要通过后天人为的努力与实践以发明"诚"。正如江澂之解
云"自诚而明谓之道，自明而诚谓之教"⑤，道是因内在之
"诚"而后自"明"，而"教"是通过后天之"明"以发
明"诚"。这是圣人与贤人的区别之处。宋徽宗借《中庸》
此语注释《老子》，正是为了表达"上德"是内在的，无
须向外获取，其自身能够"不思而得，不勉而中"。相反，

---

① 《宋徽宗御解道德真经》卷一，《道藏》第 11 册，第 850 页。
② （宋）林希逸撰《南华真经口义》卷三一，《道藏》第 15 册，第 881 页。
③ 《宋徽宗御解道德真经》卷三，《道藏》第 11 册，第 865 页。
④ 王国轩译注《中庸》，中华书局，2006，第 101 页。
⑤ （宋）江澂撰《道德真经疏义》卷八，《道藏》第 12 册，第 469 页。

"下德"才是"不思则不得，不勉则不中，不行则不至"，此等行为乃有心为德，已偏离于道。①

总之，宋徽宗认为人因自得于道，自身具足先天之德，不应外得于德，更不应有心为德。刻意有为于德是违道之举，会产生"圣智"，即所谓"屈折礼乐，吁俞仁义"②或"蹩躠为仁，踶跂为义"③，其结果是"利天下也少，而害天下也多"。圣人应当绝而弃之，并追求与道同体，则天下之民才能各安其性命之情。

三 "德之复于道"与"全德"之人

"离道为德"解释了德是如何被遮蔽或破坏的，而宋徽宗同样在《老子》注中提出了后天重新保持德的可能性，

---

① 黄昱章在其论文中探讨何谓宋徽宗所认为的"上德"时，也曾引用过此一注解，并详细分析了《中庸》中这一段话在儒家语境中的具体含义。他指出《中庸》之义乃区分了"诚者"与"诚之者"两种类型，"诚之者"亦可通过"择善而固执之"以达到"诚者"的境界，而宋徽宗之注则并不关注"择善"的问题。他的解读为我们很好地展示了宋徽宗的理解与儒家观点的不同之处。见黄昱章《宋徽宗〈御解道德真经〉之研究》，第117-118页。另外，笔者认为徽宗此注还应结合他随后对"下德为之"的注释去理解，即"不思而得⋯⋯"与"不思则不得⋯⋯"正是"上德"之人与"下德"之人在实践意义上的区分。《中庸》中的"诚者，天之道也"与"诚之者，人之道也"，在宋徽宗的解释逻辑中，实际上与《庄子》中的"自然"与"人为"之区分相呼应。以此，徽宗指出那些"不自得其得"者往往会"屈折礼乐，吁俞仁义"。从这一注解中，我们可以看到一方面宋徽宗试图调和儒道观念，而引儒家经典注《老》；但另一方面，他的注释理路深受《庄子》影响，使得他的调和尝试往往仅停留在表面层次。参见《宋徽宗御解道德真经》卷三，《道藏》第11册，第865页。
② 《宋徽宗御解道德真经》卷三，《道藏》第11册，第865页。
③ 《宋徽宗御解道德真经》卷一，《道藏》第11册，第855页。

以及实现"全德"的境界。

《老子》哲学较为明确地提出了复归于道的问题。《老子》第四十章揭示了道回归于其根源的运动方式，即"反者道之动"。由于道是万物的总规律与法则，万物的生命自然演化亦遵循道的基本运动规律，即《老子》第十六章所云"夫物芸芸，各复归其根"。"复归其根"也是"复命"，即万物各自回归至它们原本由天所赋命的状态。对于人而言，"复归"亦成为修身论的重要原则，所以《老子》第二十八章先后言"常德不离，复归于婴儿"，"常德不忒，复归于无极"，"常德乃足，复归于朴"等语。

在人向道回归的过程中，德是必要的环节。前引《庄子·天地》"泰初有无"段，文本作者讲述完德、命、形、性的各自定义后，云："性修反德，德至同于初。……其合缗缗，若愚若昏，是谓玄德，同乎大顺。"① 此处的"性修反德"指通过性之修养而使德复返。德之"反"是复归于"一"之所起的状态，即后天之德合于"天德"。德所返的最终目标则是"德至同于初"。这里的"初"指向道本身，例如陈鼓应先生即注"初"为"太初"。② 最终，德回归并冥合于道，此即为"玄德"。从这段论述可知，人在回归其本根的过程中，德起到了至关重要的作用。

宋徽宗注《老子》第二十八章"知其白，守其黑，为天下式。为天下式，常德不忒，复归于无极"一句时，以

---

① 陈鼓应注译《庄子今注今译》，第321页。
② 陈鼓应注译《庄子今注今译》，第323页。

圣人为例探讨了圣人通过德复归于道的状况：

> 圣人自昭明德，而默与道会，无有一疵，天下是
> 则是效，乐推而不猒，故为天下式。正而不妄，信如
> 四时，无或差忒，若是者难终难穷，未始有极也。故
> 曰常德不忒，复归于无极。《书》于《洪范》言王道
> 曰归其有极，老氏言为天下式，曰复归于无极。极，
> 中也。有极者，德之见于事，以中为至。无极者，德
> 之复于道不可致也。①

宋徽宗将"为天下式"的主体视为圣人，认为圣人能自我
彰明内在于己之德，从而复归于道，实现与道冥合的状态。
以此，圣人道德纯备，无有瑕疵，成为天下人之轨范与所
效之对象。对于"复归于无极"一句，宋徽宗借诠德之义
试图融合儒、道之德的概念。《老子》本只言及"无极"，
而宋徽宗却引《洪范》之句言王道乃归其"有极"。对于
"有极"，宋徽宗认为是德之见于事，即在现象界呈现德的
状态，应持守中道；对于"无极"，宋徽宗则解释为德之复
归大道，并强调不可刻意为德。在整段注解中，宋徽宗提
出了圣人默与道会的途径，即需要"自昭明德"。他也指出
了"自昭明德"的结果，即"德之复于道"。这说明他认
为人之复返于道的前提是能"自昭明德"，而最终结果则是

---

① 《宋徽宗御解道德真经》卷二，《道藏》第 11 册，第 860 页。

人通过德向道之复归。

在徽宗《老子》注中，涉及德与"复"之关系的还有第五十九章"夫唯啬，是以早复，早复谓之重积德"的注解。需要说明的是，此句的两个"复"字在帛书乙本和王弼本中皆被写作"早服"，而多种宋代《老子》版本作"早复"。① "早服"之"服"被释为"服于（道）理"② 或"准备"③，这显然与"早复"的意思不同。对此句之义，宋徽宗注云：

> 迷而后复，其复也晚矣，比复好先，啬则不侈于性，是以早复。
>
> 复，德之本也。复以自知，则道之在我者，日积而弥新。④

"复"在徽宗注中被理解为复返，他认为"迷而后复"为时已晚，所以应"早复"。其后，徽宗借《周易·系辞下》的"复，德之本也"和"复以自知"两句解释"复"与德的关系。在《周易·系辞下》中，"复，德之本也"表示复卦之大义为回归于善道，这是德之根本⑤，而"复以自知"表示复卦之用乃养成自我的审知。在《周易》的语境

---

① 高明校注《帛书老子校注》，第160页。
② 高明校注《帛书老子校注》，第160页。
③ 高明校注《帛书老子校注》，第284页。
④ 《宋徽宗御解道德真经》卷四，《道藏》第11册，第875页。
⑤ 黄寿祺、张善文撰《周易译注》，第677页。

下，德与善密切相关，复则表示回归于善道。宋徽宗所释之复仍然是回归义，但是德之义与复所指向的对象被重新建构，即复归于在我之道。这一解释表明人修德的根本在于"复"，即使人之德复归于朴，这样的境界即是宋徽宗所言"德至同于初"。德同于初，亦是德全之境界。以此，宋徽宗多次使用"全德之人"作为修身论的最终实践目标，以下呈列数例：

> 全德之人，远之则有望，近之则不厌，故其状义而不朋。[1]（《老子》第十五章注）

> 致曲而已，故全而归之，可以保身，可以尽年，而不知其尽也。是谓全德之人，岂虚言哉？[2]（《老子》第二十二章注）

> 真伪两忘，是非一致，是谓全德之人。此舜之于象，所以诚信而喜之。[3]（《老子》第四十九章注）

> 若是者，其天守全，其神无郄，物奚自入焉？虽忤物而不慑，物亦莫之能伤；纯气之守，非智巧果敢之列

---

① 《宋徽宗御解道德真经》卷一，《道藏》第11册，第852页。
② 《宋徽宗御解道德真经》卷二，《道藏》第11册，第857页。
③ 《宋徽宗御解道德真经》卷三，《道藏》第11册，第870页。

也。是谓全德之人哉。[①]（《列子·黄帝》注）

"全德"和"全德之人"之谓未见于《老子》，而在《庄子》的文本中数次出现。对于《庄子》中的"全德之人"，叶树勋先生曾指出其具体指向为人通过德之"悬解"，以自免于"德之累"，让天真之德始终不离的个体生命期待。[②]宋徽宗基本沿用《庄子》中"全德之人"的意涵，将其视作修身实践的理想范式。在上述徽宗注文中，他认为"全德之人"能守其纯气，辨乎真伪，以致物莫能伤。"全德之人"的境界实际上即是圣人的境界，这也是德在于人的最终实现境界，以及德论所呈现的现实意义。

小　结

本章主要关注宋徽宗《老子》注对德之范畴的阐释。道与德皆是《老子》哲学中的重要范畴，如果说道是第一范畴，则德无疑是第二范畴。德之范畴的道家化创新是先秦哲学的重要贡献之一，它实际上打破了本体与现象之间的对立关系，而成为道与物之间的重要中介。它也解决了作为超越性的道如何可能内在于现象世界中的问题。道通过德的方式可降于域中，而人通过回归于德的途径向道复

---

① （金）高守元撰《冲虚至德真经四注》卷六，《道藏》第15册，第54页。
② 叶树勋：《先秦道家"德"观念研究》，第152–153页。

归。以此，它不仅具有构建形上、形下世界一贯性的重要宇宙论意义，也为形下世界能够向形上世界复归提供了根本的依据。

在宋徽宗之《老子》注中，德是他诠释对《老子》思想之理解的重要范畴，他曾提出"道无方体，德有成亏"，"道常无名，岂可形容？所以神其德"，"道之降，而在德者也"等诸多命题。这些命题成为理解徽宗《老子》注之思想的重要内容。本章尝试通过探讨两种关系来展开对宋徽宗所释德义的理解，分别为德与道之关系和德与人之关系。

前者侧重在德与道的关系中表达德所具有的宇宙论、本体论和认识论意义。概括而言，德与道之关系大略有三。其一，德可通于道，即徽宗所说德能够"默与道会"。这一关系具有两层含义：德与道在本体意义上相通，以及形而下之物（人）具有"体道"并复返于道的可能性。其二，德是道的宇宙论第一下位，即"道之降，而在德者尔"。这一关系意味着德兼具形而上与形而下之特质。在形而上的一面，"上德""玄德""全德"能同乎道，即徽宗所谓"合于道则无德之可名"；在形而下的一面，德又有方体，即存在亏的可能性，所以有所谓"凶德""险德""威德"。其三，德可以显道，此即徽宗所云"同焉皆得，所以显道"。这一关系表明德能显示道的微妙之功，能阐道之幽。这也为《老子》哲学指向于道的认识论提供了合理的逻辑可能。

德与人之关系侧重表达"德之在人"的状况，这一关系涉及理解德之实践论与目的论。具体而言，宋徽宗认为德是心之所自得，任何人都有生而厚之德，但一切"离道为德"的行为会造成先天自有之德的损失或被遮蔽。当然，宋徽宗认为后天可以"去德之累"，这一途径即是复返其德，以实现"德至同于初"。成为"全德之人"则是宋徽宗德论的终极目标。

需要说明的是，宋徽宗之德论试图融合《老子》话语中的德、《庄子》语境中的德以及儒家字面意义的德。《老子》原始语境中的德之含义是宋徽宗注《老子》之德论基础，包括德论的宇宙论与本体论内涵，此不赘述。宋徽宗《老子》注最重要的特点之一是大量吸纳了《庄子》的语言和思想，这明确体现在他对德之阐释中。叶树勋先生曾比较《庄子》之德论相较于《老子》德论的变化，指出《庄子》的德论更侧重从万物的向度论德，而非道之角度，并且德在心性维度之意义更加深厚，在个人行动上也开始具有涉他性。[1]宋徽宗对德的阐释基本融合了《庄子》之德的转变。例如，宋徽宗采用《庄子·天下》对德之定义，而侧重阐释德是万物之自得，呈现德于个体之意义。对于人而言，宋徽宗阐释了类似"逆德""凶德""害于德"等称谓所表达之"离道为德"行为对德的破坏与遮蔽，这实际上即是《庄子》表达的德之受累的状态。宋徽宗也多次

---

①　叶树勋：《先秦道家"德"观念研究》，第527-529页。

使用《庄子》中的"全德"或"全德之人"的概念，以论述修身实践的理想目的或范式。另外，宋徽宗之《老子》注也尽力调和道家之德的范畴与儒家之德的范畴，尽管这种调和多只借用其字面意义。例如，宋徽宗以《易传·系辞下》的"复，德之本也"和"复以自知"句，解释《老子》中的"复"与德的关系。① 又如，宋徽宗以《中庸》中的"远之则有望，近之则不厌"句来形容"全德之人"②。这些注解方式都能体现宋徽宗调适儒、道思想的意图，同时，这些丰富的诠解内容也使《老子》中的德之含义变得更加多元与立体。

---

① 《宋徽宗御解道德真经》卷四，《道藏》第 11 册，第 875 页。
② 《宋徽宗御解道德真经》卷一，《道藏》第 11 册，第 852 页。

第五章　性与生俱：宋徽宗《老子》注对性之阐释

　　宋学的基本特征之一乃重视心性或性理之学，这一特征在北宋中期以后逐渐显明。在此以前，以柳开、石介、欧阳修为代表的儒家学者对心性之学关注相对较少，欧阳修甚至有言："夫性，非学者之所急，而圣人之所罕言。"[①]张载、王安石和二程则代表了北宋中期以来宋学的重要转向，他们的共通处之一是都颇为关注心性之学。张载之"性二元论"、王安石的"性情一也"之论和程颐的"性即理"之说皆对儒家心性之学有若干发明，这些学说之流行也奠定了后世宋学重视探讨性理内容的转变。[②] 其中，王安石对心性之学的重视亦影响到北宋《老子》注的诠释。

　　关注北宋老学史的学者诸如刘固盛先生、尹志华先生和江淑君先生等人，皆认为自唐代始已有注释者以性命修

[①]　《欧阳修全集》，李逸安点校，中华书局，2001，第669页。
[②]　陈植锷：《北宋文化史述论》，中国社会科学出版社，1992，第218-259页。

养诠释《老子》的现象，但至北宋，这一现象才相当普遍，并成为北宋老学发展的一个鲜明特色。① 这一现象与王安石对"道德性命"之学的重视不无关系。例如，蔡京之弟蔡卞有云：

> 宋兴，文物盛矣，然不知道德性命之理。安石奋乎百世之下，追尧舜三代，通乎昼夜阴阳所不能测而入于神。初著《杂说》数万言，世谓其言与孟轲相上下，于是天下之士始原道德之意，窥性命之端云。②

《淮南杂说》乃王安石初登仕途之作，在当时影响颇大，其思想特色之一即蔡氏所云"原道德之意，窥性命之端"。王安石对"道德性命"这一问题的关注也体现于他后来的诸种论著中。在王安石《老子》注中，即可见他以"穷理尽性，至于复命"之理释《老子》第四十八章和第五十九章。③ 此后，包括王雱、陆佃在内的荆公后学以及苏辙、李霖等人皆极为重视以性命之学释老。例如，王雱有言"老子之言，专于复性"④，陆佃认为《老子》之精微大义即是

---

① 见刘固盛《宋元老学研究》，第136-155页；尹志华《北宋〈老子〉注研究》，第101-105页；江淑君《宋代老子学诠解的义理向度》，第113-116页。

② （宋）晁公武撰，孙猛校证《郡斋读书志校证》卷十二，第526页。

③ （宋）王安石撰，罗家湘辑校《王安石老子注辑佚会钞》，第69-70、80页。

④ 见（宋）太守张氏撰《道德真经集注》卷二，《道藏》第13册，第15页。

"启学之蔽，使之复性命之情"①，而苏辙亦认为"道之大，复性而足"②。由此可见，自王安石以来注《老》者已普遍将性视为解释《老子》思想的重要范畴。

以宋徽宗君臣为代表的北宋晚期释《老》者，同样延续了这一解释路径，并且更倾向于借《庄子》中的性之范畴释《老》。过去学界对徽宗朝之《老子》注关注较少，本章则尝试探讨宋徽宗《老子》注中性之范畴的解释，这一研究至少具有三层意义：其一，探讨徽宗对性之范畴的阐释，自可丰富北宋心性思想的研究；其二，探讨徽宗以性之范畴释《老》，可增进对北宋老学义理诠释内容和诠释路径的认识；其三，理解徽宗《老子》注中的性之范畴，可更深入理解徽宗注中的人性论思想，以及宋徽宗所论述的道、德、性这三个核心范畴之关系，同时，这些问题亦成为理解徽宗所论修身与治世论思想的基础。③

---

① （宋）彭耜撰《道德真经集注杂说》卷上，《道藏》第13册，第260页。
② （宋）苏辙撰《道德真经注》卷四，《道藏》第12册，第318页。
③ 黄昱章的论文是少数关注过宋徽宗《老子》注中"性"之命题的研究，不过他将这一主题主要置于徽宗所述"治世论"的探讨框架下予以分析。这与他认为宋徽宗重"治身"胜于"治国"的看法有关。他提出性的根源与内容是徽宗"治身论"的理论基础，性也是解释何以需要治身工夫的关键概念。他认为在徽宗注中，性的根源指的是"形体保神，各有仪则"，性的内容是"道与之性，一而不杂"。见黄昱章《宋徽宗〈御解道德真经〉之研究》，第153–175页。需要说明的是，笔者认为《徽宗》老子注中的性之范畴显然不止关乎修身论，而是双关于徽宗的修身与治国论，"性"实际上成为了连接传统《老子》哲学中的宇宙论或本体论思想与宋徽宗所表达的修身与治国思想的中转性范畴。宋徽宗《老子》注对性的探讨涵盖了他所认为的人性之本然状态、实然处境与应然理想。其中，实然处境与应然理想皆与圣人之治世实践密切关联。

第一节　各有仪则与天下一性：性之本质

在道家相关文献中，《老子》和《庄子》的"内七篇"无一性字，《庄子》外、杂篇始出现性字。关于性的基本定义，宋徽宗采纳了《庄子·天地》的阐释。在注《老子》第十六章中"归根曰静，静曰复命"句时，宋徽宗言：

> 留动而生物①，物生成理，谓之形；形体保神，各有仪则，谓之性；未形者有分，且然无间，谓之命。命亘古今而常存，性更万形而不易，全其形生之人去智与故，归于寂定，则知命之在我，如彼春夏复为秋冬。②

对"形体保神，各有仪则"一句，徐复观先生曾如此解释："即形体之中，还保有精神的作用。这种精神作用，是有仪有则的，这即是性。所以性是德在成物以后，依然保持在物的形体以内的种子……此处之所谓'仪则'，即生之'明'，亦即生之合理性。"③道生成万物以后，各物皆有其形体，形体亦各存其神，呈现不同之法则与特质，这就是性。叶树勋先生也曾探讨过《庄子·天地》的这段话，并

---

① 宋徽宗之《御解》与江澂之《疏义》皆作"留动"，见《宋徽宗御解道德真经》卷一，《道藏》第 11 册，第 853 页；（宋）江澂撰《道德真经疏义》卷四，《道藏》第 12 册，第 430 页。
② 《宋徽宗御解道德真经》卷一，《道藏》第 11 册，第 853 页。
③ 徐复观：《中国人性论史·先秦篇》，第 340-341 页。

指出德与性之区分。他认为德是万物得以生成的潜质，而性则是万物形成之后各自所有的特性。①

　　在《老子》第十六章的注释中，宋徽宗除了给出性的定义，也明确指出命是"亘古今而常存"，而性乃是"更万形而不易"。② 在一般的《老子》注中，类似"亘古今而常存"或"更万形而不易"之表达，一般指向的是道本身。例如，同为宋代的李霖曾解《老子》第二十八章言："夫道亘古今而常存，德与道同，斯可谓之常矣。"③ 李霖所用"亘古今而常存"之语形容的是道与德，而宋徽宗句中的"古今常存"与"万形不易"乃是形容命与性。江澂之疏详细解释了何谓性更万形而不易："性与生俱，生不为贵贱加损，不为死生存亡，更万形而不易也。"④ 性乃与生俱生，不因物或人的贵贱而有殊异，也不因个体的死生而有存亡之化。宋徽宗注《西升经》之"以是生死有，不如无为安"一句时，也曾云："命亘古今而常存，性更万形而不易，初无死生也，物之所以有死生者，以失性命之情故也。"⑤ 无论是命抑或是性都是常存且不易的，人之所以有死生，即是失去了命与性之故。宋徽宗在《老子》注之篇首曾提到道是"亘万世而无弊"，而德乃"充一性而常存"，这与他对命、性的描述颇为接近。这实际上说明宋徽

---

① 叶树勋：《先秦道家"德"观念研究》，第 230 页。
② 《宋徽宗御解道德真经》卷一，《道藏》第 11 册，第 853 页。
③ （宋）李霖撰《道德真经取善集》卷二八，《道藏》第 13 册，第 877 页。
④ （宋）江澂撰《道德真经疏义》卷四，《道藏》第 12 册，第 430 页。
⑤ 宋徽宗注解《西升经》卷中，《道藏》第 11 册，第 499 页。

宗所阐释之性有被本体化之倾向，即性为生命永恒不易的本体。以此，宋徽宗所述及的性呈现两个面向的内涵：其一，在个体层面而言，性是万物各自生成以后自身的特性，是各物之具体"仪则"，正如徽宗所云"性有刚柔缓急不同"①；其二，性是道在有生以后的显现，它是各物之所以有"仪则"的内在保证，也是万物所共通之本体层面的"一性"。换言之，性包括了殊性与共性两个向度。殊性是万物各自所具之不同"仪则"，共性则是万物何以各具"仪则"之根本。

万物之共性乃指各物所具本体层面的"一性"。宋徽宗注《老子》第三十二章有言："天下，一性也。"② 江澂对此疏解云："有生不同，同禀一性。凡以有生，斯有性尔，则天下一性也。"③ 凡有生以后，皆有性焉，万物之生虽各不相同，但皆同禀于"一性"。"一性"意味着万物之性本一致，所以宋徽宗注"天下皆知美之为美，斯恶已"一句云："道无异相，孰为美恶？性本一致，孰为善否？"④ 天下本无二道，以此而视，则美恶之名俱泯；天下之性亦玄同，自本观之，又怎会有善恶两端之分呢？宋徽宗解释《老子》第二十章的"善之与恶，相去何若"时，也有言："善恶一性，小智自私，离而为二，达人大观，本实非

---

① 宋徽宗注解《西升经》卷上，《道藏》第 11 册，第 493 页。
② 《宋徽宗御解道德真经》卷二，《道藏》第 11 册，第 862 页。
③ （宋）江澂撰《道德真经疏义》卷七，《道藏》第 12 册，第 460 页。
④ 《宋徽宗御解道德真经》卷一，《道藏》第 11 册，第 843 页。

异。"① 依据宋徽宗的解释逻辑，由于"道无异相"，并且性乃"道与之"，则人之"性本一致"，以此则无善恶之分。惟有"小智"之人，才认为人性有善有恶，而"大智"之人以道并观，则能明了善恶本源于一性。

天下"一性"的根由又在于"天下无二道"，宋徽宗认为："道之全体，不离于性，小而辨物，庄周所谓'其有真君存焉'。"② 对于庄周此语，刘笑敢先生曾认为"其有真君存焉"后面应加问号，以表示对身体主宰的否定。③ 然而，宋徽宗此处之注则显然认为《庄子》此句意在表明人之身中有所谓真君或真宰。据其前文，他应当是认为性乃人身之真君，而其内在本质源自道。人之本质是"道与之性"，并且"一而不杂"，所以天下万物同乎"一性"。

第二节　世人"失性于俗"的处境

"性本一致"这一观念会带来一个理论层面的问题，即万物之性若一致，且皆同本于道，那么何以万物各自殊异，尤其是人世间为何有圣人、俗人之分呢？对于万物各自殊异之问题，可以从性具有殊性之义的层面解释。殊性指万物的个体之性，其具体体现是万物之各有"自性"。"自性"是《老子》的原始文本语义很难推出的概念，它是

---

① 《宋徽宗御解道德真经》卷一，《道藏》第 11 册，第 855 页。
② 《宋徽宗御解道德真经》卷二，《道藏》第 11 册，第 862 页。
③ 刘笑敢：《庄子哲学及其演变》，中国人民大学出版社，2010，第 200 页。

《老子》之自然范畴与后世道家对性之范畴予以发展的结合。这一具体含义在《庄子》思想中得到较多呈现。宋徽宗在他的注释中则直接使用了"自性"这一词语，例如，他注《西升经》有言："迷悟出于自性，非人力可致。"①又，宋徽宗注《老子》第六十四章"以辅万物之自然"句云："天高地下，万物散殊，岂或使之？性之自然而已。"②这一解释即已说明万物之所以各不相类、各有区别，并非有某种主宰使它成为那样，而是无论物之生化形色皆由其自然之性而成。

对于人世间何以有圣人与俗人之别，宋徽宗认为这源于人会"失性于俗"的现象。在注《老子》第十章和第二十章时，宋徽宗两次提到人会"失性于俗"的状况：

> 而世之愚者，役己于物，失性于俗，无一息之顷，内存乎神；驰无穷之欲，外丧其精，魂反从魄，形反累神，而下与万物俱化，岂不惑焉？圣人则不然，载魄以通，抱一以守，体神以静，形将自正。③（《老子》第十章注）

> 婴儿慕，驹犊从，惟道之求而已。夫道生之、畜之、长之、育之，万物资焉，有母之意。惟道之求，

———————————

① 宋徽宗注解《西升经》卷中，《道藏》第11册，第501页。
② 《宋徽宗御解道德真经》卷四，《道藏》第11册，第878页。
③ 《宋徽宗御解道德真经》卷一，《道藏》第11册，第848页。

此所以异于人之失性于俗。[①]（《老子》第二十章注）

在第十章的注文中，宋徽宗对比了"世之愚者"与圣人的处世之状。"世之愚者"往往役己于物，失性于俗，被无穷之欲所驱驰，以至于"魂反从魄，形反累神"。圣人则抱一以守，不与万物俱化，最终"体神以静，形将自正"。在第二十章的注文中，宋徽宗同样对比了愚者与圣人，他认为圣人乃能惟道以求，而愚者则会失性于俗。天下之人本同乎"一性"，但随着众人失性于俗，以及圣人能"葆性"之真，人世间遂有圣、愚之别。那么，人又因何而"失性于俗"呢？根据宋徽宗之注文，大致可以区分为两类原因。

其一，在外在向度，宋徽宗认为外在之物会妨害人之性。于道、物关系而言，他承认"物我同根"，即物与人皆为道之所寓。不过，于人、物关系而论，宋徽宗明显认为人与物呈现对立的影响关系。例如，宋徽宗注《老子》第四十四章云："物有聚散，性无古今，世之人以物易性，故好名而徇利，名辱而身危。"[②] 外在之物呈现无常之态，有聚散之限，而人之本性在本体层面则是无古无今。面对无常之物，人本应固守其真常之性，但当世之人却常常好名而徇利，终究"以物易性"，暂时丧失其本性。在注《老子》第七十八章时，宋徽宗明显将性与物视为对立的关系：

---

① 《宋徽宗御解道德真经》卷一，《道藏》第 11 册，第 856 页。
② 《宋徽宗御解道德真经》卷三，《道藏》第 11 册，第 869 页。

"《易》以井喻性，言其不改。老氏谓水几于道，以其无以易之也。有以易之，则徇人而失己，乌能胜物？惟无以易之，故万变而常一，物无得而胜之者。"① 宋徽宗借《周易·井·象》所言"改邑不改井，无丧无得"喻人之性，这实际上是为了论证他所持儒、道皆认为性不易不改的观点。其后，宋徽宗将性与物视为对立的双方，认为人丧于物，则失己失性，惟有于物无所得，方能胜物，从而不易其性。又，宋徽宗注《老子》第九章"金玉满堂，莫之能守"一句时，言："金玉富贵，非性命之理也，外物之不可恃而有者也。宝金玉者，累于物。累于物者，能勿失乎？故莫之能守。"② 在宋徽宗看来，金玉富贵等外在之物乃不可恃而有，这违背人的性命之理，若世人以金玉为宝，则会受累于物，无法存性葆真。另外，宋徽宗曾借用《论语·先进》中孔子对颜回、子贡的评价来表达物会妨行的观点："贵难得之货，则至于决性命之情而饕贵富，何行之能守？故令人行妨。仲虺之称汤曰：'不殖货利。'孔子之谓子贡曰：'赐不受命而货殖焉。'货之妨行如此。"③ 他认为，世人若以"难得之货"为贵，会有损于人的性命之情，他举了《尚书·仲虺之诰》中的"不殖货利"之语与孔子对子贡的评价来论证其观点。本来，《论语·先进》中孔子所言"赐不受命而货殖焉"并未表达明显的批判之意，

---

① 《宋徽宗御解道德真经》卷四，《道藏》第 11 册，第 883 页。
② 《宋徽宗御解道德真经》卷一，《道藏》第 11 册，第 848 页。
③ 《宋徽宗御解道德真经》卷一，《道藏》第 11 册，第 850 页。

但是徽宗却认为这是孔子的批评，以证其"货之妨行"的观点。

其二，在内在向度，外在之物会引起人生出不应当的欲望。宋徽宗曾引《庄子》所述伯夷、盗跖之例以说明人之名欲、利欲对性命之情的破坏："人之有欲，决性命之情以争之，而攘夺诞谩，无所不至。伯夷见名之可欲，饿于首阳之上；盗跖见利之可欲，暴于东陵之下。其热焦火，其寒凝冰，故其心则惯乱偾骄，而不可系道。"① 面对名、利之欲，人常深受其累，内在之心或热如焦火，或寒若凝冰，以至于惯乱偾骄，而不可系于道。最终，伯夷因名之欲而失性，盗跖因利之欲而失性。"人之有欲"往往将"决性命之情以争之"，这也是世之人"失性于俗"的内在之因。

当然，无论是受累于物，抑或有欲以冲决性命之情，人之失性本质皆是对道的偏离。江澂疏解"不见可欲，使心不乱"句时，即言："众人见物不见道，故所见无非欲者；圣人见道不见物，故所见无可欲者。"② 人的本性之失在根源上乃是失道的问题，所以宋徽宗亦言："世丧道矣，天下举失其恬淡寂常之性。"③

综上而言，"性本一致"之说乃在于指出天下万物同乎"一性"，其本质即是一道而已。性是道在人身的直接体现。当世之人的违道之举则会对固有之性带来损害，以致"失

---

① 《宋徽宗御解道德真经》卷一，《道藏》第 11 册，第 844 页。
② （宋）江澂撰《道德真经疏义》卷一，《道藏》第 12 册，第 402 页。
③ 《宋徽宗御解道德真经》卷二，《道藏》第 11 册，第 859 页。

性于俗"。不过，这两个观念仅仅说明了性的本然之态和实然之态，更重要的问题显然是如何解决当下困境，即改变"天下举失其恬淡寂常之性"的处境。

第三节　各得其性：人性的应然状态

宋徽宗解释世人"失性于俗"的状态和原因时，常将圣人与普通人作明显对比，诸如：

> 世之愚者，役己于物，失性于俗……圣人则不然，载魄以通，抱一以守，体神以静，形将自正。① （《老子》第十章注）

> 世之人以物易性，故好名而徇利，名辱而身危，圣人尽性而足。② （《老子》第四十四章注）

> 人之有欲，决性命之情以争之，莫知其根也，不见天地之纯，莫知其原也。圣人则不然，洒心去欲，而游于无人之野，则以贵爱其身，与道相辅而行故也。③ （《西升经》第十八章注）

---

① 《宋徽宗御解道德真经》卷一，《道藏》第 11 册，第 848 页。
② 《宋徽宗御解道德真经》卷三，《道藏》第 11 册，第 869 页。
③ 宋徽宗注解《西升经》卷中，《道藏》第 11 册，第 504 页。

据以上注文可知，世人常役己于物，或有欲而冲决性命之情，终致"失性于俗"，惟圣人能洒心去欲，抱一以守而不失其性。如此对比既指出了性之守与失所导致的结果，也解释了何以世间有圣、俗的差异。这两者的差异反映的是人性论的实然与应然状态，性的普遍之失是天下人的实然处境，而守得其性则是人性的应然状态。在百姓与圣人之间，宋徽宗的诠解真正关注的主要是圣人于性该何为，即圣人如何葆性存真和如何解天下"失性于俗"的处境，这两个内容都指向人性如何恢复其应然，即"得其性"。宋徽宗注解《老子》第二十七章中的"是以圣人常善救人"一句时，即云："世丧道矣，天下举失其恬淡寂常之性，而日沦于忧患之域，非圣人其孰救之？"① 显然，宋徽宗所言之重心在于表达惟有圣人才可改变天下之人皆失其寂常之性的处境。

宋徽宗注《老子》第七十八章"故有德司契"时，曾称："以德分人，谓之圣。"② 该句注释引用自《庄子·徐无鬼》，指圣人应当以德施人。这说明宋徽宗认为圣人不仅应修己之德，也应使民有德。圣人是爱人而救之者，他不仅应抱一以守，葆其本性之纯真，更应解决"天下举失其恬淡寂常之性"的现状。换言之，如果说世人"失性于俗"是天下人之性的实然状态的话，圣人则需要通过自己的实践来改变这一处境，以达到一种应然的理想状态，即

---

① 《宋徽宗御解道德真经》卷二，《道藏》第 11 册，第 859 页。
② 《宋徽宗御解道德真经》卷四，《道藏》第 11 册，第 883 页。

使天下之人能"得其性"。宋徽宗注解《老子》第三章中
"常使民无知无欲"一句时，即言："圣人之治，务使民得
其性而已。"① 此话表达了两个层面的内涵：其一，圣人需
要通过治世之实践使民得其性；其二，圣人之治的目的在
于使民得其性。"治"并不意味着有为，这就如同道辅万物
之自然一般，所以徽宗云："（圣人）辅其自然，故能成其
性。为者败之，故不敢为。"② 那么，圣人如何才能辅百姓
之自然而成其性呢？综合宋徽宗所有言及圣人和性的注文，
大概可以分为两种途径。

宋徽宗认为万物各有其自性，能"自形自化""自生
自色"，并各极其高大，道从未据为己功，而是"遂其
性"，这也是圣人使百姓"得其性"的第一种途径。"遂其
性"指圣人应顺遂其性，"其"指向的即是百姓之"自
性"。圣人是道在人世的象征，道顺遂万物之性意味着圣人
之治世亦应遂百姓之性，所以徽宗有云："圣人存神知化，
与道同体，则配神明，育万物，无不可者。生之以遂其性，
畜之以极其养。无爱利之心焉，故生而不有；无矜伐之行
焉，故为而不恃；无刻制之巧焉，故长而不宰。"③ 圣人是
与道同体之人，为百姓所系，其治世之目的乃在于"遂其
性"和"极其养"。"遂其性"意味着圣人之治世原则应当
"无爱利之心"、"无矜伐之行"和"无刻制之巧"。江澂疏

---

① 《宋徽宗御解道德真经》卷一，《道藏》第 11 册，第 845 页。
② 《宋徽宗御解道德真经》卷四，《道藏》第 11 册，第 878 页。
③ 《宋徽宗御解道德真经》卷一，《道藏》第 11 册，第 849 页。

解"辅其自然，故能成其性"一句时，也提到："辅其自然，则不益生，不劝成，因其固然，付之自尔，故能成其性也。"① 此亦表达圣人不益生，不劝成，因循百姓之自性，方能使百姓各成其性。

圣人之治于人性论问题的旨归在于使百姓"得其性"，若百姓率性而为，圣人亦顺性而应，则百姓可各成其性。不过，如前节所论，百姓常因受累于物或驰无穷之欲而至于"决性命之情"，此时圣人则应使百姓"安性命之情"，此乃使"民得其性"的第二种途径。关于如何使百姓能"安性命之情"，宋徽宗借助了《庄子》中的理解，他在注《老子》第三章"常使民无知无欲"时言：

> 《庄子》曰："同乎无知，其德不离；同乎无欲，是谓素朴。素朴而民性得矣。"圣人之治，务使民得其性而已。多知以残性命之分，多欲以汨性命之情，名曰治之，而乱孰甚焉？故常使民无知无欲。②

圣人之治天下，务使民得其性。百姓"多知"则常常心为物役、"多欲"则时时情为物迁，遂汨丧其性，这是天下混乱的缘由。既然"多知""多欲"乃是扰乱性之因，那么解决问题的关节则是"常使民无知无欲"。这一思想的根源来自《庄子》，《庄子》认为惟有"同乎无知"和"同乎无

---

① （宋）江澂撰《道德真经疏义》卷一二，《道藏》第12册，第519页。
② 《宋徽宗御解道德真经》卷一，《道藏》第11册，第845页。

欲"才能素而不染，朴而不散，保持自然素朴的状态，以至"常德"不离，遂能使民各得其性。

在本质上，圣人务使民得其性的原则是使民顺道而不违道。圣人当无为而用天下，所以其治可以被理解为某种弱作用力。圣人使民顺道指向的是"遂其性"，对此，宋徽宗概括为："侯王守道以御世，出为无为之境，而为出于无为，化贷万物，而万物化之，若性之自为，而不知为之者。"① 圣人②之为出于无为，遂百姓之性，方使百姓之成仿佛性之自为。使民不违道是对百姓可能有的违道行为的防范，圣人并未直接干涉百姓的违道之行，而是通过"不尚贤""不贵货"等方式，使得民不为外物所累，达到使民无争夺之心、无觊觎之望的政治效用。最终，圣人之治的理想目标乃使百姓能各得其性，能安于"性命之分"。

第四节　尽性与复性之实践理想

在本质上，"得其性"应当包括两层内容：其一，圣人通过治世实践使百姓"得其性"；其二，圣人能够得己之性。这两层内容也构成治世论思想与修身论思想的基础。圣人之治与百姓"得其性"的关联乃是在治世论视角下所探讨的人性论问题，这是上一小节所论述的重点。对于个

---

① 《宋徽宗御解道德真经》卷二，《道藏》第 11 册，第 864 页。

② 徽宗使用"侯王"是为了注解"侯王若能守，万物将自化"一句，从其后文叙述的内容而言，"侯王"指向的仍然是圣人。

体的修身实践而言，宋徽宗则提出了尽性与复性的实践理想，这是人复归于道的重要途径，也是宋徽宗注《老子》所涉及人性论的最终宗趣与境界。圣人正是能够尽性与复性之人，所以徽宗说圣人能"尽性而足"。反向言之，只有通过修身实践，达到能尽性和复性的境界，一个人才能成为真正的圣人。

尽性之说是宋学较为关注的议题之一，其渊源即在于《易传·说卦》中"穷理尽性以至于命"一句，二程与张载皆就此一议题各抒己见。[①] 北宋中期以后，《易传》中的这一命题已被宋代注《老》者普遍吸收，用以诠解《老子》思想，这是北宋中期以来调和儒、道之思潮和心性之学普遍流行的共同体现。例如，王雱注《老子》言："《易》曰：'穷理尽性以至于命。'观复，穷理也；归根，尽性也；复命，至于命也。至于命，极矣，而不离于性也。"[②] 苏辙注《老》时亦言："《易》曰：'穷理尽性以至于命。'圣人之学道，必始于穷理，中于尽性，终于复命。"其后，他将知晓仁义礼乐之用的所以然，理解为"穷理"，将"圣人外不为物所蔽"而物至能应理解为"尽性"，将"以性接物，而不知其为我"理解为"复命"。[③] 当然，对宋徽宗影响最大者仍然是王安石，他注《老子》第四十八章云：

---

① 参见江淑君《宋代老子学诠解的义理向度》，第38-39页。
② （宋）太守张氏撰《道德真经集注》卷三，《道藏》13册，第24页。
③ （宋）苏辙撰《道德真经注》卷一，《道藏》12册，第297页。

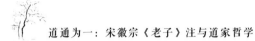

> 为学者，穷理也。为道者，尽性也。性在物谓之理，则天下之理无不得，故曰日益。天下之理，宜存之于无，故曰日损。穷理尽性必至于复命，故"损之又损之，以至于无为"者，复命也。①

为学之目的是穷尽万物之理，"为道"则应"存之于无"，刘固盛先生认为"存之于无"指向的是"精其理"和"致其一"，即将"天下之理皆致乎于一"，以实现万物之理的"不思而得"。② 道即是"一"，"致乎于一"意味着对道的体悟与回归，这也是为何应当"日损"。另外，尹志华先生认为人之性常因物而迁，"存之于无"也意味着人不为外物所累，应无所计较而存于"无"，这一理解具有实践论层面的意味。③ 宋徽宗对《老子》第四十八章的解释基本保持了与王安石一致的观点，其云：

> 学以穷理而该有，道以尽性而造无。损之又损，则未始有。夫未始有无也者，无为也，寂然不动，无不为也，感而遂通天下之故。以静则圣，以动则王。④

"学以穷理而该有"与"道以尽性而造无"的观念基本依

---

① （宋）王安石撰，罗家湘辑校《王安石老子注辑佚会钞》，第69-70页。
② 刘固盛：《宋元老学研究》，第141-142页。
③ 尹志华：《北宋〈老子〉注研究》，第133页。
④ 《宋徽宗御解道德真经》卷三，《道藏》第11册，第870页。

照于王安石的解释，"尽性而造无"除了包含"致乎于一"的认识论意涵，还指向实践层面的"致虚"义。章安之解义论此句云："尽性则极乎至虚，而物我忘矣。"① 尽性是对人的自然之性的发挥，而性源自道，人之尽性在本质上是对在己之道的体认与发挥。正因如此，章安才认为尽性乃是"极乎至虚"。同时，宋徽宗也用无为与无不为来解释穷理与尽性之区别。他认为穷理是无不为，可以"感而遂通天下"；尽性则是无为，乃如道体一般寂然不动。以此，徽宗总结云："以静则圣，以动则王。"② 尽性则能静而处己，其对应的是内圣之道；穷理遂可动而接物，其对应的是外王之业，此即为宋徽宗内圣外王思想的直接体现。

又，《老子》第十三章有言："知人者智，自知者明。胜人者有力，自胜者强。知足者富，强行者有志。不失其所者久，死而不亡者寿。"③《老子》此章以知人与自知，胜人与自胜，知足与强行，以及不失其所与死而不亡者这四组范畴相区分、对比，以表达人应内守其道的观点。宋徽宗将该章的整体表达主题理解为"穷理尽性以至于命"，其注云：

> 此篇之义，始于知人，所以穷理，中于知足，所以尽性，终于不亡，所以至于命。则造化在我，非夫

---

① （宋）章安撰《宋徽宗道德真经解义》卷七，《道藏》第 11 册，第 938 页。
② 《宋徽宗御解道德真经》卷三，《道藏》第 11 册，第 870 页。
③ 《宋徽宗御解道德真经》卷二，《道藏》第 11 册，第 862 页。

无古无今，而入于不死不生，孰能与此？①

在宋徽宗看来，知人是察人之邪正，辨世之黑白，所以为"穷理"；知足是"务内游而取足于身"，② 所以为"尽性"；死而不亡是指圣人通乎昼夜之道，其神不亡，所以为"至命"。"务内游而取足于身"化用自《列子·仲尼》中"外游者，求备于物；内观者，取足于身"一句，"外游"即是徽宗所谓穷理，而"内观"并能取足于身，乃为尽性。"内观"表示向内而体知道，"取足于身"表示自我向道的完善。由是，我们大概可知宋徽宗所理解之尽性的含义，即尽在己之道的性。这包括认识论层面的向内体知道，亦包括实践论层面的学以致道。

除了尽性之说，宋徽宗在《老子》注中亦提出复性作为实践理想。自唐代李翱撰《复性书》以来，北宋儒家多持复性思想，主张以一定之功夫对人的天命之性或伦理善性予以修复。在唐宋以来的《老子》注中，成玄英、陆希声皆曾在注文中论及复性之概念，如陆希声在《道德真经传》之序中对比孔、老之思想云"盖仲尼之术兴于文，文以治情；老氏之术本于质，质以复性"③，这已明确将复性作为《老子》思想的特点。至北宋中期以后，《老子》注家大多颇言复性之义。例如，王雱认为"老子之言，专于

---

① 《宋徽宗御解道德真经》卷二，《道藏》第 11 册，第 863 页。
② 《宋徽宗御解道德真经》卷二，《道藏》第 11 册，第 862 页。
③ （唐）陆希声撰《道德真经传序》，《道藏》第 12 册，第 115 页。

复性"[1]，苏辙亦云"道之大，复性而足"[2]，皆把复性作为老氏思想之旨归。

徽宗《老子》注同样强调复性，他曾对比老子、孟子关于气之范畴，并云："至刚以行义，致柔以复性，古之道术，无乎不在。"[3] 他认为老子所言气之用指向的是复性，孟子所言气之用指向的是行义。显然，"复性"被徽宗认为是老氏思想的特色以及实践论的理想。综观徽宗注所论及复性之处，其要义大略有二。

由于外受物之累或内生欲利之心，人有失性的可能，复性的基本内涵即是复归于所失之性。对此，宋徽宗言："圣人著书立言，用意深而劝戒切，盖欲倒置之民，返其性情，复其初也，使天下之人，皆能内观取足，不失其在我之真。"[4] 圣人著书立言之目的，乃期望已经失性之人能返其性命之初，不失其在我之真。又，宋徽宗解释《老子》中的"是以大丈夫处其厚"句云："人生而厚者，性也。复其性者，处其厚而已。"[5] "厚"之用义取自《老子》"含德之厚，比于赤子"句，"厚"体现的是人本自含有浑全之德，宋徽宗用以形容性之淳厚，即人生而厚者，乃道之在我（德）所赋予的人之性。不过，民虽生而厚，却因物有迁，所以复性乃成为圣人治世或个体修身的实践理想。

---

① （宋）太守张氏撰《道德真经集注》卷二，《道藏》第13册，第15页。
② （宋）苏辙撰《道德真经注》卷四，《道藏》第12册，第318页。
③ 《宋徽宗御解道德真经》卷一，《道藏》第11册，第849页。
④ 宋徽宗注解《西升经》卷中，《道藏》第11册，第502页。
⑤ 《宋徽宗御解道德真经》卷二，《道藏》第11册，第865页。

徽宗所论复性之思想除了表示复归于人所生而厚之性，更重要的意涵在于表达复归于道本身。宋徽宗阐释性之定义时，借用了《庄子·天地》的本体论和宇宙论架构，认为"一……留动而生物"以后，物所各具之仪则称为性。《庄子·天地》继而有言："性修反德，德至同于初，同乃虚，虚乃大。合喙鸣；喙鸣合，与天地为合。其合缗缗，若愚若昏，是谓玄德，同乎大顺。"① 这一论述给出了由性返回于德，并最终同乎道的实践旨趣。徽宗注"孔德之容，惟道是从"句云："德有方体，同焉皆得，所以显道，性修反德，德至同于初，故惟道是从。"② 该注即采纳了《庄子·天地》的说法，认为人能顺性而不失，即可返归自得于道之德，德复归于本初的玄德之体，最终可与天地相合，进而同乎道。在具体的修行层面，宋徽宗认为："少私寡欲，则定乎内外之分，辨乎真伪之归，德全而性复，圣智之名泯矣。"③ "少私寡欲"即《庄子》所谓"同乎无欲"，徽宗亦言："庄子曰：'同乎无欲，是谓素朴。'素朴而民性得矣。"④ 由此可见持守"无欲"与性之复归的关联，江澂之疏解云："惟少私寡欲，然后能定乎内外之分而知所轻重，辨乎真伪之归而明于本末。"⑤ 少私寡欲，则能定乎内外之分和辨乎真伪之归，以知物轻自贵之理和避免弃本徇

① 陈鼓应注译《庄子今注今译》，第 321 页。
② 《宋徽宗御解道德真经》卷二，《道藏》第 11 册，第 856 页。
③ 《宋徽宗御解道德真经》卷一，《道藏》第 11 册，第 855 页。
④ 《宋徽宗御解道德真经》卷一，《道藏》第 11 册，第 855 页。
⑤ （宋）江澂撰《道德真经疏义》卷五，《道藏》第 12 册，第 438 页。

末之行。知物轻自贵之理，则不受累于物，守虚静之本，则无欲而素朴，最终可"德全而性复"。

尽性与复性是徽宗注所论人性论的实践理想与最高境界。相对而言，尽性主要体现发挥义，即发挥人的原初之性，乃是人对在己之道的体认与践行；复性主要体现复归义，即复归于人的原初之性，这是基于人常失性的前提，复性即复归于人生而淳厚的本然之性。另外，"复性"在根本上乃是复归于道本身，即"性修反德，德至同于初"，最终乃能同乎道。

小　结

学界曾指出以心性之学解释《老子》为宋代《老子》注的时代特征之一，如刘固盛先生认为心性理论与《老子》文本的结合可被看作《老子》思想解释的第三次重要转变。[①] 虽然唐代的部分注家已尝试在注解中引入性之概念，但将性作为解读《老子》思想的核心范畴，以及将心性之学与《老子》哲学较为系统结合之现象仍要到北宋以后才出现。王安石开启了以性命之学注《老》的风气，不过由于其注解已有颇多散佚，无法确切得知性命理论在其注解思想中所占的地位和所呈现的意义。但是，王雱与苏辙之《老子》注显然将性之思想作为解读《老子》思想的关键，

---

① 刘固盛：《宋元老学研究》，第49-53页。

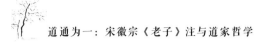
他们分别认为"老子之言，专于复性"和"道之大，复性而足"，学界对此曾有系统的研究。① 相较而言，宋徽宗君臣之注受到学界的关注颇少，然其注疏亦将性命理论与《老子》注解紧密结合，并基于《庄子》哲学阐释了较为系统的人性论思想。

本章关注宋徽宗《老子》注对性之范畴的阐释，以此理解宋徽宗的人性论思想，以及与性之范畴相关涉的修身论、治世论内容。在具体的研究理路上，本章依次探讨宋徽宗所认为的性之本质，世人"失性于俗"的处境，"各得其性"的人性应然状态以及尽性、复性之实践理想。这些内容实际上共同构成宋徽宗所理解的人性之本然、实然和应然。

关于性的基本定义，宋徽宗采纳了《庄子·天地》的阐释，即认为"形体保神，各有仪则，谓之性"，并指出性乃"更万形而不易"。这实际上体现出将性本体化的倾向。宋徽宗所述的性呈现两个面向的内涵：其一，在个体层面而言，性是各物之具体"仪则"；其二，性是各物之所以有"仪则"的内在保证，也是万物共通之"一性"。此即表明性有本体与个体的双重意涵。由于提倡天下一性之观点，徽宗认为人之"性本一致"，以此则无善恶之分。然而，世人常外受物之累或内生欲利之心，以致于"失性于俗"，遂有圣、俗之分。这实际上即是民众之性的实然状态。

---

① 江淑君：《宋代老子学的诠解向度》，第113-164页。

对于天下之人失其寂常之性的处境，宋徽宗指出圣人乃是真正的救世者，务使民得其性遂成为圣人治世的目标。一方面，圣人当无为而用天下，使民顺道以"遂其性"；另一方面，圣人须通过"不尚贤""不贵货"等方式，以防范世人违道而有"失性"之行为。

对于个体修身而言，宋徽宗提出了尽性与复性的实践理想，这是人复归于道的重要途径，也是宋徽宗注《老子》所涉及人性论的最终宗趣与境界。尽性主要体现发挥义，即发挥人的原初之性；复性主要体现复归义，即复归于人生而淳厚的本然之性。在本质上，复性是对道之回归。

综而言之，宋徽宗之注对性的阐释大致呈现如下特色。其一，徽宗对性之阐释明显受到《庄子》哲学的影响，这包括他对世人之性的本然与实然状态的阐释，论述圣人之性以及圣人务使民得其性的原则和途径等。这些内容都显露出《庄子》思想的烙印。其二，宋徽宗对性命之阐释贯穿于其系统的道德性命一贯之学说内，其理论基点源于《庄子·天地》所论述的无、德、命、性所涉宇宙论与本体论层面之展开，这使得人之性具有形而上层面的意义，性成为道在人身上的具体落实。同时，通过"性修反德"之途径，人也建立了能够从形而下实践复返于道之通途。其三，宋徽宗对性命学说之阐释与其治世论和修身论思想紧密结合，成为理解二者的重要理论根基。在性命学说的思想解释视角下，治世论实践指出圣人使民得其性的原则与具体途径，修身论实践之宗趣则以尽性与复性为核心。

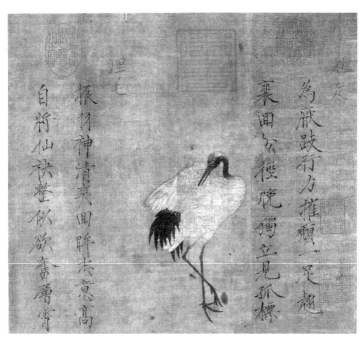

宋徽宗《独鹤图》（台北故宫博物院藏）

第六章　闻道以复性：宋徽宗《老子》注所见圣人修身论

　　《老子》哲学不仅是诠释以道为核心之理论的形上之学，更是以此为前提面向实践的行动论，正如徐复观先生所说："道家的宇宙论，可以说是他的人生哲学的副产物。"[1] 陈鼓应先生也曾表明："老子之学继承了史官的文化传统，推天理以明人事，故提出道的学说，以为其入世的依据。"[2] 老子的实践论是以道的本体论为基础的，道是人之所共由。"所共由"实际包括两个层面的内涵：其一是所根据，其二则是所依从。老子的实践论即是强调万物，尤其是作为万物之一的人应以道为根本依从，依循道之基本规律而行。

　　在《老子》的文本语境中，作为实践主体的人通常分

---

　　① 徐复观：《中国人性论史·先秦篇》，第 294 页。
　　② 陈鼓应：《道家的人文精神》，中华书局，2015，第 5 页。

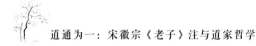

为两类，其一是背道之人，其二是得道之人。① 老子往往将得道之人称呼为圣人。圣人是道在人间的体现，是天下之式，所以《老子》常用"是以圣人"的句式作为一种命令式的效法示范。"是以圣人"之后所言及的行为与准则具有符合于道的理想与典范的意义。

整体而言，《老子》哲学所关注的人之实践主要包括修身与治天下。王安石曾云："修其心治其身，而后可以为政于天下。"② 徽宗也曾言："道之全，圣人以治身。道之散，圣人以用天下。"③ 此即表示圣人兼治身与治世，而治身是本，治世只需要"以其绪余"和"以其土苴"④。当然，这只是道家特殊语境的说法，实际上修身论思想与治世论思想在徽宗《老子》注中都很重要。⑤

---

① 关于《老子》哲学中的人的研究，可以参见林光华《〈老子〉中的道人关系及其当代反思》，《杭州师范大学学报（社会科学版）》2017年第2期，第52-60页；宋慧羚《何为有道之士？——试析〈道德经〉中的人》，《鹅湖月刊》2018年第11期，第50-59页；孙文静、陆建华《人的类型与境界——以〈老子〉为中心》，《江淮论坛》2018年第3期，第76-80页。

② 参见王水照主编《王安石全集》第6册，复旦大学出版社，2017，第1175页。

③ 《宋徽宗御解道德真经》卷二，《道藏》第11册，第860页。

④ 《庄子·让王》："道之真以治身，其绪余以为国家，其土苴以治天下。"（陈鼓应注译《庄子今注今译》，第752-753页）

⑤ 黄昱章曾认为宋徽宗在《老子》注中明显透露出"治身"重于"治国"的看法，他专门辨析此一观点。见黄昱章《宋徽宗〈御解道德真经〉之研究》，第179-185页。不过，笔者认为徽宗之注虽有借用《庄子》所谓"绪余以为国家，土苴以治天下"等语，但并不可认为他重"治身"胜过"治国"。一方面，宋徽宗表达"圣人出，应帝王""圣人体道，故在宥天下"等借用《庄子》之语的意图（转下页注）

宋徽宗在他的《老子》注中，对圣人之角色颇为重视，其关注程度超乎绝大多数《老子》注家。当然，这也是因为宋徽宗的身份与其他注家不同，他作为北宋末年的天子，正是彼时治天下之人。另外，如本书第一章所论，北宋中期以来政治文化注重效法三代，成为三代之圣人是宋徽宗崇观以来的政治理想。以此，徽宗颇为重视圣人这一角色范畴。从某种程度而言，圣人可能正是作为宋徽宗本人的理想身份。由此，本书特别关注宋徽宗对圣人的理解，并分专章论及他关于圣人修身与治天下的观点。这些内容正是他通过注《老》所试图表达的重要思想。

本章主要关注宋徽宗所论之圣人修身，大略将从五个面向探讨这一主题：其一，何谓圣人，这一部分内容关注宋徽宗如何诠释《老子》中的圣人范畴；其二，圣人与物的关系，这一关系是理解修身实践的认知背景，道家的修身实践意味着需要采取符合道之原则的人与物之间的相处方式；其三，圣人"闻道"的方式，即圣人通过何种方式在认识论意义上理解道，这实际上成为圣人展开各种实践的前提；其四，圣人修身的原则，即圣人修身所依循的基本原则，这些原则往往是效法于道之行；其五，圣人修身

（接上页注）在于言明治世应当无为而治，而非有心为之；另一方面，宋徽宗颇重"内圣外王"之思想与实践，"内圣"之一面与"外王"之一面皆是"圣人"的重要身份，两者不可或缺。所以，徽宗也说"夫未始有无也者，无为也；寂然不动，无不为也。感而遂通天下之故，以静则圣，以动则王"（《宋徽宗御解道德真经》卷三，《道藏》第11册，第870页）。"圣"与"王"对于徽宗而言，应当是同等重要。

的具体实践方式，主要探讨宋徽宗所认为的圣人修身应当采取的一些具体方法。

第一节　内圣外王：宋徽宗对圣人范畴之诠释

顾颉刚先生曾考证"圣"之语源义，他认为："'圣'字之意最初很简单，只是聪明人的意思，从文字学上看，金文中的'聖'字省作'耳口'，为会意字，加'壬'为形声字，意指'声入心痛'或'入于耳而出于口'，都是聪明的意思。"① 当然，在《老子》中，"聪明"显然不完全适合作为形容圣人的修饰词。《说文解字》将"圣"释为"通"，这一解法可能更接近《老子》中的圣人义。宋徽宗注"圣"时即云："事无不通之谓圣，则通者圣之事。"② 显然，他颇为重视"通"作为圣人的定义词。另外，"通"实际也构成圣人实践所指向的理想目标。

在具体的诠释语境中，圣人范畴的意涵往往在以下几个层面呈现。其一，圣人被视作道在人世间的化身，他的言行体现了道的内在规范。其二，圣人是《老子》一书所形塑的理想人格。陈鼓应先生曾说："这是道家最高的理想人物，其人格形态不同于儒家。儒家的圣人是典范化的道德人；道家的'圣人'则体任自然，拓展内在的生命世界，

---

① 顾颉刚：《"圣"、"贤"观念和字意的演变》，载《中国哲学》第 1 辑，三联书店，1979，第 80~81 页。
② 《宋徽宗御解道德真经》卷一，《道藏》第 11 册，第 852 页。

扬弃一切影响身心自由活动的束缚。"[1] 其三，圣人之境界是修道者最高的实践目标。[2] 其四，圣人是理想的治世者，如同道辅万物一般，辅成天下之百姓。

相较于他人之注，宋徽宗非常重视圣人这一概念。《老子》的原文中存在一些章节，其指涉主体并不明确，而宋徽宗在解读这些章节时，往往将它们的言说主体与圣人联系起来。甚至，部分章节明确是以道为言说对象的，也被宋徽宗诠释为是以圣人为言说主体。例如，《老子》第三章云："是以圣人之治也，虚其心，实其腹，弱其志，强其骨，常使民无知无欲。"历代注家往往认为"虚其心，实其腹，弱其志，强其骨"乃是圣人的施政目标，即使民心虚腹实、骨强志弱。王安石也是这样的观点，他注此句云："虚其心，弱其志，使民无知也；实其腹，强其骨，使民无欲也。"[3] 可以看出，王安石也是将"虚其心"等句的主体诠释为"民"，宋徽宗注则出人不意，将此句解为对圣人行为的要求：

圣人不得已而临莅天下，一视而同仁，笃近而举远，因其固然，付之自尔，何容心焉？尧之举舜而用鲧，几是矣。心虚则公听并观，而无好恶之情；腹实

---

① 陈鼓应：《老子注译及评介》，中华书局，2009，第62页。

② 例如《老子》第二十一章之"是以圣人抱一，为天下式"句，以及第二十八章之"知其白，守其黑，为天下式"句。

③ （宋）王安石撰，罗家湘辑校《王安石老子注辑佚会钞》，第22页。

则赡足平泰，而无贪求之念，岂贤之可尚，货之足贵哉！圣人为腹不为目，腹无择而容故也。志者心之所知，骨者体之所立。志强则或殉名而不息，或逐货而无猒，或伐其功，或矜其能，去道益远。骨弱则行流散徙，与物相刃相靡，肯沦溺而不返。圣人之志，每自下也，而人高之；每自后也，而人先之。知其雄，守其雌，知其荣，守其辱，是之谓弱其志。正以止之，万物莫能迁；固以执之，万变莫能倾。不坏之相，若广成子者，千二百岁而形未尝衰，是之谓强其骨。①

在这一诠释中，"虚其心"指向的是圣人须做到"公听并观"，"实其腹"表示的是圣人应为腹不为目，"弱其志"指圣人之志应"自下"，"强其骨"云圣人要重视己体之立。由此可以看出，宋徽宗在知晓传统注家的诠释指向的前提下，仍然将此句的描述主体解读为圣人。类似之例在徽宗《老子》注中颇多，此可为宋徽宗特重圣人角色之明证。

在宋徽宗《老子》注中，他对圣人之身份的理解大略可概括为三类。

一 圣人是知"天之道"者

钱穆谈及《老子》中的圣人概念时，认为："老子所

---

① 《宋徽宗御解道德真经》卷一，《道藏》第 11 册，第 844-845 页。

谓'圣'者，尽人之能事以效天地之行所无事耳。"① 这一理解重视圣人的实践乃是效"天地之行"。欲效其行，则需先知其行。所以，宋徽宗在《老子》注中认为圣人乃是知天之人。

注《老子》第九章"功成名遂身退，天之道"句时，宋徽宗云：

> 功成者隳，名成者亏，日中则昃，月盈则食，物之理也。圣人睹成坏之相，因识盈虚之有数，超然自得，不累于物，无复骄盈之患，非知天者，孰能与此？故曰功成名遂身退，天之道。四时之运，功成者去，是天之道。②

"功成者隳，名成者亏"出于《庄子·山木》③，"日中则昃，月盈则食"出于《周易》④，徽宗将此四例贯通，认为这些现象反映的是物之理，即有形则有盛衰，有数则有成坏。圣人是能睹成坏之相和识盈虚之数者，所以他们未有"骄盈之患"。正因为圣人知晓天道，所以他们必知晓万物之理。由此，宋徽宗进而认为知天者能明白"功成者去"

---

① 钱锺书：《管锥编》第 2 册，中华书局，1979，第 421 页。
② 《宋徽宗御解道德真经》卷一，《道藏》第 11 册，第 848 页。
③ 《庄子·山木》："昔吾闻之大成之人曰：'自伐者无功，功成者隳，名成者亏。'"（陈鼓应注译《庄子今注今译》，第 518 页）
④ 《周易·丰·彖》："日中则昃，月盈则蚀；天地盈虚，与时消息，而况于人乎？"（黄寿祺、张善文撰《周易译注》，第 519 页）

的道理。另外，圣人也是明白天道变化之人：

> 《经》曰："知其雄，守其雌，为天下溪。"圣人
> 体天道之变化，卷舒启闭，不违乎时，柔刚微彰，惟
> 其所用。然未尝先人而常随人，未尝胜物而常下物，
> 故天下乐推而不厌，能为雌，于是乎在。(《老子》第
> 十章注)①

对于"天之道"的诸种变化，圣人能体之并能效法而行。
一卷一舒，一启一闭，皆与时迁徙，不违天时。那么，圣
人应如何体天道，又为何可以体天道呢？

首先，宋徽宗认为体天道应见之于心。注"不窥牖，
见天道"句时，徽宗认为"天道虽远，圣人见之以心"②，
注"不见而名"句时，徽宗指出"以吾之心而见天道，是
谓不见而名"③，他认为圣人体察天道的方式并不是出于日
常的认知，而是以心见道。这种体道的方式是向内，而非
向外而寻。

对于为何圣人可以体天道，宋徽宗认为这是因为天、
地、人皆得乎道。在注《老子》第七章时，宋徽宗云：

> 天运乎上，地处乎下，圣人者位乎天地之中。达

---

① 《宋徽宗御解道德真经》卷一，《道藏》第 11 册，第 849 页。
② 《宋徽宗御解道德真经》卷三，《道藏》第 11 册，第 869 页。
③ 《宋徽宗御解道德真经》卷三，《道藏》第 11 册，第 869-870 页。

而为三才者，有相通之用；辩而为三极者，有各立之
体；交而为三灵者，有无不妙之神。然则天地之与圣
人，咸得乎道，而圣人之所以治其身，亦天地已。①

《易传·系辞下》有言："有天道焉，有人道焉，有地道
焉。兼三才而两之，故六。六者非它也，三才之道也。"②
宋徽宗借用了《易传》之三才理论，认为圣人位乎天地之
中。天、地、人之间有相通之用，其根本依据则是天、地
与圣人咸得乎道。在这一基础上，圣人乃可以知晓天道。

二　圣人是体道者

圣人能见天道，其本质在于圣人是体道者。体道者在
徽宗《老子》注中常存二义：一言体知道之奥；二言能与
道同体。徽宗注第六章"玄牝之门，是谓天地根"句言：

> 《庄子》曰："万物有乎生，而莫见其根，有乎出，
> 而莫见其门。"而见之者，必圣人已。故于此明言"玄
> 牝之门，是谓天地根"。③

万物之本根为道，而道无形无象，则常人自无法见之。不
过，徽宗认为圣人能够见道，所以说"见之者，必圣人"，

---

① 《宋徽宗御解道德真经》卷一，《道藏》第 11 册，第 847 页。
② 黄寿祺、张善文撰《周易译注》，第 687 页。
③ 《宋徽宗御解道德真经》卷一，《道藏》第 11 册，第 846 页。

乃明确言明圣人是可以见道之人。圣人能见道，亦能与道同体，徽宗注第十章言："圣人存神知化，与道同体，则配神明，育万物，无不可者。"① 圣人可存其神，知天下之化，故能与道同体，也惟其与道同体，所以圣人可以与天地合其德。又，宋徽宗解"古之善为士者，微妙玄通"中的"微""妙"分别为"与道为一""与神同体"②，对此，江澂之疏义曰：

> 盖视之不见名曰微，道无形也，不可以目视，惟知微，故与道为一。《书》所谓"道心惟微"是也。常无欲以观其妙，神无是也，不可以有求，惟入妙，故与神同体。③

宋徽宗指出了古之士与今之士相异，而善为士者与不善为士者相异，实际是认为古之善为士者乃是圣人。④ 对于古之善为士者，江澂认为这是能"志于道而与乎神，明于天而通于圣"⑤者。如此，圣人能见无形之道，此即知"微"；能"常无欲以观其妙"，此即"入妙"。"知微"意味着圣人能在知道之奥的基础上"与道为一"，"入妙"表明圣人可"与神同体"。

---

① 《宋徽宗御解道德真经》卷一，《道藏》第 11 册，第 849 页。
② 《宋徽宗御解道德真经》卷一，《道藏》第 11 册，第 852 页。
③ （宋）江澂撰《道德真经疏义》卷四，《道藏》第 12 册，第 425 页。
④ 《宋徽宗御解道德真经》卷一，《道藏》第 11 册，第 852 页。
⑤ （宋）江澂撰《道德真经疏义》卷四，《道藏》第 12 册，第 425 页。

另外，宋徽宗亦常将圣人等同于全德之人，如其认为能知、践"真伪两忘，是非一致"之人乃全德之人，[①] 抑或"忤物而不慑，物亦莫之能伤；纯气之守，非智巧果敢之列"之人是全德之人。[②] 宋徽宗曾言："德者，得也。"[③] 德实际上即是人所得于道者。全德意味着保持"常德不离"的状态，它像"上德""玄德"一样，所表示的内涵在于能够同乎道。所以，若人之自性不离于真常之德，即是保持全德。由于全德能够同乎道，则全德之人亦是能够体道之人。

三　圣人是圣王

圣人为体道者是言圣人与道的关系，就圣人与百姓的关系而论，《老子》亦认为圣人往往处于主宰的地位，这与道和万物之间所呈现的主宰与被主宰的关系是相似的。王弼本《老子》第六十二章首句云"道者，万物之奥"，然帛书本《老子》所写却是"道者，万物之注（主）也"。高明认为传世本《老子》之"奥"当训为"主"。[④] 这说明《老子》原文即已明言道乃万物之主，处于宰制万物的地位。类似地，《老子》第六十章言"以道莅天下"也是表明圣人是天下之主。宋徽宗注此句为："圣人者，神民万物

---

①　《宋徽宗御解道德真经》卷三，《道藏》第 11 册，第 870 页。

②　（金）高守元《冲虚至德真经四解》卷六，《道藏》第 15 册，第 54 页。

③　宋徽宗注解《西升经》卷中，《道藏》第 11 册，第 507 页。

④　高明校注《帛书老子校注》，第 177-178 页。

之主也，不得已而临莅天下，莫若无为。"① 他明确指出圣人乃是"神民万物之主"。相较于"万物之主"，宋徽宗增加了"神"与"民"之称谓。这里的"神"不能被理解为变化莫测之意，而是与"民"一起构成"上神"与"下民"的关系，本质上将圣人与"天子"在儒家语境中的政治与神圣内涵相等同。

圣人是不得已而临莅天下，所以圣人有不得不抚万民之责。宋徽宗解《老子》第七章时云："天地之大德曰生，圣人之大宝曰位。"② 此句出自《易传》③，宋徽宗借此言人各有其职分，而圣人之职则体现于"位"，即是有统万民之责。

宋徽宗也常将《老子》中的圣人解为"圣王"，如其言："圣人出，应帝王。"④ "应帝王"之思想并不能明确在《老子》中见到，而是《庄子》所称帝王之功是圣人之余事的体现。"圣王"可以被看成两种身份的叠加，分别是"圣"与"王"。"圣"表明圣人是通于道且体道者，而"王"乃体道而用天下的角色。宋徽宗注《老子》第四十八章时，化用《易传》之句言："寂然不动，无不为也。感而遂通天下之故，以静则圣，以动则王。"⑤ "寂然不动"

---

① 《宋徽宗御解道德真经》卷四，《道藏》第 11 册，第 876 页。
② 《宋徽宗御解道德真经》卷一，《道藏》第 11 册，第 847 页。
③ 《周易·系辞下》："天地之大德曰生，圣人之大宝曰位。何以守位，曰'仁'。"（黄寿祺、张善文译注《周易译注》，第 650 页）
④ 《宋徽宗御解道德真经》卷一，《道藏》第 11 册，第 846 页。
⑤ 《宋徽宗御解道德真经》卷三，《道藏》第 11 册，第 870 页。

与"感而遂通"常被用于形容道之体、用，圣人是得于道者，则其体、用与道相类。此解可以将"圣王"分释，"圣"体现的是圣人静而处己，与道同体之一面，此即内圣；"王"则是圣人动以接物的体现，以道之绪余治天下，此即外王。① 又，宋徽宗解"域中有四大，而王处一焉"句云："静而圣，动而王，能贯三才而通之人道，于是为至。故与道同体，与天地同功，而同谓之大。"② 圣人能贯通三才，将道行于人世。江澂之疏认为"（圣人）未离神天之本宗"，所以是"静而圣"，而"及其应帝王之兴起"，遂可以"动而王"。③ 此也是认为圣人能通于道之体，且又能"动"而尽"人道"。

在宋徽宗的理解逻辑内，圣人是真正意义上的体道者。因其体道，遂可知天道。同时，如同道之"感而遂通"一样，圣人亦能出而应帝王，以其绪余治天下。这样的表达正是宋徽宗"内圣外王"思想的体现。崇宁以后，宋徽宗在政治实践中绍述父志，并试图实现所谓上古圣王之治。所以，他对《老子》中圣人之解，或多或少有认己为圣人之意。成为内圣外王之人正是宋徽宗在理想意义上的政治目标。

当然，宋徽宗《老子》注并未将全部的圣人都诠释为"圣王"，他也认为儒家与三代的贤明人物亦是圣人。例如，

---

① （宋）江澂撰《道德真经疏义》卷九，《道藏》第 12 册，第 490 页。
② 《宋徽宗御解道德真经》卷二，《道藏》第 11 册，第 859 页。
③ （宋）江澂撰《道德真经疏义》卷六，《道藏》第 12 册，第 449 页。

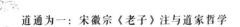

他在《老子》注中反复言及孔子、孟子皆是圣人。这一用意明显在于调和儒、道的思想观念。

第二节　与物委蛇：圣人与物的关系

人非独立存在之人，除了有人与人的社会关系，人亦处于与物同在的现实处境中。《庄子·人间世》曾借仲尼之言说："天下有大戒二，其一命也，其一义也。"① 庄子将"子之爱亲""臣之事君"作为对"命""义"的解释。"子与亲""臣与君"反映的是人与人之间不同层面的关系。但是，人又何尝只面对人与人之间的关系呢？在《老子》哲学中，物也是人必须面对的现实和无所逃离的生存环境。人与物的相处态度或实践反映出人是否对道有正确的体知。

理解人与物之间的合理关系是人面对物开展相应实践的认识论基础。道家的修身实践主张意味着需要采取符合道之原则的人对物的相处方式。由此，对于人与物的关系的探讨成为理解圣人修身行为的必要前提。

在徽宗《老子》注中，人与物的关系呈现为两类：其一是呈现背道之人与物之间的相处遭遇，这是错误的案例；其二是呈现圣人应物的实践，这是正确的范例。背道之人常为外物所累，以至于失其性，从而陷于为物所患的困境。

---

① 　陈鼓应注译《庄子今注今译》，第 130 页。

圣人对于物的实践关系则不同于背道之人，圣人处物不伤物，应物又不为其所累。这是人与物之间理想的相处关系。

一　背道之人与物的关系

《老子》通篇未曾言一"累"字，徽宗《老子》注则较多以"累"于物或不"累"于物释《老子》原文。与这相似的用法在战国以来的文献中较多，如《荀子·修身》言"君子役物，小人役于物"[1]，即是表明君子与小人之别在于"役物"和"役于物"。《庄子》是言人与物关系较多的道家文献，例如其《山木》篇亦提倡"物物而不物于物"的修身原则。[2]宋徽宗《老子》注明确认为累于物与不累于物是区分世俗之人与圣人的标准之一。在注"金玉满堂，莫之能守"句时，徽宗言：

> 金玉富贵，非性命之理也，外物之不可恃而有者也。宝金玉者，累于物。累于物者，能勿失乎？故莫之能守。[3]

金玉是对人的世俗生活具有吸引力的物之典型，但徽宗认为拥有金玉所带来的富贵，并非人真正的性命之理。宝金

---

[1]　《荀子》，方勇、李波译注，第17页。

[2]　《庄子·山木》载："物物而不物于物，则胡可得而累邪！此神农黄帝之法则也。"（陈鼓应注译《庄子今注今译》，第508页）

[3]　《宋徽宗御解道德真经》卷一，《道藏》第11册，第848页。

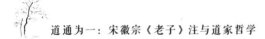

玉之人，会为物所累，以至"莫之能守"。"莫之能守"言明的是丧失人的本性。物能引起人情绪的变化，使人常处于情绪不定的状态中，所以徽宗说："今寄去则不乐，受而喜之，是以得失累乎其心，能勿惊乎?"① 因所得之物的失去而生不悦，偶然得物又感到欢喜，则人之心常逐物而动，曝露于悲喜不定的情绪影响中。

世俗之人常受累于物的原因是他们沉溺于个人的感官享受之中，徽宗注"五色令人目盲，五音令人耳聋"句曰："世之人役耳目于外物之累，故目淫于五色，耳淫于五音，而聪明为之衰，其于盲聋也何辩?"② 世俗之人常目淫于五色，耳淫于五音，会受外物之累，所以徽宗指出这与盲聋的状态没有区别。凡悦于感官声、味之人，则常常累于物而无法自我解脱。

受累于物，人就会丧失性命之情。人皆有素朴真纯的自然本性，性是人受于天者，也是人通过德得于道者。宋徽宗注《老子》第十章云：

> 而世之愚者，役己于物，失性于俗；无一息之顷，内存乎神；驰无穷之欲，外丧其精，魂反从魄，形反累神，而下与万物俱化，岂不惑焉?③

---

① 《宋徽宗御解道德真经》卷一，《道藏》第 11 册，第 850 页。
② 《宋徽宗御解道德真经》卷一，《道藏》第 11 册，第 850 页。
③ 《宋徽宗御解道德真经》卷一，《道藏》第 11 册，第 848 页。

魂为气所托，遂能无所不至，而魄附着于体，则行有所止。[①] 世间愚蠢之人，受物之累，往往使己役于物，会失去本有的淳朴之性，以致"魂反从魄""形反累神"。宋徽宗也常用"易性"表达人受累于物的结果，他认为"以物易性"之人，常好名而徇利，名辱而身危，终至于"丧心"。这就是《老子》所说的"大患"。

二　圣人与物的实践关系

圣人处物的实践则与背道之人完全相反，圣人完全不受万物之累，而能处物不伤物，亦可应物、育物。在《老子》哲学中，道与物之间主要呈现为主宰与被主宰的关系。圣人作为体道之人，即应效法于道，以形成圣人与物之间的主宰与被主宰的关系。

（一）圣人不为物所累

与背道之人不同，圣人是体道之人，所以知道之常。对于不知道之常的愚俗之人，徽宗认为他们会"随物转徙，触涂自患。故妄见美恶，以与道违；妄生是非，以与道异"[②]。知道之常的圣人则足以照万物，不受万物之累。

关于圣人与物的得失关系，宋徽宗注云：

① 宋徽宗注《老子》第十章"载营魄"句时，云："魄，阴也，丽于体而有所止，故老氏于魄言'营'。魂，阳也，托于气而无不之，故《易》于魂言'游'。"（《宋徽宗御解道德真经》卷一，《道藏》第11册，第848页）

② 《宋徽宗御解道德真经》卷一，《道藏》第11册，第853页。

> 物之傥来，寄也。寄之来不可拒，故至人不以得为悦；其去不可围，故至人不以失为忧。今寄去则不乐，受而喜之，是以得失累乎其心，能勿惊乎？柳下惠为士师，三黜而不去；正考父三命，循墙而走，则异于此。①

偶然而来之物，圣人不应以得为悦，因为来者本不可拒；物之失去，圣人则不以失为忧，因为这是无法阻挡的。如此不以得物而喜、不以失物而悲的态度，才使得圣人之心不为万物所累。既能不累于物，所以圣人可以独立于万物之上，对此，宋徽宗曰：

> 惟圣人为能不累于物，而独立于万物之上。独往独来，是谓独有。独有之人，是谓至贵。故运神器而有余裕，物态不齐，而吾心常一。②

心不受万物之累，则不随物化而流转，进而可以独立于万物之上。圣人的处物实践正是体道的体现。道是所谓"疑独"，而"独"是其内在原则。受物所累之人，会失去为人的淳朴本性。圣人则与此不同，他可以不受形物之累，而以魂御魄，能抱一以守静。抱一是指抱朴，江澂释此为：

---

① 《宋徽宗御解道德真经》卷一《道藏》第 11 册，第 850 页。
② 《宋徽宗御解道德真经》卷二，《道藏》第 11 册，第 861 页。

"抱朴则敦兮若朴而性真自全。"① 以此，圣人可以葆其全真之性，成为全德之人。

（二）圣人能宰制万物

不为物所累只是从被动层面言圣人与物的关系，圣人能宰制万物则是在主动层面说明圣人与物的关系。圣人宰制万物是对道宰制万物的一种效法，这里的万物包括人与物。这一关系体现的是圣人在修身的基础上能以其绪余治天下。

《庄子·山木》曾表达"物物而不物于物"的思想。"不物于物"反映的是圣人的修身实践，而"物物"则是圣人治天下实践的体现。宋徽宗注"不可为也"云："宰制万物，役使群动，必有不器者焉，然后天下治。"② "神器"是天下之称，"不器"是不以"为天下"为目的，这里的行动主体是圣人。徽宗认为圣人能够像道一般宰制万物，役使群动。同样的说法见于徽宗《老子》第五十九章注："宰制万物，役使群动，而无所不胜者，惟德而已。"③

圣人与万物的主宰—被主宰关系并非强调圣人的地位，而是言说圣人与万物的关系类同于道与万物的关系。道主宰万物最重要的作用之一在于"生"，圣人亦同样如此。由此，宋徽宗也特别强调圣人育万物的作用。在对"往而不

---

① （宋）江澂撰《道德真经疏义》卷五，《道藏》第12册，第438页。
② 《宋徽宗御解道德真经》卷二，《道藏》第11册，第860页。
③ 《宋徽宗御解道德真经》卷四，《道藏》第11册，第875页。

害"的注解中，宋徽宗认为圣人可以使天地阴阳和静，"群生不伤，万物不夭"①。在对"道隐无名，夫惟道，善贷且成"句注解时，宋徽宗先言道无形而妙，继而言"圣人得乎道，故予而不费，应而不匮，曲成万物，未尝擅而有之，亦且而已"②。江澂在此句疏义中认为：正因为圣人得乎道，他能够"以至无妙天下之有，以至虚运天下之实"，所以圣人不断给予而无所损失，应接无穷而不匮乏，最终成就万物。③ 在如上论述中，圣人就如同道在宇宙间的体现一样，承担了化育万物的作用。当然，对于圣人而言，这里的万物主要指百姓。

（三）圣人顺物而不伤物

除了能化育万物，圣人处物之实践亦应顺物而不伤物。圣人能够体道之无，但圣人在现实中乃与万物同在，所以圣人也需应物之有。这其实也是道兼有无思想的体现。圣人应物的态度乃是常顺万物，能随物而应，宋徽宗在《老子》注中多次引用《庄子·庚桑楚》中的"与物委蛇，而

---

① 《宋徽宗御解道德真经》卷二，《道藏》第 11 册，第 863 页。
② 《宋徽宗御解道德真经》卷三，《道藏》第 11 册，第 867 页。需要说明的是，《宋徽宗御解道德真经》此句原文为"得也道，故予而不费……"，但江澂之疏义引此段宋徽宗注文写作"得乎道，故予而不费……"（《道德真经疏义》卷九，《道藏》第 12 册，第 478 页），根据文义以及江澂疏义所引徽宗文句，此处应将《宋徽宗御解道德真经》中的"得也道"改为"得乎道"。
③ （宋）江澂撰《道德真经疏义》卷九，《道藏》第 12 册，第 478-479 页。

同其波"句来表达这一观念。①

圣人是万物的主宰者，但圣人主宰万物需以无为而用。宋徽宗注"万物将自化"时言："侯王守道以御世，出为无为之境，而为出于无为，化贷万物，而万物化之，若性之自为，而不知为之者，故曰自化。"②御世是指圣人不得已莅临天下，以治理万物。在此，圣人化贷万物之实践是"为无为"，即圣人之为出于无为，这样万物才能顺其自性而自化。圣人辅万物之自然，故能成万物之自性。尊重物之自性而不妄为，此即是顺物，顺物而辅，才不会伤物。

第三节　并观、观复与内视：圣人闻道的方式

《老子》第十九章提出"绝圣弃智"之观念，第二十章提出"绝学无忧"之观念，但又言圣人可见道、闻道，这说明对于道的认识不同于日常之学与知。陈鼓应先生指出："老子认为'道'是世界的本体，它是超言绝象不可名状的，因而不是一般人认识的对象。对于道体或实践本质的认识，不能只停留在现象上，道家向现象的根源处探索，即所谓'玄览'、'观妙'、'观徼'，其认识的对象属于形而上的领域。"③道非日常事物，则显然不可能通过一般智识体知，而必须通过符合于道的方式对其认知。

---

① 《宋徽宗御解道德真经》，《道藏》第 11 册，第 845、857、873 页。
② 《宋徽宗御解道德真经》卷二，《道藏》第 11 册，第 864 页。
③ 陈鼓应：《道家易学建构》，中华书局，2015，第 47 页。

闻道是体道的前提，《老子》既然认为圣人是体道者，那圣人一定也会通过某些方式闻知于道。在探讨圣人的具体修身与治世实践之前，我们需要先回答圣人如何闻知于道。在徽宗《老子》注中，他所诠释的圣人闻道的方式大致有三类："并观"、"观复"以及"内视"。

一　大智并观

对于圣人闻道的方式，历代注家探讨最多的句子即是《老子》第一章的"常无，欲以观其妙；常有，欲以观其徼"句。帛书本《老子》是以"无欲""有欲"连读。[1]王弼的断句同于帛书本，他认为："妙者，微之极也。万物始于微而后成，始于无而后生。故常无欲空虚，可以观其始物之妙。徼，归终也。凡有之为利，必以无为用；欲之所本，适道而后济。故常有欲，可以观其终物之徼也。"[2]万物始乎微，归乎终，则在无欲、有欲的状态中可各观道之妙、徼。王安石对此之断句则不同于以往诸家，他断于"无""有"二字下，将此句详释为：

　　道一也，而为说有二。所谓二者，何也？有无是也。无则道之本，而所谓妙者也；有则道之末，所谓徼者也。故道之本，出于冲虚杳眇之际，而其末也，散于形名度数之间。是二者，其为道一也。而世之蔽

---

① 高明校注《帛书老子校注》，第224页。
② 楼宇烈校释《老子道德经注校释》，第1页。

者，常以为异，何也？盖冲虚杳眇者，常存于无；而言形名度数者，常存乎有。有无不能以并存，此所以蔽而不能自全也。夫无者，名天地之始；而有者，名万物之母。此为名则异，而未尝不相为用也。盖有无者，若东西之相反而不可以相无〔也〕。故非有则无以见无，而无无则无以出有。有无之变，更出迭入，而未离乎道。此则圣人之所谓神者矣。《易》曰："无思也，无为也，寂然不动，感而遂通天下之故。"此之谓也。盖昔之圣人常以其无思无为，以观其妙，常以感而遂通天下之故，以观其徼。徼妙并得，而无所偏取也。则非至神，其孰能与于此哉？然则圣人之道亦可见矣。观其妙，所以穷神；观其徼，所以知化。穷神知化，则天地之道有复加乎！①

王安石强调的是有、无本是道之一体两面，无是道之本，有是道之末，此所谓妙与徼者。道之本指其寂然不动之道体，道之末是道散于形名度数之间的存在状态。惟有同时观其本、末，才能体道之全。他认为圣人能通过无思、无为的方式观道之妙，此谓"穷神"；通过感而遂通的方式可以观道之徼，此谓"知化"。既穷神，又知化，则圣人乃可见道之全体。

　　宋徽宗在王安石之解的基础上，明确提出闻道应"大

---

① （宋）王安石撰，罗家湘辑校《王安石老子注辑佚会钞》，第15页。

智并观"，他注此句云：

> 《庄子》曰："建之以常无有。"不立一物，兹谓之常无；不废一物，兹谓之常有。常无在理，其上不皦，天下之至精也，故观其妙；常有在事，其下不昧，天下之至变也，故观其徼。有无二境，徼妙寓焉。大智并观，乃无不可。恍惚之中，有象与物。小智自私，蔽于一曲，弃有着空，徇末忘本，道术于是乎为天下裂也。[①]

"不立一物"与"不废一物"意味着可将"常无""常有"看作不无之"无"与不有之"有"。"常无"体现的是道的本体之理，"常有"言明了天下万物之事。以此，宋徽宗认为如果观道，乃须大智并观。同时"观"关涉于有、无之事与理，两者并观，方能闻知道之全体。"弃有着空"的思想只能知道的无之一面，而误以非无为无；"徇末忘本"则会滞于形器，不知有终归于无。他认为这两种观点都是蔽于一曲之"小智"。宋徽宗注《列子·仲尼上》时也借此言："或使则实，莫为则虚，徼妙并观，有无不敌，无不忘也，无不有也，澹然无极，是谓契理。"[②]"或使""莫为"出自《庄子·则阳》中季真与接子的理论，一主张道有使物之功，一主张应彻底"莫为"。[③]宋徽宗认为这两种观点

---

① 《宋徽宗御解道德真经》卷一，《道藏》第 11 册，第 843 页。
② （金）高守元撰《冲虚至德真经四解》卷九，《道藏》第 15 册，第 69 页。
③ 陈鼓应注译《庄子今注今译》，第 697 页。

都是错误的，缘由即在于认识论上未能徼、妙并观，未明晓无动会生有，有亦会归无之理。

在《老子》第二章关于美与恶、善与不善之别的论述中，宋徽宗也提出圣人应"体真无而常有，即妙用而常无"的闻道方法。[1] 这要求既应明晓现象界的万物所关乎之事，又不忘体悟万物终将复归的那个无。换言之，圣人应体道之无，也应察知化作为万物之有。

二 观其复

"观其复"是《老子》一书中的观点，见于第十六章之"万物并作，吾以观其复"句。蒋锡昌根据《尔雅释言》指出"复"字是"返"之意，他认为："万物自生至死，犹人行路之往而复来……'万物并作，吾以观其复'，谓万物竞生，吾因观其归终之道也。"[2] 对"观其复"一句，宋徽宗注言：

> 万物之变，在道之末。体道者，寓乎万物之上焉。物之生有所乎萌也，终有所乎归。方其并作而趋于动出之涂，吾观其动者之必静，及出者之必复，而因以见天地之心，则交物而不与物俱化，此之谓"观其复"。[3]

---

① 《宋徽宗御解道德真经》卷一，《道藏》第 11 册，第 843 页。
② 转引自高明校注《帛书老子校注》，第 424 页。
③ 《宋徽宗御解道德真经》卷一，《道藏》第 11 册，第 853 页。

道之末在于万物之化，欲体道则需要从其末而观其复。万物萌生于道，终也归乎道。这也是《列子》所云"万物皆出于机，皆入于机"之理。[①] 所以，闻知道的途径之一乃是观万物之复，观其动者终必静，观其出者必复归，由此可以见"天地之心"。"天地之心"句借言于《周易》，原义是："复，其见天地之心乎？"[②] 这是复卦的象辞。孔颖达疏云："此复卦之象，动息地中，雷在地下，息而不动，静寂之义，与天地之心相似。观此复象，乃见天地之心也。"[③] 显然，宋徽宗改变了《周易》中"复"的含义，乃强调其复归之义。"见天地之心"在宋徽宗的理解中实际即是见道。那么，"观复"所观的内容是什么呢？《老子》第十六章"观复"的下一句即指出"夫物芸芸，各复归其根"。观复所见之内容是万物之所归根。芸芸华叶之盛，自然而枯落，最终复返其本根。所以，观复的内容不仅应观万物返其本性的过程，亦需在此基础上体知万物所归根的寂而不动之"常道"。

另外，在观复的基础上应有进一步的修身实践。宋徽宗注"各复归其根"时言："命者，性之本，而性其根也。精者，神之母，而神其子也。精全则神王，尽性则至于命。"[④] 万物皆应"复"，则人亦应"复"。知复是行复的前

---

① 杨伯峻撰《列子集释》，中华书局，2012，第17页。
② 黄寿祺、张善文撰《周易译注》，第234页。
③ （魏）王弼注，（唐）孔颖达疏《周易正义》，北京大学出版社，1999，第112页。
④ 《宋徽宗御解道德真经》卷一，《道藏》第11册，第853页。

提，行复则是修身的内容之一。所以，宋徽宗认为在观复的基础上应在行动上归其本根。人之根在于性，所以修身的根本原则是尽性。

徽宗所使用《老子》文本的第五十九章云"夫唯啬，是以早复"①，"早复"之语不同于王弼本和帛书本，二者皆作"早服"。宋徽宗对此解释："迷而后复，其复也晚矣。"② 所以，"复"理应尚早。

三 内视反听

《老子》关于闻知"道"的相关论说也见于第四十七章，其文载："不出户，知天下。不窥牖，见天道。其出弥远，其知弥少。"高明注此云："老子主张心境虚静，直观内省，依循事物运动之自然规律，观察内在的联系。"③ 宋徽宗也认为知道不应外视，而是彻底"去彼外视之目"④，向内而观。徽宗将此观法名为"内视"。注"自知者明"句时，宋徽宗引《史记·商君列传》之句将"明"解为"内视之谓明"，他认为若用世间之智求知，则会"与接为构，日以心斗"，而真正的知是"复"以自知⑤，是向内而知。如此，则能静而返本，宋徽宗称此为"自见"。"自见"可以鉴天地，也可以洞照万物。

---

① 《宋徽宗御解道德真经》卷四，《道藏》第 11 册，第 875 页。
② 《宋徽宗御解道德真经》卷四，《道藏》第 11 册，第 875 页。
③ 高明校注《帛书老子校注》，第 70 页。
④ 《宋徽宗御解道德真经》卷一，《道藏》第 11 册，第 850 页。
⑤ 《宋徽宗御解道德真经》卷二，《道藏》第 11 册，第 862 页。

依其逻辑而论，道本无异相，万物皆有得于道，所以能大同于道。以道而观，则物我本同根。内观自身可以闻知道，闻知道则能通晓天下万物。宋徽宗注《西升经》第二十章云：

> 《传》曰："内视之谓明，反听之谓聪。"不视不听，则目无所见，见晓于冥冥，耳无所闻，闻和于无声也。《易》曰："君子以慎言语，节饮食。"不言不食，则默而识之，终身不言，未尝不言，无饥渴之害，味人之所不味也。凡此无他，复以自知抱一而不离故尔。[1]

道本无相，所以目无所见，耳无所闻，日常的感知无法闻知于道。惟有内视与反听这样具有内向性和神秘性的见与听，才能"见晓于冥冥"，"闻和于无声"。见得冥冥、听得无声，遂知道之玄妙幽远之奥。

内视与反听重在言明闻知道的根本方向，具体见道的途径宋徽宗称为"见之以心"。宋徽宗注《老子》第四十七章云：

> 天下虽大，圣人知之以智，天道虽远，圣人见之以心。智周乎万物，无远之不察，故无待于出户；心

---

[1] 宋徽宗注解《西升经》卷中，《道藏》第 11 册，第 504-505 页。

潜于神明，无幽之不烛，故无待于窥牖。庄子曰："其疾俯仰之间再抚四海之外。"兹圣人所以密运而独化。[1]

对于天下万物之化，圣人可以通过世俗之智感知，却不能以此见道。见道之方法乃是"见之以心"。宋徽宗在其《老子》注的解题部分认为德是"心之所自得"，乃是受道于心。以此，心自可以通过德的中介而会于道，此之谓"心潜于神明"。如是，则无须窥牖以知。

又，宋徽宗对《老子》第五章"守中"之解也是认为守中是内视而见天地之心的意思，其注云：

> 籥虚以待气，气至则鸣，不至则止。圣人之言似之。辩者之囿，言多而未免夫累，不如守中之愈也。慎汝内，闭汝外，收视反听，复以见天地之心焉，此之谓守中。[2]

闻知道的方式是不外视，不外听，而视乎冥冥，听乎无声。此处的"复"指向的是观己之复，然后可以内见天地之心。宋徽宗称这一途径为"守中"。

江澂在理解宋徽宗所提出的"见之以心"之方法时，云："盖天地之大不可以俄而测度也，能以心腹心，使心合

---

① 《宋徽宗御解道德真经》卷三，《道藏》第 11 册，第 869 页。
② 《宋徽宗御解道德真经》卷一，《道藏》第 11 册，第 846 页。

于无，则天地之心即吾之心矣。"① 他认为"见之以心"是通过圣人之心体知天地之心，即所谓"以心腹心"，将天地之心与吾之心同乎为一，于是可以闻知于道。

概言之，宋徽宗在御注中呈现了圣人闻知道的三种向度。并观主要强调应同时闻知于道之本、末，以实现妙、徼并观，不立一物，不废一物。观复是因为芸芸万化会终归其本根，即复归于寂然不动之道体。因此，闻知道的方式可以通过观万物之复的过程，并在此基础上体知万物之所复的终极目标。内视反听则指出体道的方向是自省于内，而非外求，应视乎冥冥，听乎无声。最终，以己之心可见天地之心，乃能实现闻知于道。

第四节　为无为、欲不欲：圣人修身的基本原则

修身论涉及的是道家哲学中颇为重要的实践思想。《庄子·让王》载："道之真以治身，其绪余以为国家，其土苴以治天下。"② 王安石亦云："盖人君能自治，然后可以治人；能治人，然后人为之用；人为之用，然后可以为政于天下。"③ 宋徽宗也在注《老》时谓："道之全，圣人以治身。道之散，圣人以用天下。"④ 这些观点皆说明修身实践

---

① （宋）江澂撰《道德真经疏义》卷九，《道藏》第 12 册，第 489 页。
② 陈鼓应注译《庄子今注今译》，第 752—753 页。
③ 王水照主编《王安石全集》第 6 册，第 1182 页。
④ 《宋徽宗御解道德真经》卷二，《道藏》第 11 册，第 860 页。

对圣人依道而行有着首要的意义。

对于圣人修身实践的探讨笔者拟分为两个部分，其一论修身之原则，其二论修身之具体方法。修身之原则是笼统而言修身实践所依循的准则；修身之方法则是具体而言圣人修身可以直接实施的行为。修身之原则是落实修身具体实践的基本准则或价值规定，而修身之方法是为了实现修身原则所指向的目标或解决一些问题所采取的具体行为。在宋徽宗《老子》注所论修身实践中，笔者认为较为重要的原则有二，分别为"为无为"和"欲不欲"。

一　为无为

"无为"可以说是《老子》实践哲学中最重要的原则之一，也是后人对《老子》哲学观点印象最深刻处之一。《史记·老子韩非列传》概括李耳之思想时就提到："李耳无为自化，清静自正。"[①] 无论在修身实践抑或治世实践中，无为都是最基本的实践原则之一。

在《老子》文本语境中，遵循无为原则的行为主体是圣人。圣人对这一原则的依循是效法于道的体现。对此，宋徽宗注《老子》第六十三章"为无为，事无事，味无味"句时即云：

　　道之体无作，故无为；无相，故无事；无欲，故

---

① （汉）司马迁：《史记》，第 4440 页。

无味。圣人应物之有而体道之无，于斯三者，概可见矣。①

高明曾指出《老子》这一原文在历代之解中颇存分歧。例如，姚鼐、马叙伦等人将《老子》原文断为"为、无为，事、无事，味、无味"，以形成三组并列句，而高明则认为应当解为"为以无为，事以无事，味以无味"②。高明所解实际上与宋徽宗之解相近。在具体含义上，宋徽宗认为道之本体寂然不动，无形无相，澹然自足，遂分别"无作""无事""无味"。何以又称"为无为""事无事""味无味"呢？江澂之疏曰："兴事造业，为之而成，虽曰有作，而为出于无为。耳目鼻口，各有所事，虽曰有相，而事出于无事。口之于味，人所同嗜，虽曰有欲，而味出于无味。"③ 此即认为不以"为"而"为"，遂名"为无为"。宋徽宗在注《西升经》第十三章之"圣人绝智，而为无所为"一句时，有言："为无为，所谓处无为之事也。"④ 有事之处即是"为"，而处"无为之事"则是"无为"，盖"为"出于"无为"耳。圣人是体道者，正如徽宗云"圣人应物之有而体道之无"，所以对"为无为，事无事，味无味"之原则也应践行之。当然，这三者实际上可以共同以

---

① 《宋徽宗御解道德真经》卷四，《道藏》第 11 册，第 877 页。
② 高明校注《帛书老子校注》，第 186 页。
③ （宋）江澂撰《道德真经疏义》卷十二，《道藏》第 12 册，第 515 页。
④ 宋徽宗注解《西升经》卷中，《道藏》第 11 册，第 500 页。

"为无为"作为总概括。

在修身实践中，圣人所本之原则即是"为无为"，所以徽宗有言：

> 圣人体道则治身，惟长久之存，兼善则利物，处不争之地①。《庄子》曰："有而为其易耶？易之者，皞天不宜。"夫无为而寡过者，易；有为而无患者，难。既利物而有为，则其于无尤也难矣。②

这一解释明确认为圣人体道治身之要则在于无为。在具体的修身行为中，应处处以"为无为"作为实践原则，宋徽宗注《老子》第十五章"徐清"之"徐"字时，言：

> 《易》曰："来徐徐。"徐者，安行而自适之意。至人之用心，非以静止为善，而有意于静，非以生出为功，而有为于生也。因其固然，付之自尔，而无怵迫之情，遑遽之劳焉，故曰"徐"。③

他认为"徐"是安行而自适之意。在具体的行为中，并不因静止属于善的行为，就有意于静，以"生"为成事

---

① 道藏本《宋徽宗御解道德真经》此句作"兼善则利处物不争之地"，《道德真经疏义》作"兼善则利物处不争之地"，根据文意以及《宋徽宗御解道德真经》此段后载有"既利物而有为"句，应从后本。
② 《宋徽宗御解道德真经》卷一，《道藏》第 11 册，第 848 页。
③ 《宋徽宗御解道德真经》卷一，《道藏》第 11 册，第 852-853 页。

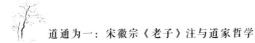

之功，就有为于"生"。"为"应遵循于"因其固然，付之自尔"的原则。换言之，圣人不能以主观成事之目的，而有意去为。为须出于无为，此乃圣人修身实践的基本原则之一。

二 欲不欲

在《老子》哲学中，"欲"通常被作为否定的对象，如第三章之"不见可欲，使心不乱"，第三十七章之"化而欲作，吾将镇之以无名之朴"，第四十六章之"罪莫大于可欲"等表达，皆是对欲之否定。有欲是对修身实践的妨害之一。宋徽宗认为人受欲之诱，则往往"决性命之情以争之"，以致丧其淳朴之本性。

在《老子》原文中，描述圣人与欲所呈现的关系通常有两类提法，一为"无欲"，如"我无欲而民自朴"，一为"欲不欲"，如第六十四章之"是以圣人欲不欲，不贵难得之货"。《老子》所谓"无欲"之所指当是无贪求造作之欲，实际也是在表达不以欲为欲之意。

宋徽宗注"是以圣人欲不欲"句时，解曰：

> 欲利者，以物易己；务学者，以博溺心。夫岂足以造乎无为？圣人不以利累形，欲在于不欲，人我之养，毕足而止。故不贵难得之货，不以人灭天，学在于不学，绲熙于光明而已，故以复众人之所过。道之不明也，贤者过之，况众人乎？复其过而反之性，此

绝学者所以无忧而乐。①

人受欲之惑，往往会以物易己，而丧其本性。圣人却不以利累形，而是"欲在于不欲"。这一解释并未彻底地否定欲，其本义在于强调欲出不于欲。又宋徽宗注《西升经》第十九章"故圣人不欲，以归无欲也"一句时说："然目之綦色，耳之綦声，口之綦味，皆生于有欲，罪莫大于可欲，而欲者德之累，是以圣人欲不欲，而复乎素朴也。"②目、耳、口享受色、声、味时，皆有欲之生成，而欲会造成人之德为其所累，所以圣人应遵循"欲不欲"之修身原则。

在《老子》第二章之注中，宋徽宗也认为所谓圣人乃是不就利，不违害，不乐寿，不哀夭，不荣通，不丑穷之人。如此之人，又孰为"可欲"呢？③圣人欲虑不萌的修身状态，就如道体一般澹然自足。

第五节　圣人修身实践的具体方式

圣人修身实践以"为无为""欲不欲"为基本原则，而其实践理想则是本书第五章所论尽性与复性，即发挥或复归在己之性。那么，在具体的实践行为上该如何做呢？

---

① 《宋徽宗御解道德真经》卷四，《道藏》第 11 册，第 878 页。
② 宋徽宗注解《西升经》卷中，《道藏》第 11 册，第 504 页。
③ 《宋徽宗御解道德真经》卷一，《道藏》第 11 册，第 844 页。

徽宗《老子》注曾在很多章节言及具体的修身实践行为，笔者将此粗略概括为三类，分别为"处下不争"、"知足知止"和"抱朴守一"。

一 处下不争

"处下"即贵柔处下，"不争"乃自守不争。《老子》的修身原则以道的内在本质和基本运行规律为依循，处下不争之行为即与"反者道之动""弱者道之用"的原则有关。陈鼓应曾指出："老子说：'反者道之动。'（四十章）老子认为自然界中事物的运动和变化莫不依循着某些规律，其中的一个总规律就是'反'：事物向相反的方向运动发展；同时，事物的运动发展总要返回到原来基始的状态。因而，'反'字可作'相反'，也可作'返回'讲（'反'即'返'）。它蕴涵了两个概念：（1）相反对立。（2）返本复初。"① 对于"弱者道之用"，宋徽宗解为："柔之胜刚，弱之胜强，道之妙用，实在于此，庄子曰积众小不胜为大胜者，惟圣人能之，故云弱者道之用。"② "反者道之动"与"弱者道之用"是万物所依循的规律。无论解"反"之义为相反对立还是返本复初都能合理说明贵柔处下的实践意义。相反对立意味着贵柔处下蕴育着往上、往强发展的潜能，返本复初意味着贵柔处下会复归于人的淳朴本性。

---

① 陈鼓应：《老子注译及评介》，第7页。
② 《宋徽宗御解道德真经》卷三，《道藏》第11册，第866页。

《老子》尝用"天下溪"作为"贵柔处下"的代表，宋徽宗解此云：

> 雄以刚胜物，雌柔静而已。圣人之智，知所以胜物矣，而自处于柔静，万物皆往资焉而不匮，故为天下溪。溪下而流水所赴焉，盖不用壮而持之以谦，则德与性常合而不离，是谓全德，故曰："常德不离，复归于婴儿。"气和而不暴，性醇而未散，婴儿也。《孟子》曰："大人者，不失其赤子之心。"①

圣人知晓自己能胜过万物（即江澂所谓"威可以服海内，力可以旋天地"②），却自处于柔静之境，不仅不与万物争，而能资助万物并不匮乏，这就是全德不离的状态。

处下并不是一直处于下的结果中，《老子》第六十六章有言："是以圣人欲上人，以其言下之。欲先人，以其身后之。是以圣人处上而人不重，处前而人不害，是以天下乐推而不厌。"这一看法说明圣人之处下是实现"上人""先人"的实践途径，处于柔静不争之地，则天下莫能与之争。以此，宋徽宗云："天下皆以刚强敌物，而我独寓于柔静不争之地，则人孰胜之者？"③ 在具体的修身实践中，宋徽宗也强调：

---

① 《宋徽宗御解道德真经》卷二，《道藏》第 11 册，第 860 页。
② （宋）江澂撰《道德真经疏义》卷六，《道藏》第 12 册，第 452–453 页。
③ 《宋徽宗御解道德真经》卷四，《道藏》第 11 册，第 876 页。

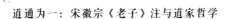

> 圣人有自知之明，而不自见以矜其能；有自爱之仁，而不自贵以临物。若是者，处物不伤物，物莫之能伤也。方且乐天而无忧，何威怒之足畏乎？圣人之所去取，抑可见矣。①

圣人应贵柔处下、自守不争，这样才能正确与物相处，不仅处物不伤物，而且物莫能伤之也。

二 知足知止

《老子》并非彻底地认为应断绝所有欲望，正如前文所述，修身实践的一个重要原则乃是"欲不欲"，即以不欲为欲。不欲并非完全地没有任何欲望需求，而是没有贪欲或者多余的欲望，人之基本的生存欲望并非《老子》所否认。《老子》所言"少私寡欲"即表明此意。

为了实现"少私寡欲"，则需要知足知止。知足知止中的"足"与"止"意味着人仍然有着基本的生活需要，但是如果欲望不知足知止，则会构成贪欲，从而使得人为物所惑。宋徽宗曾提到"中于知足所以尽性"，江澂也认为尽性则可以实现无欲。② 换言之，知足乃可以尽性，尽性则无欲。对于知足与欲望之关系，宋徽宗注云：

---

① 《宋徽宗御解道德真经》卷四，《道藏》第 11 册，第 881 页。
② （宋）江澂撰《道德真经疏义》卷七，《道藏》第 12 册，第 462 页。

> 人见可欲，则不知足，不知足则欲得，欲得则争端起而祸乱作，泰至则戎马生于郊。然则知足而各安其性命之分，无所施其智巧也。日用饮食而已，何争乱之有？①

人见可欲，则不能知足，不知足遂有欲得之心，从而引起各种争端祸乱。这段话指出了贪求欲望以至祸害之根由，知足则能避祸全生。知足是从被动意义上远离欲望，而知止则是主动断绝与欲望的关联。对此，宋徽宗在注《老子》第三十二章时云：

> 世之仁人，蒿目而忧世之患；不仁之人，决性命之情而饕贵富；圣人不然，始制有名，则不随物迁，澹然自足，孰能危之？故云"知止不殆"。②

宋徽宗在此对比了三种人：世上的仁人忧虑于世间的祸患；世上的不仁之人摈弃本身的淳朴本性而追求物质之欲；圣人则不随物迁，而澹然自足。这三种人中，惟有圣人能够不被万物所伤，宋徽宗将此功归于圣人能知道并可实践"知止不殆"之方法。

对于知止之实践，宋徽宗曾提出应"以神御形，以魂制魄"的主张。在注《老子》第十章时，宋徽宗曰：

---

① 《宋徽宗御解道德真经》卷三，《道藏》第 11 册，第 869 页。
② 《宋徽宗御解道德真经》卷二，《道藏》第 11 册，第 862 页。

> 圣人以神御形，以魂制魄，故神常载魄而不载于
> 魂，如车之运，百物载焉；如时之行，寒暑往焉。心
> 有天游，六彻相因，外天地，遗万物，而神未尝有所
> 困也，岂复滞于魄哉？①

"魄"是附于体而有所止者，"魂"乃托于气而无不至者，
圣人正确的修身实践方法应是"以神御形，以魂制魄"。世
俗之人常"魂反从魄"，形反累神，而随物转徙。"以魂制
魄"的本质实际上即是知止。

三　抱一以守

人之德、性皆是道之分体，所以正确的修身实践方法
是要守住自己体内之道，即所谓"抱一以守"。宋徽宗注
"抱一能无离乎"句时云：

> 圣人则不然，载魄以通，抱一以守，体神以静，
> 形将自正，其神经乎太山而不变，处乎渊泉而不濡，
> 孰知其所始，孰知其所终？故曰"圣人贵精"。②

相比于世俗之人"魂反从魄"的状态，圣人坚持"抱一以
守"。抱一是抱朴，乃圣人持守质朴无华之本性的行为，其

---

① 《宋徽宗御解道德真经》卷一，《道藏》第11册，第848页。
② 《宋徽宗御解道德真经》卷一，《道藏》第11册，第848页。

目的在于实现与道相合。圣人之所守是本性之静与真。圣人"抱一以守"，体神以虚静，则其形亦能自我归正。在《老子》第三十九章注中，宋徽宗借《庄子》的语句也提到"抱一则不离，守一则不迁"①。这里的"一"乃老子所谓"万物得一以生，王侯得一以为天下正"之"一"，乃是分于人之内的道，也是人各自所得之德。无论天地神谷侯王皆是本于道而生，惟有抱、守住其体内之"一"，才能由德返道，最终同乎大顺。

小　结

对于《老子》哲学之动机而言，宇宙论和本体论的建立并不是其最终指向，而是关乎人的实践问题。宋徽宗曾言："道之全，圣人以治身。道之散，圣人以用天下。"②如何"治身"和"用天下"才是《老子》哲学真正试图表达的思想主旨。如果将宋徽宗《老子》注视为一部完整的文本，包括道、德、性、圣人在内的诸范畴构成理解其内容的关键点。道与物之关系，人与物之关系，德与道之关系，德与人之关系等点与点之关系则构成理解该文本的逻辑之线。在点、线的基础上表达的修身论与治世论才是该文本所试图表达的思想之面。

本章主要论及宋徽宗《老子》注所见圣人修身论。圣

---

① 《宋徽宗御解道德真经》卷三，《道藏》第 11 册，第 866 页。
② 《宋徽宗御解道德真经》卷二，《道藏》第 11 册，第 860 页。

人是《老子》哲学中用以表达修身论、治世论主张的角色主体，他是道在形下世界之代表，他所依循的实践原则和实践方式乃可以成为天下之范式。宋徽宗亦通过这一角色表达其详细思想内容。本章大略从五个面向探讨这一主题：其一，何谓圣人，这一部分内容关注宋徽宗如何诠释《老子》中的圣人范畴；其二，圣人与物的关系；其三，圣人闻知道的方法，即圣人通过何种方式在认识论意义上理解道；其四，圣人修身的原则，即圣人治身所依循的原则，这些原则往往效法于道之行动规律；其五，圣人修身的具体实践方式，主要探讨宋徽宗所认为的圣人修身的一些具体方法。

宋徽宗《老子》注特别重视圣人这一范畴。《老子》原文中指涉主体不明确，或本来以道为言说主体的章节，常被宋徽宗诠释为以圣人为言说主体。这可能与宋徽宗之天子身份，以及北宋中后期以来的政治文化有关。在徽宗的御注内，圣人往往有三种指向：其一，圣人是知天道者；其二，圣人是体道之人；其三，圣人是圣王。圣王可以被看成两种身份的叠加，分别是"圣"与"王"。"圣"表明圣人是体道之人，而"王"乃体道而用天下的角色。圣王实际表明的也是宋徽宗内圣外王之身色理想，其内圣之一面更多与修身论相关联，外王之一面则关乎圣王之治世实践。

在探讨圣人修身与治世实践以前，我们需要先回答圣人是如何闻知于道的。对此，宋徽宗《老子》注大致阐明出三类："并观"、"观复"以及"内视"。并观主要强调应同时体道之本、末，以实现妙、微并观，不立一物，不废一物。观复是因为芸芸万化会终归本性，复归于寂然不动之道体。因此，闻知道的方式可以通过观万物之复的过程，以及观万物之所复的终极目标。内视反听则指出体道的方向是自省于内，而非外求，应视乎冥冥，听乎无声。最终，以己之心可见天地之心，乃能实现闻知于道。

对于圣人修身实践的探讨本章分为两个部分，其一论修身的原则，其二论修身的具体方法。修身之原则是笼统而言修身实践所依循的准则；修身的方法则是具体而言圣人修身可以直接实施的行为。在宋徽宗《老子》注所论修身实践中，笔者认为较为重要的原则与目标有二，分别为"为无为"与"欲不欲"。"为无为"指为须出于无为，"欲不欲"强调应以不欲为欲。在本书第五章中，笔者也曾探讨了宋徽宗所认为的修身实践理想即为尽性与复性。这两者所指向的修身实践理想在于回归或发挥人自身的淳朴本性，通过性修反德，最终实现与道冥会。在具体的实践方法上，笔者将宋徽宗《老子》注所论相关内容概括为三类，分别为"处下不争"、"知足知止"和"抱朴守一"。"处下"即贵柔处下，"不争"乃自守不争。圣人应贵柔处下、自守不争，这样才能正确与物相处，不仅处物不伤物，而且物莫能伤之。知足知止是为了尽性，尽性则无欲。同时，圣人也应坚持抱一以守，惟有抱、守住其体内之"一"，才能由德返道，最终同乎大顺。

第七章　在宥天下：宋徽宗《老子》注所见圣人治世论

　　班固在《汉书·艺文志》中曾评论道家："道家者流，盖出于史官，历记成败存亡祸福古今之道，然后知秉要执本，清虚以自守，卑弱以自持，此君人南面之术也。"[1] 班固所综论之道家书籍包括了《老子邻氏经传》、《老子傅氏经说》、《老子徐氏经说》、刘向《说老子》等著作，这些著作显系《老子》之学，这说明在班固看来，《老子》的思想包括了"君人南面之术"的内容。徐复观先生曾提到："老子的人生态度、境界，由其对人之所以生的德的回归而来"，而"人君向'德'的回归"，也要"促成人民向'德'的回归"。[2] 此即是圣人在修身的基础上，还应当治世。

　　在宋徽宗《老子》注中，圣人不仅被认为是得道、体道之人，也多被形容为世间之圣王。宋徽宗认为圣人本是

---

① （汉）班固撰《汉书》，中华书局，2007，第333-334页。
② 徐复观：《中国人性论史·先秦篇》，第318-319页。

神民万物之主，当其不得已而莅临天下之时，即是圣王。①
圣王是"圣"与"王"的结合，不仅有内圣之一面，也有
外王之用。以此，徽宗借用《庄子》之篇名，云："圣人
出，应帝王。"②圣人本应独立于万物之上，但是有不得以
而"在宥"天下之时。③何为徽宗所认为的不得已之时？
《老子》第二十七章曾言："是以圣人常善救人，故无弃
人；常善救物，故无弃物。"宋徽宗注此云："世丧道矣，
天下举失其恬淡寂常之性，而日沦于忧患之域，非圣人其
孰救之？"④他认为正是世人失其恬淡寂常之性，日益丧道
之时，乃需要圣人相救。圣人是体道之人，所以能够得到
"天下乐推而不厌"（《老子》第六十六章），以"在宥"
天下。圣人救世的方法则是以道治世，目的是让人民复得
其性，各乐其业而无所争。

　　本章关注的主题即是宋徽宗《老子》注所见之圣人治
世论。治世之说同样是通过圣人这一角色而表达的，他也

---

①　宋徽宗注《老子》第六十章云："圣人者，神民万物之主也，不得已
　　而临莅天下，莫若无为。道常无为，以莅天下，则人无不治。"（《宋
　　徽宗御解道德真经》卷四，《道藏》第 11 册，第 876 页）

②　《宋徽宗御解道德真经》卷一，《道藏》第 11 册，第 846 页。

③　徽宗《老子》注三次提到"在宥"天下。"在宥"这一概念出自《庄
　　子·在宥》，其篇首句云："闻在宥天下，不闻治天下也。在之也者，
　　恐天下之淫其性也；宥之也者，恐天下之迁其德也。"宋人林希逸解释
　　"在"为"优游自在"之意，"宥"为"宽容自得"之意，冯友兰先
　　生也认为"在"表示"自在"，"宥"表示"宽容"，此即圣人无为而
　　治，辅其自然，使民各得其性的体现。以上参见（宋）林希逸撰《南
　　华真经口义》卷一三，《道藏》第 15 册，第 753 页；冯友兰《中国哲
　　学简史》，第 135 页。

④　《宋徽宗御解道德真经》卷二，《道藏》第 11 册，第 859 页。

是具体治世行为的实践主体。本章将从三个面向探讨这一主题。首先，本章关注宋徽宗所论圣人治世的基本理念，这一理念应体现或贯穿于治世之原则与具体措施中。其次，本章拟探讨宋徽宗所认为的治世原则，这一原则体现的是圣人治世的内在要求。圣人乃体道之人，所以他治理天下的实践遵循于道的自然法则和运行规律，如同道之作用于万物一般，以辅成群生。最后，拟关注宋徽宗论及的具体的圣人治世之术，以及他在相关释义中对这些治术的理解。

第一节　无为而用天下：圣人治世的基本理念

治世的基本理念是治世之主体在政治实践中所秉持的基本理性观念，这一观念乃贯穿于所有治世相关思想与实践中。在徽宗《老子》注中，笔者认为"无为而用天下"之理念是最基本的治世理念，这实际上也符合《老子》所表达的"无为而治"的基本思想。

圣人是徽宗《老子》注所认为的治世之主体，也是体道之人，所以圣人治世的原则必依循于道的根本规律。圣人与万物的关系应效仿道与万物的关系。在道物关系中，道呈现出"无为而无不为"的实践方式。宋徽宗注第五十一章的"道生之"三字时，将其解为："道常无为而无不为，万物职职，皆从无为殖。"① 道体寂然不动，无思无为

---

① 《宋徽宗御解道德真经》卷三，《道藏》第 11 册，第 871 页。

而任运自然，此谓"无为"；万物各自繁茂，乃从无中得以生，此为"无不为"。道与万物之间构成的是主宰—被主宰的关系，它是万物之主宰与总根源，但它对万物的作用并不带有任何主观欲为的意志，而是自然而然地发挥其作用。虽然道没有主动为之的意志，它却无所不能为，可以生、畜、长、育、成、熟、养、覆于万物。效仿道之无为，圣人亦当把无为作为治世的基本原则。宋徽宗注"我无为而民自化"句时称："天无为以之清，地无为以之宁，两无为相合，万物皆化。圣人，天地而已，故民日迁善，而不知为之者。"① 天运之以无为，地处之以无为，却有万物之化生，圣人则应效法天、地，最终使得百姓日益迁善，并且不知有为之者。

　　宋徽宗注"执大象，天下往"时，将该句解释为："圣人之御世，处无为之事，行不言之教，而民归之如父母，故曰执大象，天下往。"② 江澂之疏将此注的"处无为之事"理解为"虽为未尝有为之之迹"，将"行不言之教"理解为"虽教未尝发言之之意"③。这说明圣人并非不为、不言，而是"未尝有为之之迹"地为、"未尝发言之之意"地教，即不以主观之"为"与"教"为目的。

　　圣人治世之为的原则应如《老子》第六十四章所说："以辅万物之自然，而不敢为。"圣人并非彻底意义之无为，

① 《宋徽宗御解道德真经》卷三，《道藏》第 11 册，第 874 页。
② 《宋徽宗御解道德真经》卷二，《道藏》第 11 册，第 863 页。
③ （宋）江澂撰《道德真经疏义》卷七，《道藏》第 12 册，第 463 页。

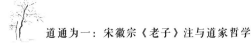

其"为"体现于"辅万物之自然"，而不是有主观意志的"为"。杨国荣先生认为两者之区别在于："'辅万物之自然'更多地表现为行为的合法则性，'而不敢为'中的'为'，则与合目的性相涉，在此意义上，'辅万物之自然，而不敢为'意味着以合法则性为首要的关注对象，避免以合目的性压制合法则性，这一看法与'为无为'前后一致，而合乎法则的观念，则同时体现了对自然的尊重。"① 宋徽宗之解释则为："辅其自然，故能成其性。为者败之，故不敢为。"② 万物虽同得于道，却也各具分殊之性，圣人之为在于辅百姓之自然，使其各得其所成。如果刻意去为，将合目的性当作"为"之动机，则可能破坏万物的自然之性。

在现实处境中，"无为而用天下"的实践状态即是"其政闷闷"。王弼对"其政闷闷"的理解是："言善治政者，无形，无名，无事，无政可举，闷闷然，卒至于大治。"③ 宋徽宗之理解借用了《老子》第十七章之语，称"其政闷闷"即是实现"下知有之，而无欣欣之乐"的为政效果。④ 江澂也认为，天下本自有其"常性"与"常德"，"本不可为也，为之则伪，不可扰也，扰之则忧"。⑤ 圣人之"在宥"天下应当不迁百姓之德，辅以百姓，而成其自然。以此，即能实现"下知有之"的为政效果。"闷闷然"的为

---

① 杨国荣：《老子讲演录》，中国人民大学出版社，2023，第253-254页。
② 《宋徽宗御解道德真经》卷四，《道藏》第11册，第878页。
③ 楼宇烈校释《老子道德经注校释》，第151页。
④ 《宋徽宗御解道德真经》卷四，《道藏》第11册，第874页。
⑤ （宋）江澂撰《道德真经疏义》卷一一，《道藏》第12册，第506页。

政状态，乃是为了使百姓各存其自然本性，而不受外在的破坏。若是统治者刻意去为，则会带来性伪的效果。所以，具体的政治实践原则应当是不以事扰民，正如宋徽宗注"我无事而民自富"时所云："天下本无事，庸人扰之耳。无以扰之，民将自富。"① 江澂曾用过一个恰当的比喻来形容统治者不应扰民之事，他认为圣人"在宥"天下的状态，如鱼相忘于江湖一样，相忘于治世的诸种有为道术。②

由于圣人治世当"无为而用天下"，并未带有任何主观意图与施政目的，所以圣人治天下时应没有任何私心。宋徽宗在注《老子》第九章时即表达了这一观点，他指出："圣人不拘一世之利以为己私分，不以王天下以为己处显。"③ 圣人之"在宥"天下，犹如水一般兼爱无私、施而无择。"无为而用天下"之意旨在实现百姓自治，所以圣人也应无容心和爱利之心。何谓"无容心"呢？宋徽宗将此释为："为道者，居无思，行无虑，顺其自然，无容心焉。"④ "无容心"的特征在于能顺物。圣人"无容心"，则能顺百姓之自然。在具体的表现上，"无容心"要求"不独亲其亲，不独子其子"⑤，即无特意之留心。圣人之治天下也不应当有爱利之心，宋徽宗认为"恩生于害，害生于

---

① 《宋徽宗御解道德真经》卷四，《道藏》第 11 册，第 874 页。
② （宋）江澂撰《道德真经疏义》卷一一，《道藏》第 12 册，第 506 页。
③ 《宋徽宗御解道德真经》卷一，《道藏》第 11 册，第 848 页。
④ 宋徽宗注解《西升经》卷中，《道藏》第 11 册，第 503 页。
⑤ 《宋徽宗御解道德真经》卷一，《道藏》第 11 册，第 854 页。

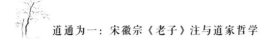

恩，以仁为恩，害则随至"①。若有爱利之心，则往往可能带来更多的危害。圣人对待百姓的状态应如天地不仁一般，当以万物为刍狗，无所偏爱于民，则百姓遂能自适。

需要特别辨明的是，宋徽宗"无为而用天下"的治世理念并非消极刻意强调无为，过去探讨宋徽宗《老子》注的学者大多专门关注到宋徽宗所论无为观念的诸种表达，并结合宋徽宗的历史形象与结局，认为宋徽宗的思想似乎倡导无所事事和在政治上无所作为。这一解读乃是将宋徽宗的部分表达与他作为"失败者"的人君形象结合并论。宋徽宗是一位著名的亡国之君，因其种种荒谬的行为而带来开封城破，北宋灭亡之结局。然详观徽宗一朝之政治史可知，他绝不是一位不喜作为的皇帝。在本书第一章中，笔者即已指出自崇宁初政以来，宋徽宗就颇有兴趣于政事，以追随其父、兄之志。当然，或许他过于作为，或者作为之方向有误，或有更多复杂原因，遂有"北狩"之失的结局。宋徽宗在崇观年间对礼乐制度的建设，恢复其父、兄之业的诸种政治实践，以及政宣年间大兴"神霄之教"的崇道实践都可以说明他不是一个愿意无为的皇帝。② 严格说来，他的诸种现实政治实践与其在《老子》注中所表达的"无为而用天下"之理念并不相符。

① 《宋徽宗御解道德真经》卷一，《道藏》第 11 册，第 846 页。
② 相关研究可以参见方诚峰《祥瑞与北宋徽宗朝的政治文化》，《中华文史论丛》2011 年第 4 期，第 215-253 页；方诚峰《北宋晚期的政治体制与政治文化》，第 31-67 页。也可参见伊沛霞对于宋徽宗的专著研究，〔美〕伊沛霞：《宋徽宗》，韩华译，广西师范大学出版社，2018。

　　宋徽宗亦在《老子》注中多次申明"无为而用天下"并不意味着不作为，例如注《老子》第三章"为无为，则无不治矣"句时，宋徽宗云：

　　　　圣人之治，岂弃人绝物而恝然自立于无事之地哉？为出于无为而已。万物之变，在形而下。圣人体道，立乎万物之上，总一其成，理而治之。物有作也，顺之以观其复；物有生也，因之以致其成，岂有不治者哉？故上治则日月星辰得其序，下治则鸟兽草木遂其性。①

　　这一注文明确表明宋徽宗认为圣人之治绝不是自立于无事之地，而是"无为"不应废"有为"，即"为出于无为"。章安解此句之义也说："其为也，出于无为，非无为也。辅万物之自然，生其所自生，成其所自成，曲全乎天而无夭阏桔亡之患，则无不治矣。"②宋徽宗并未认为"为"应是彻底之无为，而是重在表明"为出于无为"而已。面对天下，圣人并非彻底地寂然不动，而是"总一其成，理而治之"③，顺应万物之变，辅万物之自然，才可上使日月星辰得其序，下令鸟兽草木遂其性，最终达到无不为的效果。须知，宋徽宗追求的是内圣外王之境界，外王则必然要求

---

　　①　《宋徽宗御解道德真经》卷一，《道藏》第 11 册，第 845 页。
　　②　（宋）章安撰《宋徽宗道德真经解义》卷一，《道藏》第 11 册，第 892 页。
　　③　《宋徽宗御解道德真经》卷一，《道藏》第 11 册，第 845 页。

宋徽宗应有所为。

宋徽宗在《老子》注中也批评过彻底"不为"的观点，如其注第三十七章言："季真之莫为，在物一曲。"① 又如注第四十章言："彼蔽于莫为，溺于或使，岂道也哉？"② 另注《列子·仲尼上》时云："或使则实，莫为则虚，微妙并观，有无不蔽，无不忘也，无不有也，澹然无极，是谓契理。"③ 他继承了《庄子》哲学的观点，认为季真"莫为"的思想与接子"或使"的思想都仅是在物一曲，并非道之所在。"莫为"强调万物是彻底自生、自为、自动的，若有统治者的话，则应彻底无事于物。宋徽宗认为这一观点乃偏于虚，而应当微、妙并观④，既不执于为，亦不执于无为。

一言以蔽之，徽宗认为圣人之治应做到为出于无为，此即"无为而用天下"理念的体现。

第二节　各安性命之情：圣人治世
之根本原则

治世的原则是治世之主体在面向百姓的政治实践中所依循的根本准则和内在要求，这一原则对诸治世实践具有

---

① 《宋徽宗御解道德真经》卷二，《道藏》第 11 册，第 864 页。
② 《宋徽宗御解道德真经》卷三，《道藏》第 11 册，第 867 页。
③ （金）高守元撰《冲虚至德真经四解》卷九，《道藏》第 15 册，第 69 页。
④ 《宋徽宗御解道德真经》卷一，《道藏》第 11 册，第 843 页。

指导性的作用。在某种程度上，它也能反映治世实践所应当朝向的目标。在宋徽宗《老子》注所论治世思想中，笔者认为"各安其性命之情"是圣人治世的根本原则，即应使百姓能各自安于自我的性命之情。

前章曾言，宋人以性命学说释《老》者尤多。① 宋徽宗在《老子》注中即常言圣人修身重在复性或尽性。同理，圣人治天下亦应使百姓各复其本来之性，或各安其自我之性。这也是徐复观先生所说："由人君向'德'的回归，以促成人民向'德'的回归。"②

宋徽宗在注《老子》第二十七章时认为圣人不得已出而应帝王的缘由是"世丧道矣"。世丧道的具体表现则是天下之人皆丧失其本来之性。③ 人皆得德于道，各有其恬淡寂常之性，这是天性的原初状态，是人之生而厚者。然而，世俗之人常为物所惑，因情所迷而丧其天然本性。

宋徽宗认为"多欲""多知"是对人之本性的最大破坏，在注《老子》第三章时，有言：

> 人之有欲，决性命之情以争之，而攘夺诞谩，无所不至。伯夷见名之可欲，饿于首阳之上；盗跖见利之可欲，暴于东陵之下。其热焦火，其寒凝冰，故其

---

① 刘固盛：《论宋代老学发展的特点》，《西南师范大学学报（人文社会科学版）》2003年第5期，第112–116页。
② 徐复观：《中国人性论史·先秦篇》，第319页。
③ 《宋徽宗御解道德真经》卷二，《道藏》第11册，第859页。

心则愦乱愤骄，而不可系道。①

世俗之人未能见道、不能体道，只关注世间芸芸诸物，遂
逐物忘返而失去本性，纵欲于色、声、味之中。对于这些
"可欲"，世俗之人往往冲决其性命之情以争，以致攘夺诞
谩。宋徽宗继而引《庄子·骈拇》篇所举"伯夷死名于首
阳之上""盗跖死利于东陵之下"之例言伯夷、盗跖皆溺
于名之欲和利之欲而"残生伤性"。这样的做法皆不可系于
道。宋徽宗指出，"可欲"之现，常使人不知足，不知足则
欲得，欲得则争端起而祸乱作。同样，宋徽宗也认为"多
知"会破坏人本有的自然之性，他注《老子》"常使民无
知无欲"句时提到："多知以残性命之分，多欲以汨性命之
情。"② 江澂认为"多知"会对人之德、性带来破坏，惟有
"同乎无知，则含德之厚比于赤子，其德不离矣"。③ 世间
之知与人本然之德呈互反状态，知之越多，则越不能系于
道。正如宋徽宗所认为的，"多知"会残害人之性命本分。

因此，在具体的治天下实践中，宋徽宗认为《老子》
所提及的"不尚贤"、"不贵货"和"不立圣智"等观念，
其目的在于防止民众"多知""多欲"。不使民"多知"
"多欲"，则百姓才能各安其性命之情。这正是圣人治世实
践所依循的根本原则。

---

① 《宋徽宗御解道德真经》卷一，《道藏》第 11 册，第 844 页。
② 《宋徽宗御解道德真经》卷一，《道藏》第 11 册，第 843 页。
③ 《宋徽宗御解道德真经》卷一，《道藏》第 11 册，第 844 页。

　　宋徽宗《老子》注中多处提及应使百姓各安其性命之情的政治主张。例如，他在第三章注中云："不尚贤，则民各定其性命之分，而无所夸跂，故曰不争。不贵货，则民各安其性命之情，而无所觊觎，故不为盗。"① 又，注第四十六章时言："然则知足而各安其性命之分，无所施其智巧也。日用饮食而已，何争乱之有。"② 另外，注《列子·杨朱》时云："天下各安其性命之情，则之四者存可也，亡可也；天下不安其性命之情，则于是愚智相讥，而歆羡起矣。"③ 这些主张都表明宋徽宗所认为的治世目标在于去百姓之"多欲"与"多知"，从而使得百姓皆能各安其性命之情。

　　若百姓安其性命之情，则可处于同乎无欲、同乎无知的状态。宋徽宗注《老子》第十九章"抱朴"一词时，提到："《经》曰：'朴散则为器。'朴未尝斫，抱朴则静一而不变。庄子曰：'同乎无欲，是谓素朴。'素朴而民性得矣。"④ "朴"是道之喻，而人之复守其本来之性即是抱朴。宋徽宗引《庄子》之言称这一状态乃"同乎无欲"之"素朴"，以此状态，民遂可得其性。宋徽宗也在第二十八章注中认为：民之天性在于孝慈，若民能返其性而复其初，才

---

① 《宋徽宗御解道德真经》卷一，《道藏》第 11 册，第 844 页。
② 《宋徽宗御解道德真经》卷三，《道藏》第 11 册，第 869 页。
③ （金）高守元撰《冲虚至德真经四解》卷一八，《道藏》第 15 册，第143 页。
④ 《宋徽宗御解道德真经》卷一，《道藏》第 11 册，第 855 页。

能各安其孝慈本性。①

在宋徽宗的诠释逻辑中，圣人是通过自我的修身实践以实现复返其本性，但是世俗之人却常迷于世间的物与情，而多知、多欲。由此，圣人不得已出而应帝王以救百姓。圣人应世的理想状态是"在宥"天下，须根据"无为而用天下"之基本理念。圣人治世之目标则在于去除百姓多知、多欲的状态，所以，圣人应依循能使百姓各安其性命之情的原则以治世。宋徽宗注《老子》第三十七章"不欲以静"句时曾化用《易传》之"乾道变化，各正性命"句，来表达他的这一主张："乾道变化，则无为也，各正性命，则不欲以静，天下将自正也。"② 治世的基本理念是无为而治，治世的根本原则是能各正百姓之性命，而治世之目标在于使百姓"不欲"，最终实现"以静"。以此，则能使得天下自正。

第三节　圣人治世的重要治术

圣人治世之术应是治世理念"无为而用天下"的体现，是实现各正百姓之性命的具体方法。本节主要关注宋徽宗主张的治世理念所指向的重要治术，以及他在文本诠释中对这些治术的理解。

---

① 《宋徽宗御解道德真经》卷二，《道藏》第 11 册，第 860 页。
② 《宋徽宗御解道德真经》卷二，《道藏》第 11 册，第 864 页。

一　以百姓心为心

"以百姓心为心"见于《老子》第四十九章，原文为："圣人无常心，以百姓心为心。"帛书本此句作"圣人恒无心，以百姓之心为心"[1]。高明指出"无常心"与"恒无心"之义有别，自王弼以下之注多为附会。[2]然宋徽宗之注其实颇接近"恒无心"之义，他解此句为："圣人之心，万物之照也。虚而能受，静而能应，如鉴对形，以彼妍丑，如谷应声，以彼巨细，何常之有？疏观万物而知其情，因民而已，此之谓以百姓心为心。《庄子》曰：'卑而不可不因者，民也。'"[3]宋徽宗以"虚"解"无常心"，这一解法实际上符合帛书本"恒无心"之意。圣人之心应如道一样，虚而能受，所以可照见万物，自然而应物，未有常心。在具体的治世实践中，这一方法重在因民，即是老子所谓"以百姓心为心"。

根据徽宗《老子》注，圣人"以百姓心为心"的治世方法有三个面向：其一，因民而任其自化；其二，齐民之善否，同民之信诞[4]；其三，吉凶与民同患。

在《老子》第四十九章注中，宋徽宗已指出"以百姓

---

① 高明校注《帛书老子校注》，第81页。
② 高明校注《帛书老子校注》，第82页。
③ 《宋徽宗御解道德真经》卷三，《道藏》第11册，第870页。
④ 宋徽宗在其《老子》第四十九章注中云："所以为天下，则齐善否，同信诞。"（《宋徽宗御解道德真经》卷三，《道藏》第11册，第870页）这里"齐善否，同信诞"即是齐民之善否，同民之信诞，乃表示应当混一是非，齐同对待善与不善、诚与不诚之人及其行为。

之心为心"即是所谓"因民"。①"因民"实践所据乃是"无为而用天下"的原则。宋徽宗注《老子》第五章时言："天地之于万物，圣人之于百姓，辅其自然，无爱利之心焉，仁无得而名之。束刍为狗，祭祀所用，适则用之，过则弃之。彼万物之自生，百姓之自治，曾何容心焉？"②圣人之为仅在于"辅其自然"，而不应有过度之为以扰民。圣人辅万物之自然，未曾留心于万物，则万物得以自生，百姓得以自治。圣人并非彻底不为，而是为出于无心，因民之本性而已。在注《老子》第三章时，宋徽宗即曾解释过圣人对待万物当"物有作也，顺之以观其复。物有生也，因之以致其成"③，因顺万物，而万物各得其宜，则何有不治之理哉？

"以百姓心为心"的第二层意思在于齐民之善否，同民之信诞。《老子》第四十九章"圣人无常心"的下一句是"善者吾善之，不善者吾亦善之，德善矣。信者吾信之，不信者吾亦信之，德信矣"。这应当是老子对何谓"以百姓心为心"的解释之一。宋徽宗注此云：

> 善否相非，诞信相讥，世俗之情，自为同异，岂德也哉？德善则见百行无非善者，故不善者亦善之；德信则见万情自非信者，故不信者亦信之。真伪两忘，

---

① 《宋徽宗御解道德真经》卷三，《道藏》第 11 册，第 870 页。
② 《宋徽宗御解道德真经》卷一，《道藏》第 11 册，第 846 页。
③ 《宋徽宗御解道德真经》卷一，《道藏》第 11 册，第 845 页。

240

> 是非一致，是谓全德之人。此舜之于象，所以诚信而
> 喜之。①

  "以百姓心为心"的圣人应是万态一视，并无任何取舍之心。所以，对于不善之人，圣人亦善待之，对于不诚实的人，圣人亦相信他，不抛弃任何一人。圣人是"全德之人"，不应生善否信诞之心，常以道视万物。惟以道视之，则性本一致，孰为善否？最后，宋徽宗举《孟子》中的一个案例来说明这一观点。万章曾问孟子，舜见到曾害他的象是否伪喜？孟子回答，舜乃是"诚信而喜之"。这即是说明圣人"不善者吾亦善之"的态度。② 宋徽宗注《老子》第三章时也提到："圣人不得已而临莅天下，一视而同仁，笃近而举远，因其固然，付之自尔，何容心焉？"③ 圣人本是不得已才出而应帝王，其治可使百姓各遂其性，所以圣人应对百姓保持一视同仁，不分厚薄亲疏的态度。

  "以百姓心为心"的第三层意思在于圣人应吉凶与民同患。宋徽宗所用《老子》文本第四十九章尚提到"圣人之在天下，惵惵；为天下浑其心"一句。对此，宋徽宗解为："方其在天下，则吉凶与民同患，虽无常心，而不可以不戒也。故所以为己，则惵惵然不自暇逸；所以为天下，则齐

---

① 《宋徽宗御解道德真经》卷三，《道藏》第11册，第870页。
② 《宋徽宗御解道德真经》卷三，《道藏》第11册，第870页。
③ 《宋徽宗御解道德真经》卷一，《道藏》第11册，第844页。

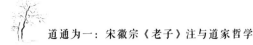

善否，同信诞，两忘而闭其所誉，浑然而已。"① "惵惵"表示担忧、警戒之意，"浑然"则被理解为齐民之善否，同民之信诞。由于圣人乃以百姓心为心，当其出而应帝王之时，须与民同患。在《列子·仲尼上》的注文中，宋徽宗也提到圣人本是与道同体之人，所以心不忧乐吉凶，只是由于需要与民同患，这才有忧。② 又，针对《老子》第二十章所谓"人之所畏，不可不畏"一句，宋徽宗解云："鼓万物而不与圣人同忧者，道也。吉凶与民同患者，事也。体道者无忧，涉事者有畏。人之所畏，而不知为之戒，能无患者，鲜矣。故君子以恐惧修省。"③ 在这一解释中，宋徽宗将圣人之角色分为两个面向，即体道之面向与涉事之面向。论其无为体道之一面时，圣人物我两忘，则无忧；当其涉经世之事时，则圣人吉凶同患于民。这一观点也正是宋徽宗内圣外王思想的体现。

概言之，圣人治世实践的一个重要方法乃是"以百姓心为心"，这一治世之法要求圣人应因民而任百姓自化，齐民之善否，同民之信诞。同时，亦要吉凶与民同患。

二　不尚贤、不贵货、不立圣智

圣人之治世应辅百姓之自然，以使天下各安其性命之情，实现天下之自正。百姓性命之情的不安，往往源于他

① 《宋徽宗御解道德真经》卷三，《道藏》第 11 册，第 870 页。
② （金）高守元撰《冲虚至德真经四解》卷九，《道藏》第 15 册，第 69 页。
③ 《宋徽宗御解道德真经》卷一，《道藏》第 11 册，第 855 页。

们的多知、多欲，进而有偏离于道的种种行为，以致失其自性。所以，在具体的治世实践中，圣人的治世方法应当以常使民无知无欲为目标效果。据此，宋徽宗认为，圣人的具体治世实践当不尚贤、不贵货以及不立"圣智"。

不尚贤与不贵难得之货出自《老子》本身的主张，这是《老子》哲学被人所熟知的一个观点。《老子》第三章言：

> 不尚贤，使民不争。不贵难得之货，使民不为盗。不见可欲，使心不乱。是以圣人之治，虚其心，实其腹，弱其志，强其骨，常使民无知无欲。使夫知者不敢为也。为无为，则无不治矣。①

不尚贤是历代注家较为关注的观点，这一观点反对的是儒、墨两家的主张，所以诸注家对此之解颇有调和之意。如河上公注此云："'贤'，谓世俗之贤，辩口明文，离道行权，去质为文也。'不尚'者，不贵之以禄，不尊之以官也。"②他将此处的"贤"理解为"去质为文"、轻浮文饰之人，所以认为不应予其尊贵之位。王安石之解认为"尚贤"是"善"，他指出："论所谓不尚贤者，圣人之心未尝欲以贤服天下。而所以天下服者，未尝不以贤也。群天下之民，役天下之物，而贤之不尚，则何恃而治哉？夫民于襁褓之

---

① 《宋徽宗御解道德真经》卷一，《道藏》第11册，第844-845页。
② 王卡点校《老子道德经河上公章句》，第10页。

中，而有善之性，不得贤而与之教，则不足以明天下之善。善既明于己，则岂有贤而不服哉？故贤之法度存，尤足以维后世之乱，使之尚于天下，则民其有争乎？求彼之意，是欲天下之人，尽明于善，而不知贤之可尚。虽然，天之于民不如是之齐也，而况尚贤之法废，则人不必能明天下之善也。"① 王安石并不将"尚贤"释为不应当的行为。相反，他认为尚贤才能治世，《老子》所提"不尚贤"只是欲使天下人尽明于善，而不知贤之可尚。宋徽宗《老子》注的取向则大不同于王安石，他解此句为：

> 尚贤则多知，至于天下大骇，儒墨毕起；贵货则多欲，至于正昼为盗，日中穴阫。不尚贤，则民各定其性命之分，而无所夸跂，故曰不争；不贵货，则民各安其性命之情，而无所觊觎，故不为盗。《庄子》曰："削曾史之行，钳杨墨之口，而天下之德始玄同矣。"《旅獒》曰："不贵异物，贱用物，民乃足。"②

尚贤往往导致天下多知，对此，宋徽宗举《庄子·在宥》的"天下大骇""儒墨毕起"③ 等句表示尚贤会招致政治文化思想的杂多混乱，所以提出不应崇尚贤能。反之，他认为应"削曾史之行"，"钳杨墨之口"，这样才能使天下之

---

① （宋）王安石撰，罗家湘辑校《王安石老子注辑佚会钞》，第20页。
② 《宋徽宗御解道德真经》卷一，《道藏》第11册，第844页。
③ 《宋徽宗御解道德真经》卷一，《道藏》第11册，第844页。

德同归于本性。这一表达实际上也是宋徽宗"道通为一"思想的体现，他在政宣时期的政治实践所指向的目标之一即是在文化或宗教层面实现"一道德，同风俗"。在"不见可欲，使心不乱"之解中，宋徽宗举伯夷之例，以说明尚贤可招致世人欲求于名的问题。章安解此句云："彼以尚贤，而鄙我之不己若，我以彼胜，而忿己之不我胜，此所以起争也。"[1] 尚贤引起的多知会使人欲求于名，遂无法安其性命之情。除此之外，徽宗尚在《老子》注中提到："尚贤使能，以致朝廷之治，而不知力穑积用，以成富庶之俗，则徇末而弃本，非可久之道。"乃认为若"尚贤使能"，遂忽略了力穑积用之农事，以至于"田甚芜，仓甚虚"，非是长久之道。[2] 这一观点实际与《老子》所云"实其腹，弱其志"之意相类。在注《老子》第五十八章时，徽宗也指出"举贤则民相轧"，认为尚贤是争乱的源泉之一。[3] 所以，不尚贤是治世的方法之一。

贵难得之货也是破坏百姓自然本性的问题之一。宋徽宗认为金玉等诸种难得之货，乃是不可恃而有者，所以他解《老子》第九章"金玉满堂，莫之能守"句时言：

> 金玉富贵，非性命之理也，外物之不可恃而有者也。宝金玉者，累于物。累于物者，能勿失乎？故莫

---

① （宋）章安撰《宋徽宗道德真经解义》卷一，《道藏》第11册，第890页。
② 《宋徽宗御解道德真经》卷三，《道藏》第11册，第872页。
③ 《宋徽宗御解道德真经》卷三，《道藏》第11册，第874页。

之能守。富贵而骄，则害于德。害于德者，能免于患乎？故自遗其咎。①

若沉溺于金玉等外物，则会为物所累，以致失去本真之性。富贵之状态亦会使人生骄胜之心，而妨害于德，所以金玉富贵皆非性命之理。圣人之治世须不贵难得之货，对此，宋徽宗云："圣人不贵难得之货，不贵异物，贱用物，欲人之安其分而无所夺也。贵难得之货，则至于决性命之情而饕贵富，何行之能守？故令人行妨。仲虺之称汤曰：'不殖货利。'孔子之谓子贡曰：'赐不受命而货殖焉。'货之妨行如此。"② 难得之货会妨害人求道之行，亦使人贪求贵富，以冲决性命之情，进而无法安其性命之情。在此，徽宗例举了《论语》中孔子评价端木赐之语"赐不受命而货殖焉"来证明其观点。他认为，惟有不贵难得之货，不贵异物，轻视用物，才可使天下之人安其本分而无所争夺。

除此，宋徽宗也强调应不立"圣智"。针对《老子》著名的"绝圣弃智"句，宋徽宗解之为："道与之性，一而不杂，离道为德，是名圣智。圣智立，而天下始有乔诘卓挚之行，惊愚而明污，誉尧而非桀，则圣智之利天下也少，而害天下也多。绝而弃之，与道同体，则各安其性命之情，其利博矣。"③ 为了避免在圣人与"绝圣"之间产生

① 《宋徽宗御解道德真经》卷一，《道藏》第 11 册，第 848 页。
② 《宋徽宗御解道德真经》卷一，《道藏》第 11 册，第 850 页。
③ 《宋徽宗御解道德真经》卷一，《道藏》第 11 册，第 855 页。

误解，宋徽宗将绝、弃的对象合称为"圣智"，以防止解释为"绝圣人"之义。所谓"圣智"，宋徽宗解释为"离道为德"，江澂认为是"离道者外立其德，失真沈伪，迷而不复，因愚显智"之义。[①] 为德乃刻意为之，具有负面之义。"圣智"立，天下始有诸类矫伪乖戾的行为。人们开始以文饰才智来惊骇愚俗，以修养品德来反衬别人的污浊，并乐于分辨孰贤孰恶。由此，宋徽宗认为"圣智"利于天下处实少，而害天下处则多，当绝而弃之。

不尚贤、不贵难得之货以及不立"圣智"是圣人治世的具体方法，其共同的治世逻辑在于尚贤、贵难得之货以及立"圣智"等行为会使天下之民丧失自然本性，而无法安其性命之情，遂应绝而弃之。

三　君无为而臣有为

《老子》哲学常言圣人应"无为而用天下"，甚少言及政治实践中的有为之事，然其第七十六章之语常成为后世"臣有为"[②] 思想之渊薮，帛书甲本之文载（取宽式）：

> 〔若民恒且不畏死〕，奈何以杀惧之也？若民恒是死，则而为者吾将得而杀之，夫孰敢为？若民〔恒且〕必畏死，则恒有司杀者。夫代司杀者杀，是代大匠斫

---

① （宋）江澂撰《道德真经疏义》卷五，《道藏》第 12 册，第 436 页。

② 关于"君无为而臣有为"相关思想的研究，参见刘笑敢《庄子后学中的黄老派》，《哲学研究》1985 年第 6 期，第 59—65+77 页。

也。夫代大匠斫者，则〔希〕不伤其手矣。

高明认为《老子》这一整章的逻辑为："民'不畏死'，指
官府刑罚酷苛而民不聊生，因生不若死，所以死而不惧，故
曰'奈何以杀惧之'。民'畏死'，指教民以道，安居乐生，
倘有诡异乱群者，以法执而杀之，故谓'夫孰敢矣'……最
后，老子特别警告人君：'夫代司杀者杀，是代大匠斫也。
夫代大匠斫者，则希不伤其手矣。''司'即前文'有司'，
皆指主管刑律之机关。民有犯罪以律当死者，则由有司以
法执办，人君守道无为，不可取而代之。"① 这一文句中的
"代司杀者杀""希不伤其手"等语言说其为"君人南面之
术"并不为过。其后，黄老之学在《老子》的基础上有所
发挥，明确提出君无事而臣事事等思想，如《慎子·民杂》
称："君臣之道，臣事事，而君无事；君逸乐，而臣任劳；
臣尽智力以善其事，而君无与焉，仰成而已。故事无不治，
治之正道然也。"② 这一观点认为君臣在政治实践中各有其
道。《庄子·天道》明确提出"上无为而下有为"的思想，
其文称："夫帝王之德，以天地为宗，以道德为主，以无为
为常。无为也，则用天下而有余；有为也，则为天下用而
不足。故古之人贵夫无为也。上无为也，下亦无为也，是
下与上同德，下与上同德则不臣；下有为也，上亦有为也，
是上与下同道，上与下同道则不主。上必无为而用天下，

---

① 高明校注《帛书老子校注》，第269-271页。
② 许富宏撰《慎子集校撰注》，中华书局，2013，第33页。

下必有为为天下用，此不易之道也。"① 《天道》指出了帝王因"以道、德为主"，而无为以用天下，这是《老子》思想的延续。但是，《天道》随后指出如果帝王无为，而下亦无为，则"下与上同德则不臣"，从而提出应当"上必无为而用天下，下必有为为天下用"的思想，即君王应当无为而治天下，而臣下必须有为以为天下所用。

宋徽宗《老子》注延续了《庄子·天道》的这一思想，也提出"上必无为而用天下，下必有为而为天下用"的观点，在对《老子》第七十四章的注中，宋徽宗云：

> 上必无为而用天下，下必有为而为天下用，不易之道也。代司杀者杀，代大匠斫，是上与下同德，倒道而言，迕道而说，人之所治也，安能治人？文王罔攸兼于庶言、庶狱、庶慎，惟有司之牧夫为是故也。②

他借《庄子·天道》的观点释《老子》"代司杀者杀，代大匠斫"的思想，认为若君臣皆无为，则是"倒道而言""迕道而说"，不能治世。江澂对徽宗该句的理解为："君任道，臣任事。任道者无为而尊，故用天下；任事者有为而累，故为天下用。上下之分，不易之道也。"③ 君"任道"，则是无为而治，而臣需要任于事，受有为之累。江澂

---

① 陈鼓应注译《庄子今注今译》，第353页。
② 《宋徽宗御解道德真经》卷四，《道藏》第11册，第882页。
③ （宋）江澂撰《道德真经疏义》卷一四，《道藏》第12册，第535页。

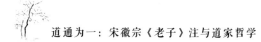

之说已明确说明上、下无为与有为之分。其后，宋徽宗又借《尚书·立政》提及的"文王罔攸兼于庶言，庶狱庶慎，惟有司之牧夫为是"之做法来例证这一观点。[①] 文王不兼管各种教令、刑狱和禁戒，而任命主管官员和治民之人以为之。宋徽宗认为这正是"上必无为而用天下，下必有为而为天下用"的具体体现。

又，宋徽宗注《老子》第六十八章"善用人者为之下"句言：

> 智虽落天下，不自虑也，故智者为之谋；能虽穷海内，不自为也，故能者为之役；辨虽雕万物，不自说也，故辨者为之使。[②]

这一理解借用了《庄子·天道》中的说法，认为"圣王"应不自虑、不自为、不自说，但又需要有智慧之人为其出谋划策、有才干之人为其所使用，以及有辩术之人为其所驱使。江澂对此句之解也颇得徽宗之义："任道者无为而尊，任事者有为而累。上必无为而用天下，任道者也。下必有为，为天下用，任事者也。惟其任道，则任事者为之责。惟其无为，则有为者为之用。是以圣人智虽落天地，不自虑也。谓之落天地，则智通于神矣，不自虑则用人之

---

① 《宋徽宗御解道德真经》卷四，《道藏》第 11 册，第 882 页。
② 《宋徽宗御解道德真经》卷四，《道藏》第 11 册，第 879—880 页。

智，故智者为之谋，所谓至智不谋是也。"① "圣王"乃是任道者，必无为而用天下，且使有为者为之所用；臣下则是任事者，必有为而累，且承担事之责任。

"圣王"如要实现君无为而臣有为，则应使天下各有其分守，而分守者各担其责。以此，宋徽宗注《老子》第二十八章"圣人用之，则为官长"句时云："道之全，圣人以治身；道之散，圣人以用天下。有形之可名，有分之可守，故分职率属而天下理。此之谓官长。"② 圣人用天下之时，各授百官以职责本分，使百官各司其职，遂为"分职率属"，然后天下可以大治。在"君无为而臣有为"的框架下，臣之有为体现在行君之命，宋徽宗注《老子》第三章"使夫知者不敢为也"时曰："九官咸事，俊乂在服，岂以知为凿也，行君之命，致之民而已。"③ "九官咸事，俊乂在服"表明圣人应按照不同之职责分工，并令各率其属，使贤能之才各得所用，但他们所为之事只能是行君之命，以致百姓。如有能者、智者欲以妄为，宋徽宗主张禁止之。以此，他于此前指出："能者不敢矜其材，智者不敢施其察，作聪明，务机巧，滋法令，以盖其众，圣人皆禁而止之。此所谓使夫知者不敢为也。"④ 对于欲作聪明，矜机巧和滋法令之人，圣人都应禁止之。

---

① （宋）江澂撰《道德真经疏义》卷一三，《道藏》第 13 册，第 527 页。
② 《宋徽宗御解道德真经》卷二，《道藏》第 11 册，第 860 页。
③ 《宋徽宗御解道德真经》卷一，《道藏》第 11 册，第 845 页。
④ 《宋徽宗御解道德真经》卷一，《道藏》第 11 册，第 844 页。

概言之，宋徽宗继承了《庄子·天道》之思想，认为圣人治世之法应施行"君无为而臣有为"。"圣王"当"无为"而用天下，而臣下则各守其分职，各任其事。当然，臣下之有为须依君命而行，不得妄为。妄为者，"圣王"应禁而止之。

小　结

宋徽宗在《老子》注中曾言及："道之全，圣人以治身。道之散，圣人以用天下。"[①] 道是同一之道，但"全"与"散"分别指向的是内圣与外王之目标。内圣主题通过修身论言明，而外王涉及宋徽宗之治世论。圣人是具体治世行为的实践主体。如同宋徽宗之言"非圣人其孰救之"，治世论是围绕圣人而表达，并期望由圣人实现的。以此，本章探讨了宋徽宗《老子》注中对圣人治天下原则与实践的理解，这也是宋徽宗治世思想的体现。

本章主要从三个面向探讨宋徽宗的治世论。其一，本章关注宋徽宗所论圣人治世的基本理念，这一理念体现或贯穿于所有治世思想或实践之中。其二，探讨宋徽宗所认为的治世原则，这一原则体现的是圣人治世之内在要求。圣人乃体道之人，所以他治理天下的实践遵循于道的自然法则和运行规律，如同道作用于万物一般，以辅成百姓。

---

① 《宋徽宗御解道德真经》卷二，《道藏》第 11 册，第 860 页。

其三，关注宋徽宗所论及的具体的圣人治世之术，以及他在相关释义中对这些治术的理解。

在宋徽宗《老子》注关于治世问题的相关论述中，笔者认为"无为而用天下"乃是宋徽宗所认同的治天下之基本理念，而治天下的原则是使民"各安其性命之分"。依据"无为而用天下"的理念，圣人并非绝对意义之无为，圣人之所为体现于"辅万物之自然"，而不是有主观意志的为。需要特别辨明的是，宋徽宗"无为而用天下"的思想并非消极刻意强调无为，他在《老子》注中明确提出圣人之治绝不是自立于无事之地，而是无为不废有为，即"为出于无为"。圣人治天下的目标在于使百姓"不欲"，最终实现"各正性命"。依照宋徽宗的诠释逻辑，圣人可以通过自我的修身以复返其本性，但是世俗之人却常迷于世间的物与情，而多知、多欲，所以圣人不得已出而应帝王以救百姓。

圣人治世之术应是"无为而用天下"治世理念的体现，是以实现"各正性命"为目标的具体治术。对于这些具体治术，笔者将其总结为三类，分别为：以百姓心为心；不尚贤、不贵货、不立"圣智"；君无为而臣有为。"以百姓心为心"要求圣人应因民之性，任百姓自化，亦需齐民之善否，同民之信诞。同时，圣人也要能吉凶与民同患。不尚贤、不贵难得之货以及不立"圣智"亦是圣人治世之方法，它们共同的治世逻辑在于尚贤、贵难得之货以及立"圣智"等行为会使天下之民丧失自然本性，无法安立其性命之情，遂皆应绝而弃之。除此之外，宋徽宗继承了《庄子·天道》的思想，认为圣人在治世的过程中应施行君无为而臣有为的治术，圣王当无为而用天下，臣下则各守其职分，各任其事。当然，臣下之有为必须依君命而行，不得妄为。妄为者，圣王应禁止之。

宋徽宗《瑞鹤图》（辽宁省博物馆藏）

第八章　宋徽宗《老子》注对儒、道观念之调适与"道通为一"的政治理念

　　不同于一般的《老子》注家，宋徽宗除了是《老子》文本的诠释者，还具有皇帝身份，其注《老》之行为与他在政宣时期的政治实践颇有关联。这实际上也是御注作为一种特殊注释值得探讨的意义所在，即皇帝的某些政治意图可以通过对经典的诠释呈现，或其部分政治实践与所诠释文本的某些观念、思想可能保持内在一致性。因此，诠释者本人的注释文本需要被置于他的具体实践行动中去理解，这样才能更完整地呈现他注解文本的思想与动机。同时，文本诠释所表达的部分思想也可以为一些实践行动所关涉之目的或意义提供观念根据。在本书第一章，笔者主要探讨了宋徽宗注《老》所涉及的政治文化与思想背景，这是构成理解徽宗《老子》注的文化语境。本章则主要关注徽宗注《老》行为与同时期徽宗政治实践的关联，以期在具体历史实践中更好地理解文本的相关内涵以及徽宗注

《老》的一些动机。

政和七年（1117），宋徽宗采取一系列政治措施兴立所谓"神霄之教"。当年正月，宋徽宗将天下道教分为五宗，而另定"上清通真达灵神化之道"为"高上之道"。依御旨指挥，"高上之道"不在五宗之序列，宋徽宗本人则被确立为该"道"之宗师。[1] 在随后长达八年的时间内，[2] 宋徽宗先后制定了多项崇尚道教的政治措施，如广建天下神霄宫，兴立道官、道学等制度。学界将这一系列崇道实践概括为"神霄运动"，徽宗注《老》也是其中的重要实践内容之一。

尽管"神霄运动"成为政宣时期的政治文化建设核心内容，宋徽宗也并未完全放弃儒教的礼乐文化建设。自从政和三年（1113）颁布《政和五礼新仪》，宋徽宗又继续开始了明堂的建设。恰恰是在政和七年，宋徽宗于两年前诏令重建的明堂终于建成。时任太师、鲁国公蔡京上表请宋徽宗御明堂听朝，"颁常视朔"[3]。十月，宋徽宗亲御明堂，以是月天运政治布告于天下，并颁来年岁运历数。[4]

明堂属于儒家礼制建筑，明堂制度也是儒家礼制的典

---

① （宋）杨仲良撰《皇宋通鉴长编纪事本末》卷一二七，第2131页。

② 宣和七年（1125）十二月，徽宗因欲内禅，下御笔废止了神霄宫、道箓院、道官等主要崇道措施。《续资治通鉴长编拾补》载："御笔：'神霄宫除依元手诏拨赐地土外，余并归还原来去处，道录（箓）院道官品等一切指挥并依元丰法。'"［（清）黄以周等辑注《续资治通鉴长编拾补》卷五〇，第1564页］

③ （清）黄以周等辑注《续资治通鉴长编拾补》卷三六，第1148页。

④ （清）黄以周等辑注《续资治通鉴长编拾补》卷三六，第1148页。另外，《宋大诏令集》保存了大量宋徽宗于明堂颁布的岁运和月令诏书，起于政和七年十月，止于宣和三年十二月。

范。宋仁宗时，李觏曾上《明堂定制图》，其序云："明堂者，古圣王之大务也。所以事上帝，严先祖，班时令，合诸侯，朝廷之仪莫盛于此。"① 宋徽宗立明堂之意，恰取其象征古圣王之行的功能。② 而与此同时，宋徽宗却也正昭告天下，他乃是降世的"神霄帝君"。在本书第一章中笔者已经指出，崇观以来，宋徽宗一直在尝试效法三代，以追求上古圣王之制。迄及政宣时期，宋徽宗并未中断相关的政治实践。只是说，政宣时期，徽宗朝的政治文化重心明显更侧重于"神霄之教"的建设。在这样的情形下，宋徽宗必然面临如何处理儒、道关系的问题。

北宋中期以来的《老子》诸多注者皆曾从不同角度尝试论证孔、老之相通，但相对于诸注家，徽宗显然有更迫切的现实政治需求以调和儒、道的关系。以此，御注遂成为徽宗调和儒、道关系的观念表达之重要途径，而兴立道学、道官等制度则可被视为宋徽宗在现实政治实践中试图兼通儒、道之努力。在这一背景下，本章尝试将徽宗注

---

① （宋）李觏撰《旴江集》卷一五，《文渊阁四库全书》第 1095 册，第 107 页。

② 包弼德曾指出宋神宗及其儿子宋哲宗、宋徽宗皆在追求"上古圣王"之治，只是他们的政治策略不大相同；方诚峰则认为宋徽宗主要试图通过礼乐文化建设来实现圣王之治的目标。见 Peter K. Bol, "Emperors Can Claim Antiquity Too: Emperorship and Autocracy Under the New Policies", in Patricia Buckley Ebrey and Maggie Bickford, eds., *Emperor Huizong and Late Northern Song China: The Politics of Culture and the Culture of Politics*, pp. 173-206; 方诚峰《祥瑞与北宋徽宗朝的政治文化》，《中华文史论丛》2011 年第 4 期，第 215-253 页；方诚峰《北宋晚期的政治体制与政治文化》，第 348-352 页。

《老》之行为及其所表达的某些观念置于"神霄运动",尤其是其间徽宗尝试调和儒、道关系的实践行动中予以理解,并重点关注徽宗《老子》注所体现的兼通儒、道之思想。本章拟分为四个部分,前两个部分的内容探讨宋徽宗注解《老子》的相关过程和徽宗《老子》注所见兼通儒、道之思想。随后,本章拟探讨徽宗设立道学的相关实践,即徽宗尝试在文教实践层面变更教育内容和育人培养体系,以统一儒、道学人之所学。通过此案例可以理解宋徽宗是如何在现实中调和儒、道关系的。这实际上也说明徽宗在《老子》注中的儒道调和论绝非仅停留于理论设想。最后,本章拟综合讨论宋徽宗"道通为一"的政治理念,这一理念在其《老子》注以及设立道学之举措中皆得以呈现,这也是他调适儒、道关系的政治理想宗旨。

第一节　宋徽宗注《老》之历史实践

宋徽宗在政和七年通过御笔指挥,对天下道教予以判教,并宣告自己"教主道君皇帝"和"神霄帝君"的身份。[①] 对于高度儒家化的宋代政治文化而言,如此荒谬的宣说显然会构成政治身份合理性的危机,尤其是这一神圣化身份会危及儒家天子观,即天子乃为昊天上帝之子,应受天命而治天下。宋徽宗在政和七年的御笔诏书中称:"朕乃

---

① （宋）杨仲良撰《皇宋通鉴长编纪事本末》卷一二七,第2131页。

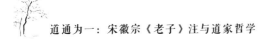

昊天上帝元子，为太霄帝君……遂哀恳上帝，愿为人主，令天下归于正道。"① 从诏书内容可知，宋徽宗提到"神霄帝君"乃是昊天上帝之子，这表明他也意识到道教神圣身份的确立会危及儒家天子观，遂专门强调他是"昊天上帝元子"。其实，早在政和六年（1116）四月，宋徽宗已下诏指出："永惟玉皇大天帝、昊天上帝主宰万化，名殊实同，而昔之论者析而言之，不能致一，故于徽称，阙而未备。……谨涓吉斋明，恭上尊号曰'太上开天执符御历含真体道昊天玉皇上帝'。"② 此诏之发布表明，宋徽宗试图建构"昊天上帝"与"玉皇大帝"的神格同一，这使得他宣称自己是"神霄帝君"即玉皇大帝之子时，已并不违背儒家天子观。这一上玉皇徽号事件意味着宋徽宗已经在神祇信仰层面尝试调和儒、道关系。

　　"神霄运动"不仅仅旨在提高道教的地位，调和儒、道关系同样是其主要内容之一。在诸种道家御注之表达以及道学、道官的相关制度规定中，宋徽宗一直试图论证儒、道相通，或者根本上乃同为一道。这一思想除了符合王安石学派的多数学者对儒、道关系的认识，也符合徽宗的政治动机。以下，笔者将简要论述徽宗注《老》事件，及其《老子》注所见兼通儒、道之思想。

---

① （宋）杨仲良撰《皇宋通鉴长编纪事本末》卷一二七，第 2131－2132 页；亦见（清）黄以周等辑注《续资治通鉴长编拾补》卷三六，第 1142 页。

② 《宋会要辑稿·礼五一》，第 1891 页。

政和七年是宋徽宗兴立"神霄大教"的重要时期，徽宗在该年颁布了多项提高道家地位的政令。当年十二月，宋徽宗曾下御笔：

> 太上老君所著《道德经》，世以诸子等称，未称尊崇之礼。可改为《太上混元上德皇帝道德真经》。①

这一诏令旨在提高《道德经》的地位。宋徽宗不满于《道德经》仅被视作诸子之一，而将其全称更改为《太上混元上德皇帝道德真经》，以示尊崇之意。自唐代始，老子已被追谥为"太上玄元皇帝"，徽宗使用神格化的老子称谓作为书名以突出《道德经》的神圣性。仅仅在八个月后，宋徽宗公开颁布了他御注的《道德经》。政和八年（1118）八月十二日，徽宗下《老子升〈史记〉列传之首在京神霄宫刻御注〈道德经〉御笔手诏》云：

> 周室衰，中国有圣人焉，体道而在下，穷神尽变，莫知所终。盖尝著书九九篇，以贻后世。其指远，其意微，世之人罕能知。况其所以官天地，府万物，澹然独与神明居，岂得而窥之。自汉司马迁、班固号称大儒，皆小智自私，溺于流俗，寒浅之见。迁作传则同于韩非、申不害之徒，固叙《古今人表》，以为第四

---

① （清）黄以周等辑注《续资治通鉴长编拾补》卷三六，第1158页。

等，列于游、夏之后。盖历岁千数百矣。朕万机之暇，既读其书，赜其指意之所归，为之训解，间阅史氏，尤惜其序次之不伦，慨然于怀，岂天之将兴斯文欤。表而扬之，实在今日。《史记·老子传》升于列传之首，自为一帙。《前汉·古今表》，叙列于上圣，其旧本并行改正。昨所注《道德经》，可规仿唐制，命大臣分章句书写，刻石于在京神霄玉清万寿宫，以垂无穷。究观老氏深原道德之本，而黜太甚繁饰之华，盖将救文之弊，使天下毋失其朴，举复于无为恬淡之真。帝皇之治，何以越此。朕甚慕之，注经尊教，设科作宫，所以示钦崇之旨。布告天下，咸谕兹意。①

此御笔手诏包括两个部分的内容。在第一部分，宋徽宗指出老子当周之末，乃能体道于人世，后著书八十一篇，"其指远，其意微"。这一描述在徽宗《老子》注之"道经上"的解题部分可以看到非常类似的表达。随后，宋徽宗认为司马迁、班固虽号称大儒，实则溺于流俗。因为司马迁之《史记》将老子之传与韩非、申不害等人相并列，而《汉书·古今人表》仅将老子列入第四等"中上"。以此，徽宗要求将《史记》中的"老子传"升为列传之首，并将其在《汉书·古今人表》中的位序调至"上圣"，与周、孔并列。作为"前四史"前两部的《史记》与《汉书》在思

① 《宋大诏令集》卷二二四，第864页。

想文化领域影响较大，徽宗此举即尝试提升老子的历史评价地位，所以他说："表而扬之，实在今日。"在第二部分，手诏明确提到徽宗自称于万机之暇，曾著《老子》之训解。这说明截至政和八年（1118）八月，宋徽宗已经完成了《老子》注。当然，在相关历史文献中，未有史料明确提及宋徽宗开始或具体完成《老子》注的时间。对于他所注之《道德经》，徽宗要求仿照唐玄宗注《老》之旧例，由大臣分章句书写，并刻石于京城的神霄玉清万寿宫。刻石不同于一般书写，其意义在于呈现文字的权威性和永久性，即徽宗所谓"以垂无穷"。最后，徽宗提及《老子》思想的宗旨在于"救文之蔽"，使得天下之民"毋失其朴"，并复归于无为恬淡之真。这与本书前章所述宋徽宗人性论之旨归同义。

另外，在此前数日，知兖州王纯上奏云："乞令学者治御注《道德经》，间于其中出论题。"[1] 徽宗诏令从其所请。此后，不少官员或者太学生皆尝试对徽宗御注予以疏义、疏解。这一行为也在客观效果上使得徽宗《老子》注成为当时解释《老子》的官方权威。

九月，宋徽宗颁行御注《老子》，并刻石于京城的神霄玉清万寿宫。[2] 汉学家韩大伟（David B. Honey）曾指出，立石记录是中国古代社会的历史传统，碑文之作者希望自己的文字可以永垂无穷。石刻逐渐成为留存经典的重要方

---

[1]　（宋）杨仲良撰《皇宋通鉴长编纪事本末》卷一二七，第2133页。
[2]　（宋）杨仲良撰《皇宋通鉴长编纪事本末》卷一二七，第2140页。

式，它的文字内容很难被篡改，也标志着为后世提供规范而正统之文本。① 韩大伟的解释可以很好地说明宋徽宗将其《老子》注刻于石碑的动机与具体用途，该注也成为向朝臣或学子们宣说宋徽宗思想的重要渠道，宋徽宗的政治理念亦能通过这一注解而公开表达。换言之，徽宗的《老子》注本身就具有一定的政治意义。

第二节　宋徽宗《老子》注兼通儒、道思想的方式

在诸多北宋《老子》注中，对儒、道关系的调适乃是普遍议题。王安石、王雱或者苏辙皆曾从不同面向试图论证孔、老思想相通。徽宗之注同样涉及这一议题，他对儒、道关系的处理显然比其他注家有更明显的政治需求。以此，宋徽宗调适儒、道观念的具体方式以及所阐述的相关思想有值得关注之意义，这些内容有助于进一步理解徽宗《老子》注文本相关内涵以及徽宗注《老》的一些动机。同时，对这一内容的思考亦能增进对宋徽宗在"神霄运动"期间的政治理念的认识。

一　"道统"之整合

《孟子·尽心下》有言云："由尧舜至于汤，五百有余岁；若禹、皋陶，则见而知之；若汤，则闻而知之。……

---

① 〔美〕韩大伟：《中国经学史·秦汉魏晋卷：经与传》，黄笑译，社会科学文献出版社，2019，第354-356页。

若孔子，则闻而知之。"① 这一段话构建出从尧舜直至孔子的"古圣人"传承谱系，这也被认为是儒家"道统"意识的较早表达之一。及至韩愈作《原道》，他提出了尧、舜、禹、汤、文王、武王、周公、孔子、孟轲的传道谱系，以及"先王之教"的具体内容。尽管韩愈未明确使用"道统"这一词语，他也常被视为儒家"道统"观念或思想的首倡者。② 北宋以来，柳开、孙复、石介等人皆提出了类似韩愈的"儒道"传承谱系。北宋中期以后，王安石在《夫子贤于尧舜》一文中提出了他所理解的道之承继路线，③ 程颐也曾将其兄程颢视为孟子之道的唯一传承者。朱熹身后，系统化的儒家"道统"观念体系乃得以建立。

"道统"指向的是维系与传承道的途径和方式，虽然朱熹以前的宋学家较少使用"道统"这一称谓，但他们以己之见梳理或建构的儒道传承谱系与"道统"说的作用基本相类。不同学者论说的谱系固然略有相异之处，但他们的目的往往在于言明道学之正统为何，或在于指出究竟哪些人物的思想学说可被称为圣人之道。除此之外，这一学说也表明这条脉络上的全部圣人所领悟的道是同一或没有差别的。换言之，"道统"思想除了表明正统，还有统一之意

---

① 杨伯峻译注《孟子译注》，第386页。

② 相关研究见张岱年《论道统与学统》，《辽宁教育学院学报（社会科学版）》1991年第4期，第1-3页；李峻岫《试论韩愈的道统说及其孟学思想》，《孔子研究》2004年第6期，第77-86页。

③ （宋）王安石著，唐武标校《王文公文集》卷二八，上海人民出版社，1974，第323页。

义，即前后相续的道未曾有丝毫之异，乃通过不同之圣人传承而得以不断延续。

在政宣时期，宋徽宗亦借用了类似的表达方式，以达到其调和儒、道关系的目的。重和元年（1118）八月，徽宗下御笔手诏云：

> 道无乎不在，在儒以治世，在士以修身，未始有异，殊途同归。前圣后圣，若合符节。由汉以来，析而异之，黄、老之学，遂与尧、舜、周、孔之道不同。故世流于末俗，不见大全，道由是以隐，千有余岁矣。朕作而新之，究其本始，使黄帝、老子、尧、舜、周、孔之教偕行于今日。①

在手诏中，宋徽宗非常明确地指出儒家之道与道家之道乃为同一，即所谓"未始有异，殊途同归"，无论儒家治国还是士人修身之实践，所贯彻的道并未有异。宋徽宗认为，由于汉世以来人们蒙于末俗，后人未能见道之大全。"前圣后圣，若合符节"之说法与"道统"观之内涵较为接近。"前圣后圣"意味着圣人乃前、后相承相续，"若合符节"表示圣人之道乃为同一，如同兵符凭信一般可相为印证。其后，宋徽宗提出了一条他所认可的"圣人之教"序列，即"黄帝、老子、尧、舜、周、孔之教"。相对于宋学家所

---

① 《宋大诏令集》卷二二四，第864页。

提的传承谱系，徽宗所提之人显然并不局限于儒家所理解的圣人，而是包括了道家的代表人物黄帝与老子。这一建构借用了类似道统序列之形式，通过将黄帝、老子与尧、舜、周、孔纳入同一相续之序列，从而以儒家所熟悉的方式试图完成儒、道圣人的同一整合。这一序列也表明黄、老之学与尧、舜、周、孔之道并无不同。整合后的序列才是大全，单有儒家或道家之圣皆是"不见大全"，宋徽宗也特意强调"作而新之"，即他要完成道统之整合，其根本目的则在于使儒、道之教偕行。

宋徽宗的这一想法可以在其《老子》注中得到明确印证。例如，宋徽宗注解第一章"玄之又玄，众妙之门"句中的"妙"一字时言："孔子之作《易》，至《说卦》然后言妙；而老氏以此首篇，圣人之言相为终始。"[1] 这一注释强行类比孔子作《说卦传》言"妙"与《老子》首章言"众妙"之事，较为牵强地认为这是圣人之言相为始终。显然，宋徽宗的主要意图即在于认定孔子与老子皆为圣人，其不同言论具有内在意涵的同一性。又如，宋徽宗注第四十九章时云："真伪两忘，是非一致，是谓全德之人。此舜之于象，所以诚信而喜之。"[2] 真伪两忘，则无信与不信；玄同是非，则无善与不善。徽宗认为这是全德之人的境界，即圣人之境界。在此，徽宗例举《孟子·万章上》所录舜与象的故事，认为舜所体现的"诚信而喜之"的境界即符

---

[1]　《宋徽宗御解道德真经》卷一，《道藏》第 11 册，第 843 页。
[2]　《宋徽宗御解道德真经》卷三，《道藏》第 11 册，第 870 页。

合圣人的标准。在徽宗《老子》注中，类似表达颇多，如其在第三章解释"圣人之治"句提到"尧之举舜而用鲧，几是矣"①，在第三十八章解释"上仁为之而无以为"句云"尧舜性之，仁覆天下而非利之也，故无以为"②，在第四十五章注言"此孔子所以集大成而为圣之时"③，再如徽宗以周文王为例释第六十七章"夫慈故能勇"句云"文王视民如伤，一怒而安天下之民"④。从这些论述皆可见到，宋徽宗阐明儒家的圣人乃符合《老子》所言圣人之标准。如此，则可印证宋徽宗所论述黄帝、老子、尧、舜、周、孔乃是"前圣后圣"，其道殊途同归。

二　先王之道若循环

在前节所引诏书中，宋徽宗指出黄、老之学与尧、舜、周、孔之道的区分乃是汉代以来的末俗之见，这些前圣与后圣之教是"若合符节"的，只是后世误解，未见其大全。⑤同时，在本质上，儒、道圣人的一致乃是建立在道的同一基础上，即徽宗所言道"未始有异"。

北宋中期以来，诸多《老子》注家皆尝试在注解中调和儒、道关系，其典型如王雱之注。王雱在他对《老子》之注的解题中指出："圣人虽多，其道一也。生之相后，越

---

① 《宋徽宗御解道德真经》卷一，《道藏》第11册，第844页。
② 《宋徽宗御解道德真经》卷三，《道藏》第11册，第865页。
③ 《宋徽宗御解道德真经》卷三，《道藏》第11册，第869页。
④ 《宋徽宗御解道德真经》卷四，《道藏》第11册，第879页。
⑤ 《宋大诏令集》卷二二四，第864页。

宇宙而同时；居之相去，异天壤而共处。故其有言，如首之有尾……然而道一者，言固不同；言同者，道固不一。"①这里的"言"之不同是指儒、道所呈现的不同观念差异，但是王雱认为虽然"言"固不同，其道乃一。由是，王雱提出了著名的"岁时说"，即所谓"道，岁也；圣人，时也。明乎道，则孔、老相为终始矣"②。这一说法认为圣人与道的关系仿若岁与时，岁中有诸时，而诸时又相继成岁，所以孔、老相为终始。

王雱的观点被宋徽宗直接继承，如上文提及宋徽宗注首章之"妙"字时言"圣人之言相为终始"，即是直接改用王雱的"孔、老相为终始"句。"圣人之言相为终始"强调的是无论儒、道之圣人，他们所理解和阐述的道为同一。在此基础上，宋徽宗进一步提出"先王之道若循环"的观念，在注解《老子》第十九章时，徽宗有言云：

> 先王以人道治天下，至周而弥文，及其弊也，以文灭质，文有余而质不足，天下举失其素朴之真，而日沦于私欲之习。老氏当周之末世，方将祛其弊而使之反本，故攘弃仁义，绝灭礼学，虽圣智亦在所摈。彼其心岂真以仁义圣智为不足以治天下哉？先王之道若循环，救文者莫若质，故令有所属，谓"见素抱朴，

---

① （宋）太守张氏撰《道德真经集注·序》，《道藏》13 册，第 2 页。
② （宋）太守张氏撰《道德真经集注》卷三，《道藏》13 册，第 27 页。

少私寡欲"也。①

徽宗此解的目的在于阐释老子为何提出"绝圣弃智"和"绝仁弃义"之观念。他认为尧、舜等先王以人道治天下，彼时郁郁之文盛矣。然及至周世，文极则弊，天下遂失其素朴之真。老氏之治的目的在于"祛其弊而使之反本"，所以《老子》才提出攘弃仁义，绝灭礼学之说。另外，徽宗亦专门强调老氏并非认为"仁义圣智为不足以治天下"，只是这一治世之法与时势不合而已。以此，徽宗提出"先王之道若循环"之说，即先王之治适应于不同之时，而在本质上皆是同一之道的体现。又，徽宗注《列子·杨朱》时云："故牧羊者童子之任，而牧天下唯尧舜之道。将治大者不治细，成大功者不成小。此治之要，所以在知道。"② 他以牧羊、牧天下为例区分"治大""成大"与"治细""成细"之别，而明确认为牧天下需要运用尧舜之道。这也体现了他对尧舜之道的认同。

需要有所区分的是，宋徽宗之立意并不是借儒家之地位来抬高道教或道学，而是认定儒、道之教本无区分。"内儒外道"或"内道外儒"之形容皆不适应于徽宗的观念，其观念更接近于认为儒、道本为一。在政和八年的《天下学校诸生添治内经等御笔手诏》中，宋徽宗曾令学校诸生

---

① 《宋徽宗御解道德真经》卷一，《道藏》第11册，第855页。
② （金）高守元撰《冲虚至德真经四解》卷一八，《道藏》第15册，第140页。

选添大小经各一而修习，他指出这一目的在于："使（诸生）知大道之全，性命之本，则士不流于俗，天下庶乎无二道。"[①] "庶乎无二道"表示徽宗希望天下只有同一之道，其在政宣时期的部分政治实践之目的即试图实现儒、道的同一。

在具体观念层面，宋徽宗亦注重消除儒、道的观念冲突。在《老子》注中，徽宗曾多次调和儒、道本来存在的矛盾观念。

三　对仁、义、礼等儒家核心观念的调适

儒、道思想观念的矛盾历来存在，例如通行本《老子》第三十八章明确指出"失道而后德，失德而后仁，失仁而后义，失义而后礼。夫礼者，忠信之薄也，而乱之首也"。此为典型的道家直接对仁、义、礼等儒家核心观念的批判之语。众所周知，宋代老学的特色之一即在于以不同方式调适这些核心观念矛盾之处，例如欧阳修、司马光、王安石、王雱、吕惠卿、苏辙等人皆从不同角度论证过孔、老之观念或思想具有一致性。[②] 对于认为"先王之道若循环"的宋徽宗而言，儒、道之核心观念矛盾亦构成他在理论层面首先需要解决的问题。

---

① 《宋大诏令集》卷二二四，第 864 页。

② 相关研究可参见刘固盛《宋元老学研究》，第 41-45 页；尹志华《北宋〈老子〉注研究》，第 185-208 页；江淑君《宋代老子学诠解的义理向度》，第 71-110 页。

整体而言，宋徽宗并不否定儒家的核心观念。例如，宋徽宗注《老子》第三十一章"乐杀人者，不可得志于天下矣"句时，直接引用《孟子》之语"国君好仁，天下无敌"①，在第六十七章注中亦云"仁人无敌于天下，故以战则胜"②。又如第六十八章注，宋徽宗云："武，下道也，士尚志曰仁义而已。孔子曰：'军旅之事，未之学也。'"③显然，这些注释说明宋徽宗并非不认可儒家的仁、义等观念。然而，单以仁之观念为例，宋徽宗在其注解中就必须处理《老子》中类似"圣人不仁，以百姓为刍狗"，"绝圣弃智"与"绝仁弃义"，"失德而后仁"等明显否定仁或置仁之理念为下位的批判式表达。以下，本小节主要关注宋徽宗通过何种方式调适《老子》对儒家的批判之语，尤其是他如何在道家语境下解读或调适儒家的仁、义、礼等核心观念。

其一，宋徽宗解释儒、道治世方式的区别在于救不同之时弊，所以仁、义、智等观念仍然具有合理性。晚唐的陆希声解读《老子》时曾云："于是仲尼阐三代之文，以扶其衰；老氏据三皇之质以救其乱，其揆一也。"④ 此一说指明孔、老以不同内容扶救不同时势，而其本质则为一。陆希声的说法在北宋诸多《老子》注中得以延续，这也包

---

① 《宋徽宗御解道德真经》卷二，《道藏》第 11 册，第 861 页。
② 《宋徽宗御解道德真经》卷四，《道藏》第 11 册，第 879 页。
③ 《宋徽宗御解道德真经》卷四，《道藏》第 11 册，第 879 页。
④ （唐）陆希声撰《道德真经传·序》，《道藏》第 12 册，第 115 页。

括徽宗之注。例如，前文提及宋徽宗曾云："老氏当周之末世，方将祛其弊而使之反本，故攘弃仁义，绝灭礼学，虽圣智亦在所摈。彼其心岂真以仁义圣智为不足以治天下哉？"① 宋徽宗指出老氏所面临的问题在于周世文繁而衰，为了祛其时弊，老氏遂提出攘弃仁义、绝灭礼学的观点，这一说法并不否定仁、义、圣智也是治天下之方。此理解之逻辑强调儒、道的治世观念并非有本质区别，只是分别纠正不同时期的社会所存在的一些过度行为或整体时弊，而各有其专门的针对性。换言之，在世势适合之时，仁、义、礼作为治世观念亦有其合理之处。在《列子·仲尼上》的注解中，宋徽宗即以孔子为例表达了这一想法，其言云："孔子体道之真以治身，超然自得乎形色、名声之表矣，而悯天下之弊，故言仁义，明礼乐，吁俞曲折以慰天下之心。然世之人灭质溺心，无以返其性情而复其初。"② 孔子试图慰天下之心，遂提出仁义礼乐之治，只是由于彼时世人的自然心性与纯朴本质已被湮没与掩盖，才需要新的方法以救时弊。不论孔子之治的实效如何，徽宗显然没有否定仁义礼乐可以作为治世的方法之一，并且他也提到孔子是能体道之真的圣人。

其二，宋徽宗认为儒、道的观念相异乃有不同用处。注解《老子》第十章的"专气致柔，能如婴儿乎"句时，宋徽宗言："孟子曰：'其为气也至大至刚，以直养而无害，

---

① 《宋徽宗御解道德真经》卷一，《道藏》第 11 册，第 855 页。
② （金）高守元撰《冲虚至德真经四解》卷九，《道藏》第 15 册，第 71 页。

则充塞乎天地之间。'老氏之专气，则曰'致柔'，何也？至刚以行义，致柔以复性，古之道术，无乎不在。"① 道家所贵之气为"致柔"，婴儿之气即具有这一特点。这是因为婴儿不知所为和所行，亦不藏是非美恶之观念。不过，宋徽宗却在这里刻意将这一说法与儒家对"气"的认识相对比。他引用了《孟子》的观点指出儒家追求的是"至大至刚"之气。他并不认为这两者是矛盾的，至刚之气可以行义，而致柔之气乃能复性，无论行义与复性皆是古之道术的实践作用体现。需要注意的是，"专气致柔，能如婴儿乎"一句本来只关涉道家的理论，宋徽宗特意征引孟子的观点，除了受到王安石注法的影响，也可见其专门调适儒、道观念之用心。②

其三，宋徽宗认为老氏主要否定的是刻意有为于仁、义、礼，即真正反对的是有为之心。《老子》在第三十八章提出了关于道、德、仁、义等概念的价值序列，明确将仁、义置于道、德之后，认为"失道而后德，失德而后仁，失仁而后义"。对此问题，宋徽宗之注解云："道不可致，故失道而后德；德不可至，故失德而后仁；仁可为也，为则近乎义，故失仁而后义。"③ "不可致""不可至"说明道、

---

① 《宋徽宗御解道德真经》卷一，《道藏》第 11 册，第 849 页。

② 王安石注解此句时即曾引《孟子》之语，并言："孟子立本者也，老子反本者也，故言之所以异。"（王水照主编《王安石全集》第 4 册，第 176 页）王安石的这一说法其实主要是对比《孟子》与《老子》的不同说法，但是徽宗之注言"古之道术，无乎不在"，显见其调和儒、道观念之用心。

③ 《宋徽宗御解道德真经》卷三，《道藏》第 11 册，第 865 页。

德是通过无为而实现，而仁亦不当为，刻意为仁则离仁为义。章安对徽宗此注解义云："有得于道，道之失也。有为于仁，德之失也。"① 徽宗君臣皆认同正是"有得""有为"之心，造成道、德、仁、义的依次离散。在解释著名的"圣人不仁，以百姓为刍狗"一句时，宋徽宗也是认为不应有为于"仁"："恩生于害，害生于恩，以仁为恩，害则随至。天地之于万物，圣人之于百姓，辅其自然，无爱利之心焉，仁无得而名之。"② 圣人之于百姓，不应以仁为恩，否则即是为害于百姓。圣人惟有辅百姓之自然，不生爱利之心，则无所不爱，亦无所不利，又如何需要有为于"仁"呢？在本质上，"圣人不仁"指向的乃是圣人不应有为仁之心，而不是对"仁"观念的彻底否定。第十九章是《老子》对儒家思想集中批评的一章，"绝仁弃义"之观念则成为历代《老子》注家重点关注的内容。在对此句的理解上，宋徽宗仍然认为《老子》反对的仁、义乃是努力有心之实践，他的解释为："孝慈，天性也。蹩躠为仁，踶跂为义，而以仁义易其性矣。绝仁弃义，则民将反其性而复其初。"③ 其中，"蹩躠"表示尽心用力之貌，"踶跂"表示勉力而行之态，它们共同指向的是主观刻意为仁、为义的用意或行为。徽宗认为，民之天性即是孝慈，如果勉力为仁、为义，则会造成人之天性的破坏。只有"绝仁弃义"，民

---

① （宋）章安撰《宋徽宗道德真经解义》卷六，《道藏》第11册，第929页。
② 《宋徽宗御解道德真经》卷一，《道藏》第11册，第846页。
③ 《宋徽宗御解道德真经》卷一，《道藏》第11册，第855页。

才能复返其本性。《老子》所绝之仁、义乃是刻意所为的仁、义。

其四，宋徽宗认为治世之法有实、貌之别，即现象与本质的区分，应当重实而轻貌，或肯定实质而反对修饰。例如，《老子》第三十八章提及"夫礼者，忠信之薄，而乱之首也"，这是对儒家"礼"观念的否定，宋徽宗释之云："实厚者貌薄，父子之礼是也。由是观之，礼繁者实必衰也，实衰则伪继之，而争乱作，故曰：'夫礼者，忠信之薄，而乱之首也。'"① 徽宗之注引用了《韩非子·喻老》的观点，这一观点在本质上亦非对礼的完全否认，而是否定礼繁实衰的现象。至于具有"实厚貌薄"特征的父子之礼，则成为被肯定的对象。礼繁则实衰，实衰则有各种伪诈相继，争乱相作，徽宗认为这才是《老子》提出礼是乱之首的原因。《老子》第六十七章提到老氏所贵之"三宝"有"一曰慈""二曰俭"，徽宗遂将这两个道家所肯定的理念与儒家的"仁""礼"相比较，其言云："慈以爱物，仁之实也。俭以足用，礼之节也。"② "仁"的本质是"慈以爱物"，"礼"的关键是"俭以足用"，此皆说明徽宗认为"仁之实"与"礼之节"是值得肯定的。《老子》对仁、义、礼等观念的反对主要指向的是表面的、外在的形式。除此之外，徽宗在注文中亦有"乐杀人者，丧其慈而失仁民爱

---

① 《宋徽宗御解道德真经》卷三，《道藏》第 11 册，第 865 页。
② 《宋徽宗御解道德真经》卷四，《道藏》第 11 册，第 879 页。

物之心"①，"而以慈为宝，故仁眇天下而无不怀，义眇天下而无不畏"② 等类似表达，都是说明"慈"是"仁"之实，所以应以"慈"为宝之理。

除了以上四种调适儒、道矛盾观念之逻辑，本书的第二章也曾指出宋徽宗以儒家经典注《老》的几种方式，包括直接征引儒家经典以解释《老子》文句，或引用儒家具体人物之言、行以达成释义或作为例证等。从重构道统到不断论证儒、道的观念一致，这些注解方式皆表明宋徽宗通过《老子》注以调适儒、道关系之用意。

当然，不同于一般之注《老》者，宋徽宗作为皇帝亦使其调适儒、道的用意在具体政治实践中得以实现，而政宣时期所设立之"道学"即是最明显的例证。

第三节　调适儒、道关系之实践：
"道学"之设立

政和六年（1116）闰正月，宋徽宗始置"道学"。③ 根据黄以周在李氏长编中的辑注"政和间，即州、县学别置斋授道徒"④，我们可以知道此时设立的道学主要指在州学、县学外单独设立斋所教授道徒。这一培养模式应当

①　《宋徽宗御解道德真经》卷四，《道藏》第11册，第880页。
②　《宋徽宗御解道德真经》卷四，《道藏》第11册，第880页。
③　（宋）李焘撰，燕永成校正《皇宋十朝纲要校正》卷一七，第488页。
④　（清）黄以周等辑注《续资治通鉴长编拾补》卷三七，第1178页。

是独立于儒家教育的。政和八年（1118），宋徽宗重新调整了道学培养体系，并尝试将其融入儒家的教育体系中。

政和八年（1118）八月，徽宗在御笔诏书中指出：

> 大道废坏滋久，作兴斯时，世未知向，士未丕变，抵法违理者尚多。盖人不教养，才不抡选，朝为仆厮贱隶，晚服冠裳，号为学道之士。夫人能洪道，非道洪人，苟非其人，道不虚行。自今应入学人，并令所在州县勘会保明，不经刑责，不犯十恶奸盗及违八行之人，许入州、县学教养，并依见行学法。所习经以《黄帝内经》《道德经》为大经，《庄子》《列子》为小经，外兼儒书，俾合为一道，可依下项：大经《周易》，小经《孟子》。①

这一诏令中规定凡学道之士皆应入学。宋徽宗认为并不是所有人都能从事学道之事。所以，他要求各州、县勘核应入学道人的德行，并规定他们不能是曾经违背"八行"或犯"十恶"的人。这里选取符合"八行"（孝、悌、睦、姻、任、恤、忠、和）之人才能学道的做法与彼时儒家取士制度是一致的，也符合儒家的基本伦理原则。在大观元年（1107），蔡京就曾主导推行"八行取士"制度。该制度要求选举符合"八行"者保荐入州学和太学。②

---

① 《宋大诏令集》卷二二四，第 864 页。
② （清）黄以周等辑注《续资治通鉴长编拾补》卷二七，第 910 页。

根据这一诏令，学道之士不再于单独的"道斋"学习，而是应当入朝廷的州学和县学接受教养。诏令中提及他们的就读方式"并依见行学法"。这一学法是崇宁以来逐步恢复的"天下三舍法"。"天下三舍法"是一套由县学升州学，再由州学升太学的三级升贡制度。① 换言之，宋徽宗尝试将学道之人的教育培养途径与当时的儒家教育培养途径相统一。"天下三舍法"由宋徽宗在继承宋神宗"三舍法"的改革基础上，推广到了全国范围。② 这一次道学改革即是在这一背景之下的再次改革。

在道学的教学内容上，宋徽宗规定学道之人的课程应分为大经、小经，大经乃《黄帝内经》和《道德经》，小经则是《庄子》《列子》。需要特别注意的是，道学诸生不仅应学习道家的经典，尚需兼通儒书。他们所习的儒经为《周易》《孟子》。对比唐代而言，唐代亦曾有过道举，但并未规定学子需要兼通儒书。③ 除此之外，宋徽宗也要求天下学校诸生皆必须学习道学的一些内容。诸生需要从大经《黄帝内经》《道德经》，小经《庄子》《列子》中各选一

---

① 宋徽宗自即位以来，不断恢复神宗朝之政事，其中包括学校教育制度。参见胡永光《北宋末年的教育改革——对太学三舍法的考察》，《华中学术》2010年第1期，第87-100页。另见吴铮强《试论北宋的学校取士》，载《宋学研究集刊》第1辑，浙江大学出版社，2008，第358-375页。

② 参见胡永光《北宋末年的教育改革——对太学三舍法的考察》，《华中学术》2010年第1期，第87-100页。

③ 关于唐代"道举"的研究，参见汪桂平《唐代的道举制度》，《世界宗教文化》1999年第3期，第48-49页。

经分治。徽宗在诏令中表达了他采取这一措施的目的：

> 崇宁以来，学校遍天下。士虽知所向，而不见道
> 之大原，其所习尚取办艺文之末，以应考选程式而已。
> 合而同之，使知大道之全，性命之本。则士不流于俗，
> 天下庶乎无二道。①

这一措施与前文讨论的宋徽宗观念相一致。在宋徽宗看来，只有同时学习儒家、道家，天下士子才能知晓道之大全。宋徽宗之目的在于使天下"庶乎无二道"。对于这一措施，有的学者往往指认宋徽宗乃是过度宠溺道教，因为徽宗此举乃强制天下士人皆学道家的部分经典。需要注意的是，宋徽宗在这一诏令中规定道学之人也必须习儒经《周易》《孟子》。因此，此举实际上表明宋徽宗欲调适儒、道之学为一学。正如宋徽宗在诏令所云："今作（道学）而兴之。合儒学之士，悉由庠序，与儒为一道。"②

为了保证道学培养体系的成立，宋徽宗又先后下令于大学、辟雍各差通《内经》《庄子》《列子》之二人为博士。随后，徽宗再令于诸州添置道学博士，择本州官兼任。③

在这些文教措施的实行过程中，儒学生所习之经典中增添了《黄帝内经》、《道德经》、《庄子》和《列子》等

---

① 《宋大诏令集》卷二二四，第 864 页。
② 《宋大诏令集》卷二二四，第 865 页。
③ （宋）杨仲良撰《皇宋通鉴长编纪事本末》卷一二七，第 2135 页。

经典，而道学生又需要修习《周易》《孟子》等儒家经典。我们不能简单认为徽宗设立道学之目的仅在于崇道，其真正用意乃如徽宗诏书所说"俾合为一道"，使儒学生、道学生悉经庠序，共为一学。在这些必修经典中，宋徽宗注解了《道德经》、《列子》和《庄子》内篇等经典，其解读内容当然也成为天下学子理解这些经典的重要参照标准，这实际上也提升了宋徽宗在彼时思想文化领域的地位。前文提及政和八年八月，知兖州王纯上奏请于御注《道德经》出题，范致虚后来也乞用《圣济经》出题，作为选士的考试范围。以御注为科举考试的内容，也使徽宗之注解对于天下学子而言变得尤为重要。

第四节 "道通为一"的政治理念

前节论述了宋徽宗在观念层面、实践层面试图调适儒、道关系的体现。这些行为所关联的动机与徽宗所认同的政治文化观念直接相关。

早在"神霄运动"正式发起之前，宋徽宗即已表达过他试图融合儒、道的文化观念。政和五年（1115）三月九日，宋徽宗在集英殿试礼部奏名进士，当时徽宗所出之殿试策文为：

> 古之圣人以道莅天下，处无为之事，行不言之教，
> 用之不穷而物自化。朕昧是道，君临万方，夙兴夜寐，

欲推而行之，神而明之。然物或行或随，或嘘或吹，或强或羸，或载或隳，相生相成，相形相倾，莫之能一。此道之所以难行，奸轨乱常所以难化，如之何而解其纷、合其异乎？昔之言道者曰"天法道"，又曰"道之大原出于天"。"道非阴阳"，又曰"一阴一阳之谓道"。"道无为"，而曰"生之长之，成之养之"。"道无名"，而曰"可名以大，可名以小"。道一而已，其言之不同，何也？尧舜三代以是而帝，以是而王。由汉以来，时君世主，莫或知此。朕方近述于千载之后，齐万殊之见，明同异之论，以解蔽蒙之习，未知其方。子大夫无流于浮伪，为朕详言之。①

徽宗所出之制策乃要求考生应答对道之同、异的认识。在徽宗所述内容中，他提出世人对于道有着复杂繁多的理解。例如，《老子》言"天法道"，董仲舒则认为"道之大原出于天"，有人认为"道非阴阳"，又有相反观点为"一阴一阳之谓道"。就此而论，这些观念似乎矛盾重重。随后，徽宗指出，这些言论虽然不同，但实质乃是"道一而已"。他认为尧舜三代能体道之真，这也是尧舜三代得以成为圣王的原因。汉以来之诸位时君世主则于此不知。他进而提出期望能够像三代圣王那样解世之蔽，其主要目的在于实现"齐万殊之见"和"明同异之论"，使得道能够"推而行

---

① 《宋会要辑稿·选举七》，第5406-5407页。

之""神而明之"。政和五年的这一殿试策文已表明宋徽宗的政治理念，即合道之异，使得天下通为一道。

徽宗的这一想法也说明他所发起的神霄运动并不仅仅是为了提高道家或道教的地位，而明显有实现"天下庶乎无二道"之用意。在前节提及的政和八年手诏中，宋徽宗明确指出了儒家与道教的道是没有差别的。所以，《天下学校诸生添治内经等御笔手诏》开篇亦云："道无乎不在，在儒以治世，在士以修身。未始有异，殊途同归。"①

除了调适儒、道关系，宋徽宗也将佛教纳入到"道通为一"的文化框架中。他曾令将诸多佛寺改为神霄宫。随后，世间即有传言云徽宗将"灭佛"。政和七年（1117），宋徽宗专门下一诏令澄清关于他将"灭佛"的传言。在这一诏令中，徽宗再次重申其政治文化之观念：

> 流俗胜而大道熄，千有余岁。古之大全，世不复见。作而兴之，使归根复命，清净自化，追还古风。比以天下道宫数少，又卑陋圮坏，不足以寅奉上真。悉欲营建，深虑劳民动众，材木之费，必至科扰。故以僧寺改充，僧宇猥多，不劳而易办。访闻奸人造言，谓将毁坼寺院，沙汰僧徒，摇惑众心，中外骇听。夫道一而已，冲虚无名，真空不二，本自不殊。隆此而废彼，岂朕志哉。可布告中外，敢有造言者，赏钱一

---

① 《宋大诏令集》卷二二四，第864页。

千贯，以违御笔论。①

在此诏令中，宋徽宗认为道有千余岁不被世人见其大全，他今日之作为乃"追还古风"。徽宗随后解释了他为何要改佛寺为道观，并澄清他的行为不是"灭佛"。他改革佛教之出发点在于使"道一而已"。在本质上，他认为儒释道三教"本自不殊"。宋徽宗特别强调他并非"隆此而废彼"，这实际上也印证了笔者前文指出的宋徽宗真正之用意不仅仅是提高道家、道教的地位，而是坚持天下之道本无差异的文化和政治理念。宋徽宗在神霄运动中的颇多实践皆是为了实现这一目标。

宣和元年（1119）五月，宋徽宗尝试将佛教也纳入现有道学体系中，试图实现儒释道教育培养体系的一体化，其"御笔"手诏云：

> 释氏改服易名，尽从华俗，不废其教，翕然成风。然习之者不知道妙，未称一道德、同风俗之意。今后应德士，并许入道学，依道士法。其德士宫观，知副已上职掌有阙，非试中人，不在选举差补之限。其德童遇试，经拔放，并习《混元道德》或《灵宝度人》一经。庶人无殊习，道通为一，以副劝奖之盛。②

---

① 《宋大诏令集》卷二二三，第 863 页。
② （宋）杨仲良撰《皇宋通鉴长编纪事本末》卷一二七，第 2137 页。

这一诏令旨在强调"一道德，同风俗"。诏令特别提到出自《庄子》的"道通为一"之理念。宋徽宗在整个神霄运动中的诸多实践实际上正是从不同面向尝试落实这一理念。至迟在政和五年的殿试策文中，宋徽宗即已表露他欲"齐万殊之见，明同异之论"的决心。宋徽宗认为上古之道本只为一，尧舜三代以是而帝，以是而王，仅仅是秦汉以来的陋俗之见才造成大道分裂的局面。徽宗今日欲"作而新之"，通天下之道为一，所以借助诸如御注经典等方式以在理论层面合儒、道为一，通过改革文教制度、宗教制度在实践层面合儒、释、道为一。最终，宋徽宗希望使天下得见道之大全，这正是"道通为一"理念的落实。

小　结

本章主要关注的问题是宋徽宗如何在观念和政治实践层面调适儒、道关系，以及他为何要对这一关系进行调适，即探讨其具体政治理念和动机。本章将这一讨论集中于宋徽宗注《老》之实践以及《老子》注所见兼通儒、道的思想，设立道学与改革天下教育之举措，徽宗"道通为一"的政治理念等四个主题。

本章首先探讨了宋徽宗注《老》之实践，主要述及宋徽宗注解《老子》的相关过程和徽宗《老子》注所见兼通儒、道的思想。笔者从三个面向指出宋徽宗《老子》注中所存兼通儒、道之思想，分别包括"道统"的整合，"先王之道若循环"的观念和对仁、义、礼等儒家核心范畴的调适。这些注释行为皆表明宋徽宗有着明显的兼通儒、道之用意。

其后，笔者探讨了徽宗设立道学的相关举措，即徽宗尝试在文教层面变更教育内容和育人培养体系，以统一儒、道学生之所学。在道学体系之中，学道之人应当进入当时的儒家学校（州学、县学）学习，其学习内容除了道家经典，也必须习《周易》《孟子》等儒家经典。同时，天下儒生也应选习道家经典。我们不能简单认为徽宗设立道学之目的仅在于崇道，其真正用意乃如徽宗诏书所说"俾合为一道"，使儒学生、道学生悉经序序，共为一学。需要注意的是，在这些必修经典中，宋徽宗注解了包括《道德经》、《列子》和《庄子》内篇等经典，其解读内容当然也成为天下学子理解这些经典的重要参照，这实际上也提升了宋徽宗在思想文化领域的地位。通过设立道学这一实例，我们可见宋徽宗是如何在实践层面调和儒、道关系的。这也充分说明徽宗在《老子》注中的调和之论绝非仅停留于理论设想。

最后，本章探讨了宋徽宗"道通为一"的政治理念，这一理念在其《老子》注以及设立道学之举措中皆得以呈现，这也是他调适儒、道关系之理想宗旨。宋徽宗调适儒、道关系的缘由即在于他认为儒、道之道本为同一。宋徽宗的这一理念实际上是北宋中期以来王安石所主张"一道德，同风俗"思想的延续，并且他试图将这一思想付诸政治实践。在一定意义上，宋徽宗发起"神霄运动"的一个重要目的即是试图建立以"道通为一"为目标的新政治文化。这也是理解徽宗注《老》之部分动机的重要内容。

吟峡調高龙下桐
松间疑有入松风
仰窥低审含情客
以聽無弦一弄中
　　　　　　　蔡京謹題

聽琴圖

宋徽宗《听琴图》（故宫博物院藏）

　　《听琴图》中的绿待诏、绯待诏、九弦琴及弹琴者的指法反映了宋徽宗礼乐改革的因素与理想。

结　语

南宋初年之史学家王明清曾在著名的《挥麈录》中，记载了一则有关宋徽宗《老子》注的轶事，其文载：

> 政和初①，方允迪将就廷试，前期闻御注《老子》新颁赐宰执，欲得之以备对。会允迪与薛肇明有连，亟从问之，乃云无有也。一日，入薛书室，试启书箧，忽见之，尽能记忆。"洎廷试，果发问。毛达可友得对策，大喜，即欲置魁选。②

这则轶事在《挥麈录》目录中题为"方允迪以先得御注《老子》为毛达可所赏"，讲述了方允迪参加廷试的"投机"之事。笔记所载内容对我们认识徽宗《老子》注有两层启示：其一，我们不能仅局限于内在文本层面探讨宋徽

---

① 由于宋徽宗《老子》注完成于政和八年前后，此处应为"宣和初"。
② （宋）王明清撰《挥麈录》后录卷一一，田松青校点，上海古籍出版社，2012，第 142 页。

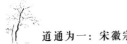

宗《老子》注，作为具有特殊身份的注家，宋徽宗之注在当时的社会与文化领域影响很大，以至于该注刚被颁赐宰执之时，考生即已知晓，并想方设法求之；其二，宋徽宗宣布在京神霄宫刻御注《老子》的前几日，即有知兖州王纯上奏请于御注《老子》出题。"洎廷试，果发问"说明了这一奏请成为现实。在颁布刻御注《老子》的同月，宋徽宗亦改革天下学校教育，使得《老子》成为彼时无论儒家学子还是道家学子的必修书目，而宋徽宗之注显然成了标准的参考。这些举措拟达到的效果颇类似王安石《三经新义》《字说》对此前学校教育、科举选士的影响。所以，宋徽宗《老子》注显然不是一部简单的学术或思想之注，而具有复杂的政治实践意义。

那么，我们应当如何在整体上认识或评论宋徽宗之《老子》注呢？它既是一部对《老子》的个人注解，是宋徽宗阐释其思想的著作，也是具有一定政治实践意义的文本工具。以此，我们必须采用更全面的理解视角。

在研究宋徽宗《老子》注的基本框架上，笔者试图关注与该文本有所关联的内、外两个面向。文本的内在面向为本书绪论所谓之"点"、"线"和"面"，即涉及文本的基本范畴、基本范畴之间的意义关联以及文本蕴含的重要思想研究，这一面向更注重理解宋徽宗对《老子》基本内容的诠释以及他个人思想的发挥；文本的外在面向更关乎文本作者与外界思想或行动的关联，即宋徽宗所受政治文化或思想文化的影响，以及宋徽宗注《老》之政治动机和相应实践。这实际上是本书第一章和第八章所讨论的内容。

在内、外两个面向之间（或贯穿其中），笔者认为仍有一条理解宋徽宗《老子》注的基本理路，即是"道通为一"的诠释脉络或理念。这一理路是理解宋徽宗《老子》诠释之内容与思想，以及他的一些政治观念和实践的关键，这一内容大致体现于四个面向。

在基本的思想内容中，"道通为一"是理解宋徽宗所释宇宙论的关键，其具体内涵在于道通有无为一。宋徽宗继承了王安石"有无之体用皆出于道"[①] 的观点。他认为："道复于至幽则小，而与物辨；显于至变则大，而与物交。"[②] "与物辨"显明的是本体与现象之别，"常"与"非常"之差异，是"常无"之体现；"与物交"是指道在物中的存有状况，即所谓"与物委蛇"，是"常有"的体现。"常有""常无"是道之一体两面，这也是为何徽宗会强调："殊不知有无者，特名之异耳。"[③] 宇宙论意义上之道兼有无亦成为认识论的根据。道之"常无"体现于理，"常有"显见于事，即徽宗所谓"有无二境，徼妙寓焉"[④]。观道应"大智并观"，既观道之妙，亦观道之徼，才可获知道之全。在哲学的基本意涵上，道通有无为一的观念呈现

---

① 王安石云："两者，有、无之道，而同出于道也。言有、无之体用皆出于道。"［（宋）王安石撰，罗家湘辑校《王安石老子注辑佚会钞》，第 15 页］
② 《宋徽宗御解道德真经》卷二，《道藏》第 11 册，第 863 页。
③ 《宋徽宗御解道德真经》卷一，《道藏》第 11 册，第 843 页。
④ 《宋徽宗御解道德真经》卷一，《道藏》第 11 册，第 843 页。

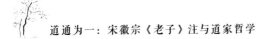

的是形而上与形而下相通的意义。郭齐勇先生曾认为《老子》道论的基本逻辑在于："从经验事物的观察中得出恒常的变化规律，这是老子哲学观念的一个来源，'道'是对经验生活的哲学提升。但同时老子认为'道'为万物之宗，则又是基于一种'推求'，即从当下一切存在者推求生命的本原，进而为生命存在的合理状态寻求价值根据或原则。"[1]在这一思想关系中，经验事物与生命的本原如何相通构成解释的难点，而《老子》之道论的逻辑合理性又必须建立在这一相通的基础之上。王安石、宋徽宗等人所主张的常有、常无皆出于道的这种观点则可以合理地解释这一问题，这正是"道通为一"之观念在宇宙论层面的体现。

"道通为一"涉及的第二个理解面向是在整个文本的思想体系中建构道德性命之一贯，即通道德性命为一。在先秦《老子》哲学中，道、德是理解其文本思想体系的关键范畴，但是随着北宋以来心学的发展，王安石以来的释《老》者往往注重以道、德、性、命之范畴共同诠释《老子》，宋徽宗之注亦不例外。不同于王安石父子的是，宋徽宗所建构的道德性命之一贯主要是以《庄子》哲学为基础的，尤其是建立在《庄子·天下》所述道、德、命、形、性之定义和内在关系上。在宋徽宗的诠解中，道、德、性、命共同建立起宇宙论、本体论与人之实践论、价值论互成一贯的"桥梁"。就具体之诠释内容而言，道是宇宙之终极

---

① 郭齐勇：《中国哲学通史·先秦卷》，第206页。

和最根本者，它是世界万物之所共由；德是道的下位概念，乃联结道与整个形下世界的关键性范畴。一方面，道通过德的方式可以降于域中，德是万物自得以生之依据和潜在之因，亦在万物之中彰显道的作用，并可阐道之幽。另一方面，"德之复于道"的观念表明人可以通过回归于德之途径向道复归，这一观念为形下世界向形上世界的连接提供了根本依据。在道与德的阐释基础上，性则将宇宙论或本体论问题过渡为实践论。宋徽宗所述及的性呈现两个层面的内涵：其一，在个体层面而言，性是万物各自生成以后自身之特性，是各物之具体"仪则"；其二，性是道在有生以后的显现，它是各物之所以有"仪则"的内在保证，也是万物所共通之本体层面的"一性"。世间之人常外受物之累或内生欲利之心，则往往会丧失其自性，处于"失性于俗"的境地。由此，以性为核心之实践论得以展开。一方面，圣人通过治世之行为务使民得其性，另一方面，宋徽宗也提出了有关尽性与复性之修身实践的主张。命是性之本，而性乃命之根，复性在本质上亦是复命。最终，通过"性修反德，德至同于初"，人可复归于道。在这一复杂的论述中，道、德、性是宋徽宗整部注解的关键范畴，它们之间所呈现的不断展开与复归之联结关系构建了义理体系内部的一贯性，这一关系乃成为建构"道→德→命→性"之宇宙论与"性→命→德→道"之实践论相通的基础。以此，宋徽宗通过建构道德性命范畴之一贯，合理呈现了他对《老子》文本的解释与个人思想表达的内在一致性。这

实际上也是他对北宋中期以来道德性命之学的发展。

　　"道通为一"涉及的第三个理解面向是宋徽宗内圣与外王之主张的通一，这也关乎宋徽宗通过注《老》所表达的实践论。宋徽宗同样继承了王安石以《易》之"无思也，无为也，寂然不动，感而遂通天下之故"句释道的观点，他将"无为而无不为"释为："夫未始有无也者，无为也，寂然不动，无不为也，感而遂通天下之故。以静则圣，以动则王。"①"寂然不动"是道之无为的体现，"感而遂通"则是道之无不为的作用。圣人是《老子》以及宋徽宗之注解中的理想主角，也是道在人间的象征，所以徽宗云圣人"以静则圣，以动则王"。江澂对此之解释为："静而处己，内圣之道以全；动而接物，外王之业以成。"②"静而处己"是向内之修身，"动而接物"是向外之立业，圣人之所为应当兼及修身与治世，所以徽宗亦言："道之全，圣人以治身。道之散，圣人以用天下。"③ 过去部分学者曾认为宋徽宗强调无为之政治理念，并指出这正是其昏庸之治的思想支撑。这一理解可能对宋徽宗注《老》之思想有所误读。无论是宇宙论，抑或实践论，徽宗之思想皆承继于王安石的理念，乃认为道兼有无，亦主张向内修身而成圣，向外立业而成王。这显然与主张彻底之无为并不一致。笔者也在本书第七章回应过宋徽宗所主张之"无为而用天下"的理念并不

---

① 《宋徽宗御解道德真经》卷三，《道藏》第11册，第870页。
② （宋）江澂撰《道德真经疏义》卷九，《道藏》第12册，第490页。
③ 《宋徽宗御解道德真经》卷二，《道藏》第11册，第860页。

是主张彻底的不作为，而是如同章安对宋徽宗这一观念之理解："其为也，出于无为，非无为也。"① 尚须说明的是，宋徽宗"内圣外王"之实践亦与其人性论思想相通。一方面，宋徽宗认为圣人应由内尽性，或向内复性，以通过治身实践实现内圣之目标；另一方面，圣人亦应无为而用天下，使天下之民各复其性命之情，此乃通过治世实践实现外王之目标。笔者也曾指出，徽宗所论圣人之概念往往包含"圣"与"王"两层内涵，所以徽宗注"域中有四大"句曰："静而圣，动而王，能贯三才而通之人道，于是为至。故与道同体，与天地同功，而同谓之大。"② "静而圣，动而王"即是同时具有圣与王的身份。与此对应，宋徽宗的理想人生价值目标乃是能既"与道同体"，又"与天地同功"。总而言之，惟有深入理解宋徽宗通内圣、外王为一体之观念，才能更全面地把握宋徽宗的实践论思想，更准确地理解他的无为观、有为观，更清晰地认识到他的政治理想，以及他试图将儒家与道家思想相融合的内在动机。实际上，"与道同体"与"三代之功"皆是宋徽宗的追求，这一追求也可以很好地解释为何宋徽宗在崇观年间大力推行"礼追三代"之政治举措，又为何会在政和七年以后兴起神霄运动。

　　最后，"道通为一"之线索也关乎理解宋徽宗的注《老》动机以及神霄运动期间的一些具体政治行为。在这一面向

---

① （宋）章安撰《宋徽宗道德真经解义》卷一，《道藏》第 11 册，第 892 页。
② 《宋徽宗御解道德真经》卷二，《道藏》第 11 册，第 859 页。

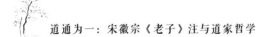

上，"道通为一"的含义为实现以儒、道同一为基础的文化"通一"之政治理想。众所周知，"一道德，同风俗"乃是王安石的重要主张和最高之文化理想，这一理想目标实际也被宋徽宗所继承，其典型表现则是他试图通儒、道之文化为一。笔者在本书第八章指出，徽宗之《老子》注在多个层面展现了他对儒、道关系的调适，包括道统的整合，论述儒、道理念的一致性，对仁、义、礼等儒家核心观念的调适，以及采用征引儒家经典、儒家具体人物的言行以释《老子》文句的诠解方式等。宋徽宗的用意乃在于建立以同一之道为基础的文化通一，其主要核心内容是通儒、释、道为一，以最终使"天下庶乎无二道"①。如果单纯认为宋徽宗佞信道教，才有相应改革佛教及儒家教育制度之行动，并未真正理解宋徽宗之用意。这一用意的背后实际上正是"道通为一"的政治理念。宋徽宗在宣和元年（1119）五月的一道试图将佛教教育也纳入道学体系的诏书中即强调了他的目的在于使"庶人无殊习，道通为一"②。这一理念在政治实践中的主要体现即是建立道学，这一举措是徽宗尝试在文教领域变更教育内容和育人培养体系的努力，其目的乃在现实层面统一儒、道学人之所学。另外，《道德经》成为新的教育体系中的必修经典，而徽宗之注则成为最重要的解读参考。类似于王安石《三经新义》《字说》对学校教育或科举的影响，宋徽宗也在试图使得他的诠释

---

① 《宋大诏令集》卷二二四，第864页。
② （宋）杨仲良撰《皇宋通鉴长编纪事本末》卷一二七，第2137页。

和他的思想可以影响天下学子。

在宣和三年（1121），宋徽宗御集英殿试礼部奏名进士，其所出制策云：

> 朕稽法前王，遹求先志，顾德弗类。永惟神器之大，不可为，不可执，故以道莅之，夙兴夜寐，惟道之从，祖无为之益，以驰骋乎天下万世无弊者也。然为道在于日损，物或损之而益，益之而损，损之又损，至于无为，则是无弊之道，损益随之。子大夫以为如之何而无损无益乎？朕粤自初载，念承百王之绪，作于百世之下，继志述事，罔敢怠忽，立政造法，细大不遗，庶几克笃前人之烈，推而行之，间非其人，挟奸罔上，营私背公。故庠序之教虽广，而士风凋丧；理财之术益多，而国用匮乏；务农重谷，而饥馑荐臻；禁奸戢暴，而盗贼多有。比诏有司，稍抑浮伪，事有弗利于时，弗便于民者，一切更张之，悉遵熙丰之旧矣。盖可则因，否则革，权时之宜也，揆之于道，固无损益。然当务之为急，则因革损益，其在今日乎。子大夫详延于廷，为朕言之，毋隐。[①]

宣和三年距离宋徽宗匆忙"内禅"已仅有 4 年。从这一制策我们可以看出宋徽宗"道通为一"理想的困境。一方面，

---

① 《宋会要辑稿·选举七》，第 5407 页。

他试图如想象中的圣人一般以道莅天下，而施行无为之政；另一方面，他又期望承继先王之政治功业，有所作为于当今之世，以至于说"立政造法，细大不遗"。宋徽宗之内圣是以道家为根本基础，而其外王实践则又有明显的儒家烙印，虽然他尽力从《庄子》所谓"圣人出，应帝王"的相关理念予以调和。但是，正如他在《老子》注中调适儒、道之观念一样，这种调适有其牵强之处，也未能真正解决这些不同文化体系的根本矛盾。另外，宋徽宗在《老子》注中所论及之思想，也可能并未真正落实于实践。例如，他主张"无为而用天下"的政治理念，平心而论，在现实政治实践中，宋徽宗显然没有做到这一思想所要表达的意旨。宋徽宗的失败根源显然不是无为，而可能是过多之妄为。

当然，仅就宋徽宗《老子》注所表达的内容而言，他的种种在思想层面与实践层面"道通为一"之努力，为我们理解《老子》思想提供了很多新的切入点，并有助于我们认识北宋后期老学对王安石思想的继承，以及道德性命学说、三教合一观念的进一步演进。同时，这些思想也可以为我们研究宋徽宗的政治实践提供新的思考路径。

大观圣作碑（部分）

参考文献

一 文献史料

（一）史籍、政书类

《汉书》，班固撰，北京：中华书局，2007 年。

《史记》，司马迁撰，北京：中华书局，2010 年。

《宋大诏令集》，北京：中华书局，1962 年。

《宋会要辑稿》，徐松辑，北京：中华书局，1957 年。

《建炎以来系年要录》，李心传撰，北京：中华书局，1988 年。

《靖康要录笺注》，汪藻撰，王智勇笺注，成都：四川大学
　　出版社，2008 年。

《东都事略》，王称撰，济南：齐鲁书社，2000 年。

《皇朝编年纲目备要》，陈均撰，北京：中华书局，2006 年。

《皇宋十朝纲要校正》，李𡊟撰，燕永成校正，北京：中华
　　书局，2013 年。

《皇宋通鉴长编纪事本末》，杨仲良撰，哈尔滨：黑龙江人

民出版社，2006年。

《三朝北盟会编》，徐梦莘撰，上海：上海古籍出版社，1987年。

《文献通考》，马端临撰，杭州：浙江古籍出版社，2000年。

《宋史》，脱脱等修，北京：中华书局，1999年。

《宋史纪事本末》，陈邦瞻修，北京：中华书局，1977年。

《通鉴续编》，陈桱著，文渊阁四库全书本。

《续资治通鉴长编拾补》，黄以周辑，北京：中华书局，
　　2004年。

（二）笔记类

《铁围山丛谈》，蔡絛撰，北京：中华书局，1983年。

《宾退录》，赵与旹撰，上海：上海古籍出版社，1983年。

《曲洧旧闻》，朱弁撰，上海：上海古籍出版社，2012年。

《清波杂志》，周辉撰，刘永翔校注，北京：中华书局，
　　1994年。

《挥麈录》，王明清撰，上海：上海古籍出版社，2012年。

《桯史》，岳珂撰，上海：上海古籍出版社，2012年。

（三）经典注疏类

《周易正义》，王弼注，孔颖达疏，李申、卢光明整理，北
　　京：北京大学出版社，1999年。

《周易译注》，黄寿祺、张善文撰，北京：中华书局，2016年。

《中庸》，王国轩译注，北京：中华书局，2006年。

《帛书老子校注》，高明撰，北京：中华书局，2020年。

《老子道德经注校释》，王弼注，楼宇烈校释，北京：中华
　　书局，2016 年。

《老子道德经河上公章句》，王卡点校，北京：中华书局，
　　1993 年。

《庄子今注今译》，陈鼓应注译，北京：中华书局，2020 年。

《孟子译注》，杨伯峻译注，北京：中华书局，2018 年。

《礼记正义》，郑玄注，孔颖达疏，北京：北京大学出版社，
　　1999 年。

《荀子》，方勇、李波译注，北京：中华书局，2011 年。

《孝经注疏》，李隆基注，邢昺疏，北京：北京大学出版社，
　　1999 年。

《列子集释》，杨伯峻撰，北京：中华书局，2012 年。

《慎子集校集注》，许富宏撰，北京：中华书局，2013 年。

《王安石老子注辑佚会钞》，王安石撰，罗家湘辑校，上海：
　　华东师范大学出版社，2013 年。

（四）其他类

《郡斋读书志校证》，晁公武撰，张猛校证，上海：上海古
　　籍出版社，1990 年。

《直斋书录解题》，陈振孙撰，上海：上海古籍出版社，
　　1987 年。

《子略》，高似孙撰，张艳云、杨朝霞点校，沈阳：辽宁教
　　育出版社，1998 年。

《朱子语类》，黎靖德集录，北京：中华书局，1986 年。

《二程集》，程颢、程颐撰，北京：中华书局，2004 年。

《张载集》，张载撰，章锡琛点校，北京：中华书局，1985 年。

《司马光全集》，司马光撰，李文泽、霞绍晖点校，成都：
　　四川大学出版社，2010 年。

《欧阳修全集》，欧阳修撰，李逸安点校，北京：中华书局，
　　2001 年。

《王文公文集》，唐武标校，上海：上海人民出版社，1974 年。

《王安石全集》，王水照主编，上海：复旦大学出版社，2017 年。

《文渊阁四库全书》，台北：台湾商务印书馆，1988 年。

《道藏》，文物出版社、上海书店、天津古籍出版社，1988 年。

《全宋文》，曾枣庄、刘琳编，上海：上海辞书出版社，2006 年。

《续修四库全书》，上海：上海古籍出版社，1995-1999 年。

《道家金石略》，陈垣纂，陈智超、曾庆瑛校补，北京：文
　　物出版社，1988 年。

二　今人研究著作

（一）专书、专著类

陈鼓应：《道家易学建构》，北京：中华书局，2015 年。

陈鼓应：《中国哲学创始者——老子新论》，北京：中华书
　　局，2015 年。

陈鼓应：《道家的人文精神》，北京：中华书局，2015 年。

陈鼓应：《老子注译及评介》，北京：中华书局，2009 年。

陈鼓应：《庄子人性论》，北京：中华书局，2017 年。

曹峰：《老子永远不老——〈老子〉研究新解》，北京：中国人民大学出版社，2018 年。

陈植锷：《北宋文化史述论》，北京：中国社会科学出版社，1992 年。

方诚峰：《北宋晚期的政治体制与政治文化》，北京：北京大学出版社，2023 年。

冯友兰：《中国哲学简史》，北京：中华书局，2019 年。

郭齐勇：《中国哲学通史·先秦卷》，南京：江苏人民出版社，2021 年。

龚延明：《宋代官制辞典》，北京：中华书局，1997 年。

高亨：《高亨文存》，南京：江苏人民出版社，2018 年。

高专诚：《御注老子》，太原：山西古籍出版社，2003 年。

黄宽重：《宋史论丛》，台北：新文丰出版社，1993 年。

胡适：《中国古代哲学史》，上海：上海古籍出版社，2013 年。

黄钊主编：《道家思想史纲》，长沙：湖南师范大学出版社，1991 年。

景安宁：《元代壁画：神仙赴会图》（第二版），北京：北京大学出版社，2016 年。

江淑君：《宋代老子学诠释的义理向度》，台北：学生书局，2010 年。

柳存仁：《和风堂文集》，上海：上海古籍出版社，1991 年。

柳存仁：《和风堂新文集》，台北：新文丰出版社，1999 年。

林光华：《〈老子〉之道及其当代诠释》，北京：中国人民大学出版社，2015 年。

刘固盛:《宋元老学研究》,成都:巴蜀书社,2001年。

刘固盛:《中国老学通史·宋元卷》,福州:福建人民出版社,2023年。

罗家祥:《北宋党争研究》,台北:文津出版社,1993年。

刘韶军:《唐玄宗·宋徽宗·明太祖·清世祖〈老子〉御批点评》,长沙:湖南人民出版社,1997年。

刘笑敢:《老子古今》,北京:中国社会科学出版社,2006年。

刘笑敢:《庄子哲学及其演变》,北京:中国人民大学出版社,2010年。

刘子健:《两宋史研究汇编》,台北:联经出版事业公司,1987年。

蒙文通:《古学甄微》,成都:巴蜀书社,1987年。

潘一禾:《观念与体制:政治文化的比较研究》,上海:学林出版社,2002年。

钱锺书:《管锥编》,北京:中华书局,1979年。

钱穆:《庄老通辨》,武汉:长江文艺出版社,2020年。

卿希泰:《中国道教史》,成都:四川人民出版社,1996年。

任崇岳:《宋徽宗:北宋家国兴亡实录》,郑州:河南人民出版社,2007年。

任继愈:《中国道教史》,上海:上海人民出版社,1990年。

孙克宽:《宋元道教之发展》,台北:私立东海大学出版社,1965年。

王云五主持《续修四库全书提要》,台北:(台湾)商务印书馆,1972年。

王中江：《根源、制度和秩序：从老子到黄老》，北京：中国人民大学出版社，2018 年。

熊铁基、马良怀、刘韶军：《中国老学史》，福州：福建人民出版社，2005 年。

熊十力：《原儒》，北京：中国人民大学出版社，2006 年。

徐复观：《中国人性论史·先秦篇》，北京：九州出版社，2014 年。

阎步克：《士大夫政治演生史稿》，北京：北京大学出版社，1996 年。

杨国荣：《老子讲演录》，北京：中国人民大学出版社，2023 年。

叶树勋：《先秦道家"德"观念研究》，北京：中国社会科学出版社，2022 年。

余英时：《朱熹的历史世界：宋代士大夫政治文化的研究》，北京：三联书店，2011 年。

余英时：《中国思想传统及其现代变迁》，桂林：广西师范大学出版社，2014 年。

尹志华：《北宋〈老子〉注研究》，成都：巴蜀书社，2004 年。

张邦炜：《宋代政治文化史论》，北京：人民出版社，2005 年。

张岱年：《张岱年全集》，石家庄：河北人民出版社，2007 年。

张岱年主编《中国哲学大辞典》，上海：上海辞书出版社，2014 年。

张岱年：《中国哲学大纲》，北京：商务印书馆，2015 年。

张复华：《北宋中期以后之官制改革》，台北：文史哲出版社，1991 年。

郑开：《德礼之间——前诸子时期的思想史》，北京：生活·
读书·新知三联书店，2009 年。

郑开：《道家形而上学研究》，北京：中国人民大学出版社，
2018 年。

〔日〕池田知久：《问道：〈老子〉思想细读》，王启发、曹
峰等译，南宁：广西师范大学出版社，2019 年。

〔美〕包弼德：《斯文：唐宋思想的转型》，刘宁译，南京：
江苏人民出版社，2001 年。

〔美〕韩大伟：《中国经学史·秦汉魏晋卷：经与传》，黄
笑译，北京：社会科学文献出版社，2019 年。

〔美〕贾志扬：《宋代科举》，台北：东大图书股份有限公
司，1995 年。

〔美〕伊沛霞：《宋徽宗》，韩华译，南宁：广西师范大学
出版社，2018 年。

Patricia Ebrey and Maggie Bickford eds. , *Emperor Huizong and
Late Northern Song China*：*The Politics of Culture and the
Culture of Politics*, Boston：Harvard University Asia Cen-
ter, 2006.

Schipper, Kristofer and Franciscus Verellen, eds. , *The Taoist
Canon*：*A Historical Companion to the Daozang*, Chicago：
University of Chicago Press, 2004.

（二）论文期刊类

包伟民：《宋徽宗："昏庸之君"与他的时代》，载于《北京大学学报（哲学社会科学版）》2009年第2期，第115-121页。

陈鼓应：《论道与物的关系问题（上）——中国哲学史上的一条主线》，载于《哲学动态》2005年第7期，第60页。

陈鼓应：《三玄四典的学脉关系——论三玄思想的内在联系之一》，载于《诸子学刊》2009年第1期，第55-77页。

曹福敬：《论文王卦位的形成及其与〈易经〉的关系》，载于《周易研究》2005年第1期，第30-35页。

陈芳妹：《宋古器物学的兴起与宋仿古铜器》，载于《美术史研究集刊》2001年第10期，第37-160页。

方诚峰：《书评：*Emperor Huizong*》，载于《汉学研究》2014年第4期，第339-346页。

方诚峰：《祥瑞与北宋徽宗朝的政治文化》，载于《中华文史论丛》2011年第4期，第215-253页。

葛兆光：《众妙之门——北极与太一、道、太极》，载于《中国文化》1990年第2期，第46-65页。

顾颉刚：《"圣"、"贤"观念和字意的演变》，载于《中国哲学》1979年第1辑，北京：三联书店，第80-81页。

黄冠云：《关于道的名、字、号：重读〈太一生水〉》，载于《人文中国学报》2019 年第 1 期，第 1-26 页。

黄圣平：《〈老子〉所谓"德"》，载于《西南大学学报
（社会科学版）》2012 年第 1 期，第 135-141 页。

胡永光：《北宋末年的教育改革——对太学三舍法的考察》，
载于《华中学术》2010 年第 1 期，第 87-100 页。

金中枢：《论北宋末年之崇尚道教》，载于《新亚新报》1966
年第 7 期，第 323-414 页。

罗安宪：《论老子哲学中的"德"》，载于《甘肃社会科学》
2024 年第 1 期，第 11-23 页。

李存山：《庄子思想中的道、一、气——比照郭店楚简〈老
子〉和〈太一生水〉》，载于《中国哲学史》2001 年
第 4 期，第 35-39 页。

刘固盛：《论宋代老学发展的特点》，载于《西南师范大学
学报（人文社会科学版）》2003 年第 5 期，第 112-
116 页。

林光华：《〈老子〉中的道人关系及其当代反思》，载于
《杭州师范大学学报（社会科学版）》2017 年第 2 期，
第 52-60 页。

卢璐：《论宋代以〈易〉解〈老〉的诠释向度——以〈宋
徽宗御解道德真经〉为例》，载于《周易研究》2017
年第 2 期，第 52-58 页。

李峻岫：《试论韩愈的道统说及其孟学思想》，载于《孔子
研究》2004 年第 6 期，第 77-86 页。

林天蔚：《蔡京与讲议司》，载于《宋史研究集》第十辑，

台湾编译馆，1978 年，第 429-445 页。

刘笑敢：《庄子后学中的黄老派》，载于《哲学研究》1985
　　年第 6 期，第 59-65+77 页。

彭华：《"太一"臆解——关于郭店楚简〈太一生水〉的一
　　项比较研究》，载于《社会科学研究》2014 年第 6 期，
　　第 129-138 页。

宋慧羚：《何为有道之士？——试析〈道德经〉中的人》，
　　载于《鹅湖月刊》2018 年第 11 期，第 50-59 页。

孙文静、陆建华：《人的类型与境界——以〈老子〉为中
　　心》，载于《江淮论坛》2018 年第 3 期，第 76-80 页。

谭宝刚：《"太一"考论》，载于《中州学刊》2011 年第 4
　　期，第 155-160 页。

汪桂平：《唐代的道举制度》，载于《世界宗教文化》1999
　　年第 3 期，第 48-49 页。

万曼璐：《大智并观：宋徽宗〈老子〉注反映的儒道融合
　　思想》，载于《南京师范大学文学院学报》2016 年第 1
　　期，第 80-85 页。

王耀辉：《宋徽宗对〈老子〉治国思想的阐发与践行》，载
　　于《原道》2021 年第 2 期，第 205-215 页。

吴铮强：《试论北宋的学校取士》，载于《宋学研究集刊》
　　2008 年第 1 辑，杭州：浙江大学出版社，2008 年，第
　　358-375 页。

王曾瑜：《北宋晚期政治简论》，载于《中国史研究》1994
　　年第 4 期，第 82-87 页。

谢一峰：《重访宋徽宗》，载于《读书》2015 年第 7 期，第 40-48 页。

闫柏潼：《〈老子〉"德"的释义研究》，载于《中华老学》2022 年第 1 期，第 196-205 页。

杨世利：《论北宋诏令中的内降、手诏、御笔手诏》，载于《中州学刊》2007 年第 6 期，第 186-188 页。

叶树勋：《"德"观念在老子哲学中的意义》，《中国哲学史》2013 年第 4 期，第 19-25 页。

叶树勋：《老子对"德"观念的改造与重建》，载于《哲学研究》2014 年第 9 期，第 55-62 页。

叶树勋：《老子"玄德"思想及其所蕴形而上下的通贯性——基于通行本与简帛本〈老子〉的综合考察》，载于《文史哲》2014 年第 5 期，第 19-28+164 页。

杨小敏：《政事与人事：略论蔡京与讲议司》，载于《西北民族大学学报（哲学社会科学版）》2008 年第 5 期，第 46-52 页。

袁翊轩：《以静则圣，以动则王：宋徽宗〈御解道德真经〉中的政治思想》，载于《政治科学论坛》2012 年第 53 期，第 93-120 页。

张岱年：《论道统与学统》，载于《辽宁教育学院学报（社会科学版）》1991 年第 4 期，第 1-3 页。

张家伟：《从政事到学术：徽宗时期王安石批判的重心转变》，载于《东华理工大学学报（社会科学版）》2021 年第 5 期，第 424-425 页。

郑开：《试论老庄哲学中的"德"：几个问题的新思考》，载于《湖南大学学报（社会科学版）》2016年第4期，第60-66页。

〔美〕司马虚：《最长的道经》，刘屹译，载于《法国汉学》第7辑，北京：中华书局，2002年，第188-211页。

Ebrey, Patricia Buckley, "Taoism and Art at the Court of Song Huizong," in Steven Little and Shawn Eichman, eds., *Taoism and the Arts of China*, Chicago：Art Institute of Chicago, 2000, pp. 95-111.

Weimin, Bao, "Reviewed Work：*Emperor Huizong and Late Northern Song China：The Politics of Culture and the Culture of Politics* by Patricia Buckley Ebrey, Maggie Bickford", in *Journal of Song-Yuan Studies*, No. 38, 2008, pp. 259-267.

（三）学位论文类

韩秀利：《御注〈老子〉之诠释与比较》，台湾淡江大学中国文学系博士学位论文，2011年。

黄昱章：《宋徽宗〈御解道德真经〉之研究》，台湾"中央"大学中国文学研究所硕士学位论文，2008年。

李丽凉：《北宋神霄道士林灵素与神霄运动》，香港中文大学文化及宗教研究系博士学位论文，2006年。

卢璐：《〈宋徽宗御解道德真经〉之研究》，山东大学哲学与社会发展学院硕士学位论文，2015年。

刘佩德：《列子学研究》，华东师范大学中国古代文学系博士学位论文，2013年。

林珊：《从"建中初政"到"崇宁绍述"：徽宗朝初期朝政研究（1100－1102）》，北京大学历史系硕士学位论文，2010年。

王韵柔：《唐玄宗、宋徽宗〈老子〉思想比较之研究》，台湾高雄师范大学经学研究所硕士学位论文，2014年。

杨高凡：《宋代明堂礼制研究》，河南大学历史系博士学位论文，2011年。

图书在版编目(CIP)数据

道通为一：宋徽宗《老子》注与道家哲学 / 周努鲁
著 . --北京：社会科学文献出版社，2024.10（2025.2 重印）. --ISBN
978 - 7 - 5228 - 4037 - 6

Ⅰ. B223.05

中国国家版本馆 CIP 数据核字第 2024MX3129 号

道通为一：宋徽宗《老子》注与道家哲学

著　　者 / 周努鲁

出 版 人 / 冀祥德
组稿编辑 / 孙美子
责任编辑 / 胡百涛
责任印制 / 王京美

出　　版 / 社会科学文献出版社·人文分社（010）59367215
　　　　　地址：北京市北三环中路甲 29 号院华龙大厦　邮编：100029
　　　　　网址：www.ssap.com.cn
发　　行 / 社会科学文献出版社（010）59367028
印　　装 / 唐山玺诚印务有限公司

规　　格 / 开 本：889mm×1194mm　1/32
　　　　　印 张：10　字 数：200 千字
版　　次 / 2024 年 10 月第 1 版　2025 年 2 月第 2 次印刷
书　　号 / ISBN 978 - 7 - 5228 - 4037 - 6
定　　价 / 79.00 元

读者服务电话：4008918866